安徽省高校优秀青年科研项目（2024AH030076）
安徽省研究生教育质量工程研究生导师海外研修项目（2024dshwyx036）
合肥大学本科教学质量与教学改革工程项目（2024hfujyyb05）
国家社会科学基金一般项目（18BJY043）
资助

她创时代

数字赋能
女性微创业的
破局之路

赵　西◎著

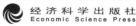

中国财经出版传媒集团
经济科学出版社
Economic Science Press

·北　京·

图书在版编目（CIP）数据

她创时代：数字赋能女性微创业的破局之路／赵西
著. -- 北京：经济科学出版社，2025.6. -- ISBN 978 -
7 -5218 -6846 -3

Ⅰ. F276.3

中国国家版本馆 CIP 数据核字第 2025NC4150 号

责任编辑：张　燕
责任校对：王肖楠
责任印制：张佳裕

她创时代：数字赋能女性微创业的破局之路

TACHUANG SHIDAI：SHUZI FUNENG NÜXING WEICHUANGYE DE POJU ZHILU

赵　西　著

经济科学出版社出版、发行　新华书店经销

社址：北京市海淀区阜成路甲 28 号　邮编：100142

总编部电话：010 -88191217　发行部电话：010 -88191522

网址：www. esp. com. cn

电子邮箱：esp@ esp. com. cn

天猫网店：经济科学出版社旗舰店

网址：http：//jjkxcbs. tmall. com

北京季蜂印刷有限公司印装

710 ×1000　16 开　15.5 印张　260000 字

2025 年 6 月第 1 版　2025 年 6 月第 1 次印刷

ISBN 978 -7 -5218 -6846 -3　定价：88.00 元

（图书出现印装问题，本社负责调换。电话：010 -88191545）

（版权所有　侵权必究　打击盗版　举报热线：010 -88191661

QQ：2242791300　营销中心电话：010 -88191537

电子邮箱：dbts@ esp. com. cn）

前　　言

　　互联网时代的微创业是指基于互联网技术和平台，以小资本、小规模、小风险、小成本的方式进行的创业活动。这种创业模式通常涉及电商、社交媒体和移动应用等领域，以个人或小团队为主要参与者，主要依托互联网平台开展业务。基于互联网平台的微创业是数字经济下日益兴起的女性创业新模式，也是新时代缓解我国就业压力的重要途径。中国制度变迁促进了当今女性微创业浪潮的兴起。在注重去中心化以及情感体验的互联网时代，感性化、乐于分享等特性使女性拥有互联网微创业的优势。然而，女性的创业网络受到传统社会规范和角色的影响，成为女性创业绩效较低的重要原因。另外，随着数字经济的快速发展，不完善的制度环境和相对匮乏的创业资源成为制约女性微创业发展的瓶颈。因此，本书在国家数字经济新战略的背景下，对中国女性微创业制度环境的演变、现状、特征以及存在的问题进行了全面的研究，并提出针对性的对策建议。研究报告共分为8章。

　　第1章为绪论。主要阐述了本书的研究背景和研究意义、与本书研究相关的文献梳理、研究内容与研究框架、主要的研究方法及创新之处。

　　第2章为关键概念与理论基础。首先，对微创业及创业制度环境等相关概念进行了界定。其次，对制度理论和社会资本理论进行了梳理和综合研究，构建出中国女性微创业制度环境评价与分析的理论框架，以便理顺和明确女性微创业制度环境的类别与特点，为后面进行综合评价和机制分析提供理论指导。

第3章为全球女性创业环境的发展趋势。首先，基于GEM的创业环境研究报告探讨了全球支持女性创业的发展趋势。其次，在数字经济背景下，分析了政府、国际组织、私营部门等为推进全球女性创业发展的合作计划与重要举措，并由此探讨了学术领域对此议题的关注。最后，对美国、欧洲、俄罗斯、韩国等女性创业制度环境进行了梳理。因此，从全球发展来看，数字经济赋能女性创业是实现妇女权利和性别平等的重要举措，对推动实现全球可持续发展目标具有重要意义。

第4章为区域视角下中国女性微创业制度环境评价与分析。首先，分析了GEM框架下的中国创业环境，回顾了中国女性创业制度环境的发展演变，通过对国务院双创文件库2013～2022年创新创业政策文本和2018～2023年新闻报道文本的内容分析，分别从正式制度创业环境演变与非正式制度创业环境演变两个方面，对中国创业制度环境的发展演变进行了探索。其次，基于实地调研，对城乡女性微创业制度环境从环境差异、资金差异、市场差异和教育差异等方面进行了比较分析。最后，通过分析中国女性微创业的生态环境和商业模式，从个人层面和制度层面总结了中国女性微创业存在的问题。从分析结果来看，近十年来中国整体的创新创业制度环境不断改善，创业服务从政府为主到市场发力，创业主体从"小众"到"大众"，创业载体从注重"硬条件"到更加注重"软服务"。从城乡女性微创业的实地调研中得出，我国城乡女性微创业还存在显著差异，农村女性由于教育和社会环境等因素的限制，创业意识和创新能力也相对较弱，需要更多的政策和社会支持、更好的制度环境来帮助她们创业。虽然女性微创业发展迅速，但从个体层面仍然面临从业者素质参差不齐、社会网络单一限制创业发展、信任危机与创业风险并存等问题，从制度层面还存在税收监管和执行难度加大、市场监管不规范、劳动关系与劳动保障面临挑战等问题。因此，需要从性别视角对中国创业制度环境进行评价与分析，进一步完善女性微创业制度环境，激发与保护女性的创业精神，提高女性的微创业绩效。

第5章为性别视角下中国女性微创业制度环境评价与分析。首先，基于制度理论构建了微创业制度环境评价指标体系，通过探索性因子分析发现，学者们对于微创业制度环境在管制、规范和认知维度的测量仍然适用于男性，但是，这一测评标准对于女性群组并不适用，必须针对女性微创业群组重新设计有关管制和规范维度的具体测量指标。其次，从社会资本视角重新构建微创业制度环境评价体系，分别对男性和女性微创业者样本进行因子分析，发现两者在指标筛选后所生成的维度产生了差异，男性在五个主维度的分数排名依次为管制制度环境＞互惠社会资本＞认知制度环境＞制度社会资本＞信义社会资本，女性在四个主维度的分数排名依次为管制制度环境＞互惠社会资本＞认知制度环境＞信义社会资本。这一方面表明政府部门的管制对两者的微创业环境影响最大，另一方面也表明女性在社会资本方面相较男性还存在明显不足，因此，需要进一步研究制度环境对女性微创业的影响机制，为优化女性微创业制度环境、提高女性创业绩效提供参考。

第6章为制度环境对女性微创业的影响机制。本章整合制度环境与创业网络质量对女性微创业绩效的作用，利用课题组收集的698份微创业女性的调查数据，采用OLS回归方法和中介效应检验方法对研究假设进行验证。研究发现，创业制度环境正向影响创业网络质量和女性微创业绩效；管规制度环境和认知制度环境都分别通过创业网络质量的部分中介作用正向影响女性微创业绩效。研究结果说明，女性进行微创业应克服角色冲突与信任危机两方面障碍，重视提高创业网络质量，积极嵌入创业制度环境，以促进创业绩效的提高与创业生态系统的完善。

第7章为完善女性微创业制度环境的对策建议。本章结合对中国女性微创业制度环境的评价与分析结果，分别从完善女性创业的制度体系和社会规范、平衡政府外部监管与平台内部监管"微生态"、完善微创业税收征管制度，以及提升女性微创业绩效等四个方面，提出优化女性微创业制度环境的对策建议，以期为激发和保护女性创业精神、提高女性微创业绩效、实现和扩大就业提供借鉴。

第8章为研究总结与不足。

本书通过文献研究、调查研究、文本分析和多元线性回归分析，对我国女性微创业制度环境的演变、特征及其影响机制进行了深入的分析，为改善我国女性微创业制度环境提供政策建议。本书的主要贡献体现在：在理论意义层面，进一步拓展了制度理论和社会资本理论在女性创业领域的研究，通过建立女性微创业绩效影响机制模型，验证了创业网络在制度环境与创业绩效之间的中介效应，为优化女性微创业制度环境提供了理论参考；在实践意义层面，通过构建女性微创业制度环境综合评价体系，从性别视角分析我国女性微创业的现状与存在的问题，有助于女性微创业从业者和相关企业提高创业绩效和管理效率，助力新业态新模式的发展、激活市场主体活力、促进多样化自主就业，对进一步完善激发和保护企业家精神的制度环境具有重要意义。

目　录

第1章　绪　论 ……………………………………………………… 1

　1.1　研究背景及意义 …………………………………………… 1

　1.2　文献综述 …………………………………………………… 11

　1.3　研究内容 …………………………………………………… 39

　1.4　研究方法 …………………………………………………… 40

　1.5　研究创新点 ………………………………………………… 41

第2章　关键概念与理论基础 ……………………………………… 43

　2.1　关键概念的界定 …………………………………………… 43

　2.2　理论基础 …………………………………………………… 48

　2.3　本章小结 …………………………………………………… 60

第3章　全球女性创业环境的发展趋势 …………………………… 62

　3.1　全球女性创业趋势 ………………………………………… 62

　3.2　全球女性创业制度环境 …………………………………… 64

　3.3　美国女性创业制度环境 …………………………………… 66

　3.4　欧洲女性创业制度环境 …………………………………… 73

　3.5　俄罗斯女性创业制度环境 ………………………………… 80

　3.6　韩国女性创业制度环境 …………………………………… 82

　3.7　本章小结 …………………………………………………… 85

第4章　区域视角下中国女性微创业制度环境评价与分析 …… 86

　4.1　中国女性创业制度环境的发展 …………………………… 86

4.2 正式制度创业环境演变 ·················· 93

4.3 非正式制度创业环境演变 ·················· 110

4.4 城乡女性微创业制度环境比较分析 ·············· 120

4.5 中国女性微创业生态环境分析 ················ 134

4.6 本章小结 ························· 155

第5章 性别视角下中国女性微创业制度环境评价与分析 ······· 156

5.1 微创业制度环境评价指标体系构建 ············· 156

5.2 社会资本视角下微创业制度环境评价体系构建 ······· 164

5.3 社会资本视角下微创业制度环境的性别差异 ········ 177

5.4 实践启示 ························· 178

5.5 本章小结 ························· 179

第6章 制度环境对女性微创业的影响机制 ············ 181

6.1 研究假设 ························· 181

6.2 数据样本与变量测度 ··················· 187

6.3 数据分析结果 ······················ 190

6.4 研究结论与启示 ····················· 196

6.5 本章小结 ························· 198

第7章 完善女性微创业制度环境的对策建议 ··········· 199

7.1 完善女性创业的制度体系和社会规范 ··········· 201

7.2 平衡政府外部监管与平台内部监管"微生态" ······· 205

7.3 完善微创业税收征管制度 ················· 208

7.4 提升女性微创业绩效 ··················· 211

7.5 本章小结 ························· 214

第8章 研究总结与不足 ···················· 215

参考文献 ···························· 218

第1章

绪 论

1.1 研究背景及意义

1.1.1 研究背景

互联网时代的微创业是指基于互联网技术和平台，以小资本、小规模、小风险、小成本的方式进行的创业活动。这种创业模式通常涉及电商、社交媒体和移动应用等领域，以个人或小团队为主要参与者，主要依托互联网平台开展业务。基于互联网平台的微创业，是数字经济下日益兴起的女性创业新模式，也是新时代缓解我国就业压力的重要途径。近年来，我国就业形势越来越严峻。一方面，中国现有的人口规模庞大，每年高校毕业生和劳动者数量不断增多，导致就业市场供需矛盾尖锐，就业压力增大；另一方面，由于全球经济不景气，市场竞争激烈等因素，许多企业面临着盈利难、生存困难的问题，导致企业减少招聘、裁员等现象，进一步加剧了就业压力。同时，由于中国经济结构转型升级的需要，一些传统产业和职业的就业机会减少，而新兴产业和职业的人才需求不足，导致结构性就业矛盾突出。在这个特殊的背景下，互联网微创业人数却在不断攀升，2016 年已经超过了 1000 万人，其中女性占据了 70% 左右，2018 年仅微信平台带动的就业数量就已达 2235 万人①。尤其是 2020 年

① 人民网，中国信通院，数字中国研究中心. 微信就业影响力报告 – IT – 人民网［EB/OL］.（2020 – 05 – 30）. https：//baijiahao. baidu. com/s？id = 1668089185662920870&wfr = spider&for = pc.

突如其来的新冠疫情使商业社会的秩序发生了改变，线上消费激增为女性微创业带来更多机遇。在百年未有之大变局的新时代，各种不确定性风险不断增加（王震，2020），创业者需要持续地应对外部环境的不确定性才能在激烈的市场竞争中生存。

2020 年，习近平主席在联合国大会纪念北京世界妇女大会 25 周年高级别会议上强调，"妇女是人类文明的开创者、社会进步的推动者，在各行各业书写着不平凡的成就"①。中国制度变迁促进了当今女性微创业浪潮的兴起（吴炳德等，2017）。在许多以男性创业者为主导的行业里，女性作为传统行业的挑战者，推动了社会的发展变革和创业生态系统的升级。在注重去中心化以及情感体验的互联网时代，感性化、乐于分享等特性使女性拥有互联网微创业的优势（赖德胜，2017）。现有研究指出，女性能够连接不同的社会网络，促进创业生态系统的沟通协调，但女性的创业网络比较单一，并且受到传统社会规范和社会角色的影响，具有同质性，这导致女性创业成功率较男性更低（蔡莉，2019）。数字经济下，不完善的制度环境和相对单一的创业网络成为制约女性微创业发展的瓶颈（AHL，2006；Berger，2016）。在新时代的创业生态系统中，依托于熟人网络和信任消费的女性互联网微创业想要获取持续的创业绩效，必须依赖人与人互动的社会网络和基于互惠原则的社会资本，借助社会网络跳出时空局限参与创新创业活动，在优化创业网络的过程中推动创业生态系统的升级（陈武等，2021）。

1.1.1.1 互联网时代微创业的发展历程

微创业是以低成本、低风险的方式开始自己的创业生涯，通常是从小规模、小投资、小成本运营的业务开始的。微创业的发展历程可以追溯到 20 世纪 70 年代，当时的经济形势不太稳定，许多人失业或想自己做生意。于是，他们开始在家里做手工艺品、手工制品、糕点等小生意。这些小生意通常是家庭式经营，没有特别的营销策略和管理模式，但是能够在当地获得一定的市场份额。

---

① 新华社. 习近平在联合国大会纪念北京世界妇女大会 25 周年高级别会议上发表重要讲话 [EB/OL]. (2020 – 10 – 01). http：//www. gov. cn/xinwen/2020 – 10/01/content_5548947. htm.

到 20 世纪 90 年代，随着信息技术的发展和互联网的兴起，微创业开始进入一个新的发展阶段。互联网的出现为微创业者提供了更多的机遇，他们可以通过网络平台开展业务，拓展更广阔的市场。这对于那些没有实体店面或者资金有限的微创业者来说，是一个极大的发展机遇。21 世纪的微创业更多以微信、微博、微商城（微店）等数字平台为载体，以移动智能终端为硬件基础，借助社交网络服务（social networking service，SNS）关系开展产品及服务的新营销模式与商业模式。随着互联网社交生态的不断发展，微创业的概念范畴也在不断演进，目前包括大型品牌方、个体户、电商平台等在内，所有基于社交生态平台进行销售和营销的创业行为都可以称之为微创业。① 从历史发展来看，互联网时代的微创业经历了萌芽期、高速发展期、规范化发展期等不同阶段。

（1）萌芽期（2003～2014 年）。2003 年 5 月，阿里巴巴集团创立的淘宝正式上线，它是中国第一个综合性的网络购物平台。在成立初期，淘宝主要以 C2C 模式为主，即个人向个人的交易模式。随着淘宝的发展和壮大，逐渐转变为 B2C 模式，即商家向消费者的交易模式。淘宝作为一个快速发展的电子商务平台，为千万家小店提供了销售和营销的机会，同时也因为低门槛、低成本、低风险等特点，为微创业者提供了创业和创新的平台。

2011 年微店兴起，标志着中国微商市场开始启动，基于互联网平台的微创业活动开始越来越活跃。2012 年，微信正式推出朋友圈功能，同年，微信公众平台正式上线，以微商为代表的微创业群体开始涌现。在 21 世纪，微创业得到了更多的关注和支持。政府和社会各界开始重视微创业的作用，出台了一系列政策和措施，为微创业者提供更多的支持和帮助。同时，各种创业孵化器、创业加速器、创业大赛等创业支持平台也应运而生，为微创业提供了更多的资源和机会。

在 2013 年，微信支付的诞生与平台的升级，包括订阅号和服务号两种服务类型的设立，为微型创业活动的兴盛创造了有利条件。同年，各种品牌通过微信朋友圈和公众平台等渠道，以代理或开设分销平台的方式迅速拓展了品牌市场。与此同时，微盟的创立标志着微型创业第三方服务行业的兴起。2014

---

① 艾瑞咨询.2021 年中国微商市场研究白皮书［R/OL］.（2021－04－02）［2022－04－18］.https：//www.iresearch.com.cn/Detail/report？id＝3765&isfree＝0.

年，面膜这一热销产品使微型创业受到全民关注，"销售额达到 10 亿"的奇迹得以实现。许多微商品牌应运而生，与此同时，京东在微信平台的"购物"一级入口正式启动，腾讯系的微商 B2C 平台也正式上线。2014 年，微商行业迅速崛起，微创业从业者已达到了 1000 多万人①，层层代理，微信朋友圈频频刷屏，各种微创业项目层出不穷，微创业市场乱象丛生，创业环境有待规范和完善。

（2）高速发展期（2015～2018 年）。2015 年，许多传统企业，例如 SNJT和 BYS，开始涉足微商领域，争相推广微创业项目。同时，微盟和拍拍等企业推出了专门针对微商的独立平台，进一步扩大了微商的分销渠道，从而推动了微创业的持续发展。然而，在蓬勃发展的同时，央视揭露了微商面膜造假以及微创业项目涉嫌非法传销等事件②，给微创业带来了严重的负面影响，众多微创业从业者遭受经济损失，创业信心受损。为了进一步规范市场，我国商务部发布了《无店铺零售业经营管理办法（试行）》，中国互联网协会成立了微商工作组，微信推出了《微信朋友圈使用规范》，微盟发布了《微商公约》，各方纷纷贡献力量，推动微创业走向规范化发展道路。

2015 年以微商为代表的微创业行业总体市场规模达到了 1800 多亿元，2016 年全年达到了 3600 多亿元，增长率达到近 100%。2015 年，我国微商行业的从业者规模已超过 1200 万人，到 2016 年，这一数字增长至 1500 多万人，年增长率超过 20%。微创业人员每日新增数量在 2 万～3 万人，其增长速度远超传统电商，这年也被称为"微创元年"。③ 2015 年，微创业进入新拐点，随着相关政策的出台，以微商为代表的微创业朝着规模化、规范化、系统化、技术化、企业化方向发展。

萌芽期和高速发展期的微创业存在很多问题，例如商品质量不稳定、缺乏客户积累、管理不健全、潜在的传销风险以及机制不完善等。首先，许多微创

① iiMedia Research（艾媒咨询）. 2014～2015 年中国微商研究报告［R/OL］.（2015－07－10）［2025－01－13］. https：//www. iimedia. cn/c400/39206. html.

② 央视网. 央视揭秘微商传销 通过朋友圈炫富发展下线［EB/OL］.（2015－05－25）［2025－01－13］. http：//politics. people. com. cn/n/2015/0525/c70731－27051643. html.

③ 艾媒咨询. 2015～2016 年中国微商市场研究报告［R/OL］.（2016）［2024－12－12］. https：//www. iimedia. cn/c400/39206. html.

业从业者无法获取优质货源，导致所售商品质量参差不齐，产品同质化现象严重。消费者购买到假冒或劣质商品后无处投诉，因此，一部分消费者对微创业从业者，如微商，持保留或反对态度。其次，部分微创业从业者将传统线下渠道模式生搬硬套到线上，通过发展经销商或渠道代理来囤货，虽然这种模式能迅速提高销售量，但品牌与客户之间缺乏直接联系，无法形成客户数据积累，从而影响微创业的长期发展。此外，一些品牌虽然通过微商模式运营，但缺乏良好的渠道管理体系，导致价格混乱和渠道失控，存在传销风险。部分传销甚至打着微创业的旗号，进行多级分销制，扰乱了市场秩序。从整体来看，整个微创业体系机制尚未完全建立，缺少公平公正的维权机制和信任体系来保护商家和买家双方的利益。因此，从 2015 年开始，中国政府着力出台一系列相关政策，规范和引导以微商为主的微创业市场的发展。2019 年之后，微创业进入规范化发展阶段。

（3）规范化发展期（2019 年至今）。2019 年，中国社交电商行业呈现出参与者众多、交易额庞大、创新不断以及明星企业辈出的特点。社交电商企业正在从引流模式的创新转向系统化运营的升级，这一趋势非常明显。同年，中国微商市场的交易规模已经超过 2 万亿元，微商行业的从业人数达到了 0.6 亿人。[①] 微创业在当时已经成为很多普通人创业的起点，足不出户，一部手机就可以随时"工作"。早期的微创业从业者也收获了一波红利。接下来的几年，社交电商的竞争不仅是流量竞争，也进一步向系统化运营进化升级。随着电商行业头部玩家、传统行业的进入，大量资本的涌入，社交电商企业频频上市。2019 年施行《中华人民共和国电子商务法》（以下简称《电子商务法》）出台，一系列社交电商相关法律法规的完善，也是中国社交电商行业开始迈向规范、成熟发展的重要标志。

2020 年一场突如其来的新冠疫情席卷全国，让实体零售哀鸿遍野，原本应该在春节爆发高峰期的衣食住行消费也被迫按下了暂停键，零售企业实体门店平均约 70% 处于停业状态，经济社会发展遭受重创，削弱了线下的消费力。由于疫情防控措施下的社交距离和物理阻隔，线上消费突飞猛进，以微商为主

---

① 艾瑞咨询 . 2021 年中国微商市场研究白皮书［R/OL］. （2021 - 04 - 02）［2022 - 04 - 18］. https：//www.iresearch.com.cn/Detail/report？id = 3765&isfree = 0.

的微创业从业者的数量也在持续增加。他们基于线上社交关系和社交互动获取客户，通过内容运营、互动沙龙、线上直播等方式持续输出，实现留存和复购，微创业成为解决就业难题的一个突破口。

与传统创业相比，互联网微创业的资本需求较低。互联网微创业通常不需要大量资金投入，只需要一定的资金就可以开始运营，且由于互联网平台的低成本特点，创业者可以用较少的资金实现业务覆盖。互联网微创业的运营不受时间和空间的限制，可以在任何地方、任何时间开展业务，具有很高的灵活性。互联网微创业的门槛相对较低，不需要过多的技术知识和技能，只要具备一定的网络和电脑技术基础即可。同时，互联网微创业的风险相对较小，一旦失败也不会造成巨大的财务损失，创业者可以更容易地承受失败带来的风险。但是，由于互联网的普及和发展，互联网微创业市场竞争激烈，需要不断创新和改进，才能在市场上立足。

总之，微创业是一个不断发展的概念，随着时代的变迁和经济形势的变化，微创业的形式和发展模式也在不断变化和演进。

1.1.1.2　中国微创业相关政策

从 2014 年开始，规范中国微创业市场发展的政策陆续出台。这些政策主要集中在加强监管力度和激励行业创新，从而推动以微商为代表的微创业市场的规范化和发展，以获得更多外部关注和社会资源支持，并实现更加可持续的发展（见表 1.1）。

表 1.1　　　　　　　　中国微创业市场主要相关政策

年份	相关政策	主要内容
2014	《网络交易管理办法》	提出基于网络社交渠道进行商品宣传推广需符合相关法律法规，且具备登记注册条件的微商经营者，需依法办理工商登记
2015	《工商总局关于加强网络市场监管的意见》	提出需积极研究社交电商等新型业态的发展变化，以探索更加完整的新业态监管措施
2016	《电子商务"十三五"发展规划》	提出鼓励社交电商的发展，支持健康规范的微创业发展模式，以刺激网络消费增长
2016	《中华人民共和国网络安全法》	进一步明确了政府各部门的职责权限，完善了网络安全监管体制

续表

年份	相关政策	主要内容
2018	《中华人民共和国中小企业促进法》	改善中小企业经营环境，促进中小企业健康发展，扩大城乡就业，发挥中小企业在国民经济和社会发展中的重要作用
2018	《中华人民共和国电子商务法》	明确了以自然人和非法人组织从事网络商品销售或提供服务，也在监管范围内，其中自然人和非法人组织就包括微创业从业者
2019	《中华人民共和国电子商务法》	微商、网上交易等各种商事交易关系有了法律依据，微创业从业者需要办理个体户营业执照，办理公司营业执照等，明确了责任主体
2020	《关于支持新业态新模式健康发展激活消费市场带动扩大就业的意见》	提出支持微创业等多样化的自主就业和分时就业，进一步推动了市场对微创业市场的认识和认可
2021	《互联网信息服务管理办法（修订草案征求意见稿)》	对经营性互联网信息服务实行许可制度，对非经营性互联网信息服务实行备案制度
2022	《促进个体工商户发展条例》	鼓励、支持和引导个体经济健康发展，维护个体工商户合法权益，稳定和扩大城乡就业，充分发挥个体工商户在国民经济和社会发展中的重要作用
2023	《助力中小微企业稳增长调结构强能力若干措施》	帮助中小微企业应对当前面临的困难，推动稳增长稳预期，促进中小微企业调结构强能力，实现高质量发展
2024	《促进创业投资高质量发展的若干政策措施》	促进创业投资高质量发展，围绕创业投资"募投管退"全链条，进一步完善政策环境和管理制度，积极支持创业投资做大做强

（1）2014 年，国家工商行政管理总局出台的《网络交易管理办法》明确规定，利用网络社交渠道进行商品宣传推广需符合相关法律法规，且具备登记注册条件的微商经营者，需依法办理工商登记。

（2）2015 年，中国互联网协会成立微商工作组搭建微商行业协会，旨在从行业协会层面对微创业市场进行积极引导，推动市场更加成熟。同年，国家工商行政管理总局出台的《工商总局关于加强网络市场监管的意见》，提出需积极研究社交电商等新型业态的发展变化，以探索更加完整的新业态监管措施。

（3）2016 年，商务部、中央网信办、国家发展改革委三部门联合出台了《电子商务"十三五"发展规划》提出鼓励社交电商的发展，支持健康规范的微商发展模式，以刺激网络消费增长。同年，新《广告法》出台，自然人在朋友圈发布虚假广告致人损害也将承担连带责任，微创业各行业加速规范。

（4）2016年11月7日，第十二届全国人民代表大会常务委员会第二十四次会议通过《中华人民共和国网络安全法》（以下简称《网络安全法》），自2017年6月1日起施行。《网络安全法》是我国第一部全面规范网络空间安全管理方面问题的基础性法律，进一步明确了政府各部门的职责权限，完善了网络安全监管体制。

（5）2018年1月，全国人民代表大会常务委员会发布并施行《中华人民共和国中小企业促进法》，该法律致力于改善中小企业经营环境，促进中小企业健康发展，扩大城乡就业，发挥中小企业在国民经济和社会发展中的重要作用。2022年又对该法进行了修订。

（6）2018年，第十三届全国人民代表大会常务委员会第五次会议通过了《中华人民共和国电子商务法》，明确了以自然人和非法人组织从事网络商品销售或提供服务，也在监管范围内，其中自然人和非法人组织就包括微创业从业者。

（7）2019年，《中华人民共和国电子商务法》正式实施，微商、网上交易等各种商事交易关系有了法律依据，微创业从业者需要办理个体户营业执照，办理公司营业执照等，明确了责任主体。

（8）2020年7月15日，国家发展改革委等13个部门联合发布《关于支持新业态新模式健康发展激活消费市场带动扩大就业的意见》（以下简称《意见》），其中第9条明确指出，"进一步降低个体经营者线上创业就业成本，提供多样化的就业机会。支持微商电商、网络直播等多样化的自主就业、分时就业"，进一步推动了市场对微创业的认可。《意见》提出，个人佣金超过一定数额，按规定交个人所得税即可，进一步营造鼓励就业模式创新的政策氛围，支持大众基于互联网平台开展微创新创业，探索对创造性劳动给予合理分成，降低创业风险，激活全社会创新创业创富积极性。

（9）2000年9月25日，《互联网信息服务管理办法》制定并发布，该管理办法旨在规范互联网信息服务活动，促进互联网信息服务健康有序发展。2021年1月8日，国家网信办就《互联网信息服务管理办法（修订草案征求意见稿)》公开征求意见，对经营性互联网信息服务实行许可制度，对非经营性互联网信息服务实行备案制度。

(10) 2021 年 3 月 1 日起，国家强制要求，通过微信平台的医疗器械销售必须保持线上线下一致的原则，必须持有上市许可证，而且对于违规经营者，微信有责任对其进行处罚、封号等惩罚，并且具备资质的微创业从业者必须保留交易数据，保证资料的真实性、完整性、可追溯性。

(11) 2022 年 11 月 1 日，《促进个体工商户发展条例》(以下简称《条例》) 正式实施。该条例旨在鼓励、支持和引导个体经济健康发展，维护个体工商户合法权益，稳定和扩大城乡就业，充分发挥个体工商户在国民经济和社会发展中的重要作用。2011 年 11 月 1 日起施行的《个体工商户条例》同时废止。《条例》全文共 39 条，其中各项具体扶持政策的内容就有 19 条，突出体现了服务发展的立法主旨。各项政策措施涵盖了从登记注册、年度报告、信息服务、精准帮扶、经营场所供给，到资金、财税、金融、社保、创业就业、社区便民、数字化发展、知识产权保护、纾困帮扶等各个方面，逐项进行了规定，为个体工商户发展提供全方位支持。此外，《条例》还用 7 条的篇幅规定了保护个体工商户合法权益的各项内容，较原《个体工商户条例》有了明显的进步。《条例》充分考虑了个体工商户普遍关心的问题，提出了切实有效的措施。

(12) 2023 年 1 月 11 日，《助力中小微企业稳增长调结构强能力若干措施》正式实施。旨在通过降低运营成本、增加融资渠道、扩大市场需求、提升服务质量和保护合法权益等措施，促进中小微企业的稳定增长和结构调整。该政策强调了金融支持的重要性，鼓励金融机构增加对中小微企业的信贷投放，并推广随借随还贷款模式。此外，该政策还提出了促进产业链上中小微企业融资的具体措施，以及通过政府采购等方式扩大市场需求。该政策还包括加强公共服务供给，优化中小企业服务体系，提供政策宣传解读和技术咨询，以及强化知识产权保护和合法权益的措施。这些政策的实施有助于激发中小微企业活力，提升其创新能力和市场竞争力，推动经济结构优化升级，促进中小微企业的长期发展。

(13) 2024 年 6 月 15 日，《促进创业投资高质量发展的若干政策措施》正式公布实施。该政策旨在推动创业投资高质量发展，着眼于提升创业投资的整体效能，涵盖培育多元化投资主体、拓宽资本来源、强化政府的引导与监管职能、优化投资退出流程，以及营造更优质的市场环境五大核心领域。其围绕创业投资"募投管退"全链条，进一步完善政策环境和管理制度，积极支持创业投资做大做强，充分发挥创业投资支持科技创新的重要作用，为培育发展新质生产力、实现高水平科技自立自强、塑造创业发展新动能新优势提供有力支撑。

通过一系列的政策法规，我国不断完善创业制度环境，加强微创业市场的监管和引导，推动微创业市场规范成熟发展。同时，随着微创业各行业的规范化，传统品牌和综合电商也纷纷加入社交生态平台的营销与销售布局中，微创业已经成为一种新兴且不断成熟的销售渠道与生态，各行各业都逐渐开始在微创业模式上投入更多的精力和资源。除了以上提到的各类法律法规，还有工商行政管理部门的各类规章。但是有关微创业目前相关规范还不是很健全，在实施上还存在管理部门分散、多头管理、责任不明确等问题。因而，监管与监督还存在薄弱环节。不过，随着互联网应用技术的发展、商业活动的往来、制度的完善、行政以及主管机关的健全，各类法律法规都会逐步落到实处。

1.1.2　研究意义

本书研究通过文献研究、调查研究、文本分析和多元线性回归分析，对我国女性微创业制度环境和影响机制进行了深入分析，并提出改善我国女性微创业制度环境的对策建议，具有理论意义和实践意义。

1.1.2.1　理论意义

第一，进一步完善制度理论和社会资本理论在女性创业领域的研究。国内外关于女性创业的研究日渐丰富，但是从制度理论和社会资本理论研究中国女性微创业制度环境特性和影响机制的研究匮乏，通过本书研究可以继续丰富创业环境和女性创业领域的研究。

第二，尝试建立女性微创业绩效影响机制模型。针对我国女性微创业制度环境的特性和综合评价，结合制度理论和社会资本理论，验证创业网络在制度环境与创业绩效之间的中介效应，根据实证分析结果，梳理女性微创业绩效的影响机制，为优化女性微创业制度环境提供参考。

第三，有助于促进以女性创业者为导向的创业制度环境优化方法论。从宏观层面对创新创业政策文本和新闻报道文本的分析，探索创业制度环境的演变，到微观层面进行访谈文本和调查问卷数据统计分析，挖掘女性微创业的特征、差异与机制，通过定性与定量的混合研究方法为促进女性微创业提供新的理论视角和政策制定依据。

1.1.2.2 实践意义

第一，通过构建女性微创业制度环境综合评价体系，分析我国女性微创业现状与存在的问题，对女性微创业制度环境特征和影响机制进行系统分析，有助于从性别视角和微观层面把握女性微创业的内在规律，为创业制度环境优化政策的制定提供有益参考。

第二，通过构建女性微创业绩效影响机制模型，提出创业制度环境通过创业网络的中介效应影响女性微创业绩效的机制路径，有助于女性微创业从业者和相关企业提高创业绩效和管理效率，助力新业态新模式的发展、激活市场主体活力、促进多样化自主就业。

第三，通过对城市与乡村女性微创业的实地调研，应用内容分析法、案例研究法等，比较城市和乡村女性微创业特征与环境的差异，并分析其产生原因，从女性创业视角为促进我国乡村振兴、城乡融合提供政策参考。

1.2 文献综述

克劳迪娅·戈尔丁（Claudia Goldin，1990，2003）指出，上百年来，女性在劳动力市场遭遇歧视，不同时代的女性对于劳动力市场的参与状况，以及在劳动力市场上的表现是不同的，技术和制度的力量促使了对女性歧视的消减，以及女性在劳动力市场上的觉醒。随着数字技术的应用与数字经济的崛起，女性微创业蔚然兴起，这不仅是互联网时代最突出的标志之一，也是技术和制度共同作用的结果。探究女性微创业的制度环境，有助于为女性创业研究领域的学者提供新的思路。首先，本章以 Web of Science 数据库和 CNKI 数据库中有关创业环境研究的文献作为分析数据，运用 VOSviewer 和 GraphPad Prism 等文献计量软件对研究作者和机构、关键词以及被引文献等进行创业环境研究的知识图谱可视化分析。其次，对创业制度环境的概念及其评价指标体系的研究进行梳理，并介绍互联网时代女性微创业的相关研究。

1.2.1　创业环境研究

创新引领创业，创业带动就业。一个良好的创业环境对稳定和扩大就业、实现经济恢复性增长发挥了重要作用。本章基于 Web of Science 检索 4918 篇创业环境相关研究文献，从发文量、国家、作者、机构、期刊和关键词等方面，运用 VOSviewer 和 GraphPad Prism 软件对创业环境研究进行可视化分析，探究创业环境研究的热点内容。

本章的研究数据来自 Web of Science 核心合集，选取 TS =（entrepreneurial environment）OR TS =（entrepreneurship environment）的检索结果，将文献类型设定为 Articles OR Review Articles OR Early Access，得到 2005 年至 2023 年 9 月底，与创业环境研究相关的论文共计 4918 篇。运用 VOSviewer 和 GraphPad Prism 从发文量、国家、作者、机构、期刊和关键词等角度进行分析，绘制可视化图谱，直观地反映创业环境研究发展状况，探究创业环境研究的趋势。

1.2.1.1　创业环境研究概况

（1）发文量年度趋势和国家合著分析。

如图 1.1 所示，2005～2022 年，创业环境研究的发文数量一直呈现波动上升的趋势，特别是 2019 年，发文数量较前一年增长 130 篇，同比增长约 39.3%，2020 年、2021 年和 2022 年更是连续三年发文量超过 500 篇，说明越来越多的学者开始致力于创业环境的研究。发文量最多的国家是美国，发文量达到 1215 篇，约占总发文数量的 24.7%，中国和英国分列第 2、第 3 名，发文量分别为 760 篇和 672 篇，三个国家的发文量超过总发文量的一半，说明美国、中国和英国是该研究领域的"主力军"，如图 1.2 所示。

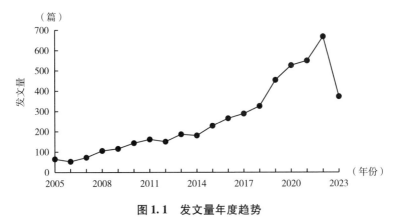

图 1.1　发文量年度趋势

资料来源：Web of Science 数据库和 CNKI 数据库，笔者自绘。

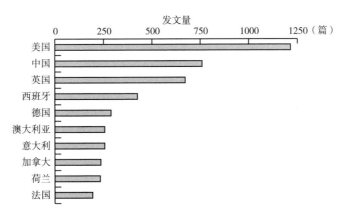

图 1.2　研究发文量前十位的国家

资料来源：Web of Science 数据库和 CNKI 数据库，笔者自绘。

国家合著分析是合著分析的一种重要形式，反映国家之间的交流程度，以及在该领域有影响力的国家。本书运用 VOSviewer 绘制创业环境研究的国家合著网络图。结果显示，创业环境的研究中心在美国，其他发文量排在前十位的国家与美国的合作关系很紧密，西班牙在欧洲最具影响力，中国则是亚洲的研究中心。以中国为例，中国不仅与韩国、印度等距离相近的国家联系紧密，也与欧洲的法国、罗马尼亚、德国等，美洲的美国、加拿大、巴西等，非洲的南非等国家有良好的合作关系，说明地理位置并不是影响合作关系的主要因素。

（2）研究作者及机构的分布和合著分析。

发文量最多的作者是 Shepherd DA，共发表 22 篇论文，他所在的印第安纳大学（Indiana University）的发文量高达 89 篇，相比第 3 名的伦敦大学（University of London）的 79 篇和第 4 名的佛罗里达州立大学（State University System of Florida）的 61 篇，印第安纳大学在创业环境方面的研究遥遥领先，并且在发文量排在前十位的作者当中，Covin JG（16 篇）、Audretsch DB（14 篇）和 Kuratko DF（14 篇）同样来自印第安纳大学。其余发文量居前十位的研究作者和机构如图 1.3、图 1.4 所示。

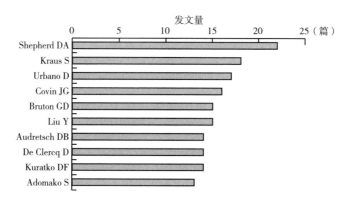

图 1.3　发文量排在前十位的研究作者

资料来源：Web of Science 数据库和 CNKI 数据库，笔者自绘。

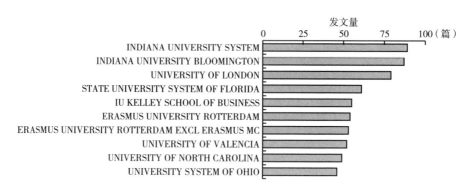

图 1.4　发文量排在前十位的研究机构

资料来源：Web of Science 数据库和 CNKI 数据库，笔者自绘。

作者合著网络如图 1.5 所示。能够看到，Shepherd DA、Kuratko DF 和 Covin JG 在创业环境研究中仍是极具影响力的作者，排名前十位的两位中国作者 Li Y 和 Liu Y 不在该合著网络中，而是组成独立的研究团体，在交流合作方面具有局限性。研究机构方面，由图 1.6 可以看出，印第安纳大学（Indiana University）、鹿特丹伊拉斯姆斯大学（Erasmus University）和诺丁汉大学（University of Nottingham）在该合著网络中最为活跃，与其他机构的交流相当频繁。在中国，从事该领域研究的顶尖院校有清华大学（Tsinghua University）、西安交通大学（Xi'an Jiaotong University）、中山大学（Suk Yet-sen University）和香港中文大学（The Chinese University of Hong Kong）。

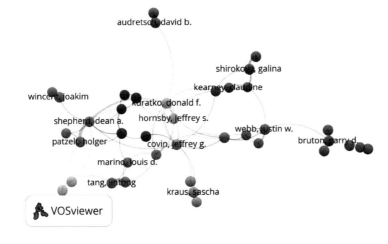

图 1.5　作者合著网络

资料来源：Web of Science 数据库和 CNKI 数据库，笔者自绘。

（3）发文期刊的分布和共被引分析。

创业环境研究的 4918 篇论文分别发表在 1041 种期刊上，其中，有 941 种期刊发表的该领域论文不超过 10 篇，约占期刊总数的 90.3%，其余发文量超过 10 篇的期刊，总共发表论文 3074 篇，约占总论文数的 62.4%，排名前十位的期刊发表了 1204 篇论文，约占总论文数的 24.5%。发文量最多的期刊是 Sustainability，发表了 296 篇论文，排名第二的是 Small Business Economics，发表了 138 篇论文，排名前十位的期刊中共有 6 种期刊发表论文数在 100 篇及以上，如图 1.7 所示。

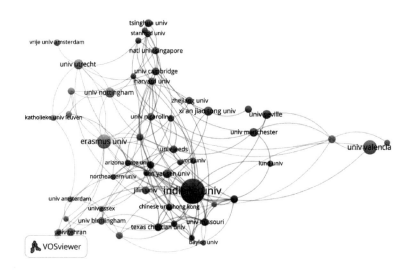

图1.6 机构合著网络

资料来源：Web of Science 数据库和 CNKI 数据库，笔者自绘。

图1.7 发文量排名前十位的研究期刊

资料来源：Web of Science 数据库和 CNKI 数据库，笔者自绘。

1.2.1.2 创业环境研究分析

（1）高频关键词分析。

通过对高频关键词的提炼，来分析学者的重点研究方向。使用 VOSviewer 软件构建创业环境的关键词共现网络，提取共现次数大于 15 次的关键词，绘制创业环境的关键词共现图。图 1.8 中节点的大小表示关键词出现次数的多少；节点间连线的粗细表示关键词相互之间共现次数的多少；节点间的距离反映了两个节点之间的关系强度。研究主题词中，直接与检索词相关的关键词创业（entrepreneurship）和环境（environment），出现频次分别为 1670 次和 606 次，业绩（performance）和创新（innovation）是除上述两个关键词外，出现频次超过 1000 次的关键词，分别为 1076 次和 1070 次，此外，管理（management）、发展（growth）、影响（impact）、创业导向（entrepreneurial orientation）、知识（knowledge）、公司业绩（firm performance）等也是创业环境研究的高频关键词，如表 1.2 所示。

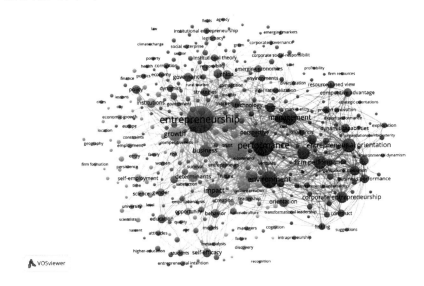

图 1.8　关键词共现网络

资料来源：Web of Science 数据库和 CNKI 数据库，笔者自绘。

表 1.2	创业环境研究关键词频次前十	
序号	关键词	频次
1	entrepreneurship	1670
2	performance	1076
3	innovation	1070
4	environment	606
5	management	555
6	impact	543

续表

序号	关键词	频次
7	entrepreneurial orientation	465
8	firm performance	392
9	knowledge	415
10	growth	440

该领域研究围绕关键词创业（entrepreneurship）和环境（environment）展开，对创业环境概念的研究也颇为深入。企业的创办离不开创业环境的支持，当创业环境有利于创业和创业活动时，企业才能蓬勃发展。创业环境的概念提出以来，学者们从不同的角度展开了研究。赞伯里·阿玛德和泽维尔（Zamberi Ahmad and Xavier, 2012）认为，创业环境是指在创业和创业活动方面发挥作用的各种因素的集合。芭芭拉·伯恩霍弗和李（Barbara Bernhofer and Li, 2014）将创业环境划分为文化环境、经济环境和政治环境。创业环境研究发展至今，对其定义的研究已经十分完善，学术界还提出了创业生态系统的概念，丰富了对创业环境的理解。

事实上，创业生态系统并非一个新术语，早在1993年，穆尔（Moore, 1993）就提出了创业生态系统（entrepreneurial ecosystems）这一概念，他认为商业世界通常等同于一个生态系统，该环境由相互作用的组织和个人组成，就像生物生态系统一样，企业不会在"真空"状态中发展，必须吸引各种资源，吸引资本、合作伙伴、供应商和客户来构建合作网络。伊森伯格（Isenberg, 2011）将创业生态系统划分为政策（policy）、金融（finance）、文化（culture）、支持（supports）、人力资本（human capital）和市场（markets）六个领域，并且每个领域的元素都多达数百个，因此每个创业生态系统都是在一套独特的条件和环境下产生的。梅森和布朗（Mason and Brown, 2014）结合各种文献，把创业生态系统定义为创业者、各种组织机构和创业过程相联合，其中，组织机构指的是企业、投资人、银行、公共部门、金融机构等，创业过程指的是创办新企业采取的步骤，通过建立它们之间的联系，形成一个生态系统，在当地的创业环境中协调和管理绩效。这个生态系统存在三个显著特征：一是拥有大型成熟的核心企业；二是成功的企业家将他们的时间、金钱和专业知识再投资于新的创业活动；三是环境中拥有丰富的信息，企业家能够通过这些信息寻求机会。斯旺森（Swanson）在他的《创业与创新工具箱》中写道，创业生态系统就像森林等自然生态系统一样①。森林是一个复杂的适应性系统，由许多不同的元素组成，包括植物和动物，或者以其他方式影响它运作的因素。这些元素一边相互竞争，一边自我生存和成长，它们的集体行为最终形成了一片森林，即便这些变量不断发展和变化，都难以改变森林的本质。创业生态系统与它十分相似，各种元素的变化，无论是新旧企业家的改变，还是政策法规的变动等，都不会改变创业生态系统的基本性质，而创业活动带来的新业务和新文化有助于促进地区繁荣发展②。

（2）研究趋势分析。

对关键词在时间段内出现的频次进行分析，能够很好地把握该领域的研究趋势。图 1.9 是创业环境研究的关键词标签视图，同样提取了共现次数大于15 次的关键词，采用非标准的色彩得分覆盖方式，颜色较深的关键词节点集中出现于 2016 年前，颜色较浅的关键词节点集中出现于 2020 年后。

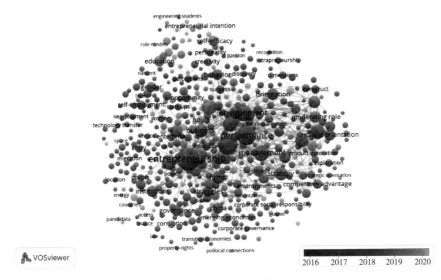

图 1.9　关键词标签视图

①② Swanson, L A. Entrepreneurship and Innovation Toolkit [EB/OL]. 2017 [2022 – 3 – 15]. https://pressbooks.bccampus.ca/entrepreneurship/chapter/chapter – 10-the-entrepreneurial-environment/.

①研究早期方向。

创业（entrepreneurship）、环境（environment）、绩效（performance）、创业导向（entrepreneurial orientation）、管理（management）等关键词的出现频次较高，是早期较为关注的重点。除了这些关键词外，企业家精神（corporate entrepreneurship）、治理（governance）、策略（strategy）、中国（China）等关键词也能一定程度上揭示早期创业环境的研究方向，关于企业家精神的影响、创业政策、创业环境治理、商业活动的影响、中国创业环境等多个方面的研究，都主要集中出现在 2016 年以前。

在制度环境、企业家精神等方面，戈麦斯－哈罗等（Gómez-Haro et al，2011）从制度环境概念角度出发，认为适宜的制度环境可以成为改善经济的推动力，并且有助于培养企业家精神。制度环境包括监管、规范和认知三个层面，一是监管层面，包括支持新商业活动的法律和政策，促进商业活动的监管环境通过法律、规则或支持性的政策，从而影响到企业活动和开展新的公司业务；二是规范层面，指的是国民如何评价企业的创造性和创新思维，通过营造创新文化氛围给同一行业的企业施加压力，一方面使企业重视主动性和创造力，使其具备更强的创造性和更强的风险承担能力，另一方面迫使它们选择更积极和更冒险的竞争姿态；三是认知层面，包括国民对企业管理方面的知识和能力，通过鼓励为整个社会提供适当水平的商业教育，可以减少人们对商业、风险和不确定性的厌恶，并将创新确立为文化的基石。安东和奥诺弗雷伊（Anton and Onofrei，2016）则分析了罗马尼亚为支持中小企业应对金融危机的影响而采取的政策行动，发现最常用的政策工具是对新企业的公共补贴和贷款担保。文章分析了罗马尼亚在制定和实施公共政策方面的主要弱点，并提出了有助于改善当地创业环境的建议，同时也有助于制定旨在改善中小企业获得融资机会的新政策。研究提出了四项建议：一是公共政策应考虑传统中小企业和高增长企业之间的差异，并对高增长企业所在的地区实施不同的政策措施；二是创建一个信息平台，方便创业者获取重要信息，比如可用的资金来源渠道、支持性的私营部门和公共组织、企业孵化器、创业培训项目、创业者信息咨询、创业辅导和指导等；三是增加使用公共贷款担保、反担保和相互担保计划，以鼓励私营部门为创业提供资金；四是增加中小企业可获得的资金来源渠道，比如直接或通过中介机构间接提供资金、设立风投基金或共同投资基金、为商业天使投资提供税收和监管激励、允许机构投资者投资风投基金和小型公司等。

从中国的制度环境、治理等方面出发，路和陶（Lu and Tao，2008）对中国的创业环境展开研究，研究结果显示创业活动的发展与制度环境密切相关。在 1988 年《中华人民共和国宪法修正案》确立了私营企业的合法地位后，创业的风险降低，创业机会大幅增加，人们参与创业活动的潜在因素显著上升，这表明创业制度环境是影响创业活动一个重要的决定因素。并且随着私营企业发展的制度环境的改善，退出公有制单位（政府或公共组织、国有企业、集体企业）的机会成本降低，与此同时，私营企业制度环境的改善也间接影响了其他的创业决策因素。研究发现，随着 1988 年私营企业获得正式合法地位，老年人和工作更换频繁的人更多地参与到创业活动中，缓解了年龄在创业过程中的负面影响，同时进一步增强了工作更换频率对创业的正向效应。兰等（Lan et al，2018）虽然同样对中国的创业环境进行分析，但他们认为对于中国这样的发展中大国来说，相同的创业政策对不同地区的影响可能非常不同，因此需要进行更细致的讨论。他们将政府效率、业务支持、金融环境和技术支持作为影响政策环境的四个因素：一是政府效率层面，研究认为政府效率是公共政策环境中需要考虑的一个关键因素，因为它直接影响到刺激创业活动的政策的执行，在这一层面，基础设施建设能够影响企业家获得信息和各种其他资源的渠道，中国西部等欠发达地区需要在基础设施建设方面迎头赶上，才能使其政策工具有效地促进创业活动；二是业务支持层面，研究指出政府孵化器在促进新企业发展的早期阶段发挥重要作用，地方政府应该更加重视和引导孵化器产业的发展；三是金融环境层面，风险投资引导基金对创业制度环境有促进作用，是吸引民间资本、改善创业融资环境的有效政策工具，但与基础设施建设和政府孵化器相比具有局限性，其影响可能是短暂的；四是技术支持层面，地方政府倾向于偏爱某些行业，会导致行业间资源配置不均衡。总体而言，基础设施建设、政府孵化器和风险投资引导基金能够积极塑造促进创业活动的制度环境。

从企业绩效、创业导向、管理等角度出发，研究认为，创业导向（entrepreneurial orientation）是一种战略决策导向，指的是企业追求新市场机会和更新现有运营领域的倾向。产品创新绩效（product innovation performance）指的是为新产品和服务实现其市场份额、销售额、资产回报率、投资回报率和利润目标的程度。创业导向作为一种企业特有的资源，可以帮助企业识别创新机会，锁定潜在市场，获得先发优势，最终影响产品创新绩效。唐等（Tang et al，2015）在上述研究基础上发现，将企业的人力资源管理（human resource management）与创业导向（entrepreneurial orientation）相结合，能够更有效地提高产品创新绩效，同时研究还发现，外部环境的变化会影响人力资源管理对产品创新绩效的促进作用。因此，企业应当更注重积极的创业导向，以提高产品创新绩效。塔杰迪尼和米勒（Tajeddini and Mueller，2018）的研究同样基于上述研究结果，他们发现在一个高度动态的环境中，创业导向对企业绩效的影响显著增强。高度动态的环境是指存在各种因素的不可预测性，比如客户偏好的变化、产品需求市场的变化、技术能力的转变等。当企业处于这样高度动态的环境中时，如果企业背离自己的惯例，接受新的想法和实践，在探索新产品、新服务和新市场时勇于冒险，他们更有可能打败竞争对手获得新的市场机会，并在企业绩效方面超越竞争对手。

②研究发展方向。

从图1.9中可以看出，学生（students）、教育（education）、自我效能（self-efficacy）、创业意愿（entrepreneurial intention）、影响（impact）、动态能力（dynamic capabilities）、态度（attitudes）、高等教育（higher education）等关键词节点较小、颜色较浅，说明这些关键词研究较为前沿，关键词的频次较低。不难发现，这些关键词多与学生这一群体相关，更加关注创业教育的影响、学生的创业意愿等方面的研究，这些关键词集中出现在2020年以后。

从创业教育、学生的创业意愿方面出发，穆尼奥斯等（Muñoz et al，2020）研究发现，创业教育对学生创造性解决问题和沟通能力的发展有积极的影响。文章分析了理工科博士生在创业课程学习一年后的情况，研究发现：一是创业教育能够促进学生发展不同的创业能力，科技领域的博士生通过创业教育提升了他们的机会识别能力和其他创业技能，这表明即使背景和职业与创业环境没有直接联系，通过创业教育获得的创业技能也有用武之地；二是创业教育对之前创业意向较高的学生的影响更为显著，而此前创业意向较低的学生的创业意愿也并未显著提高，但学生表示，即使未来不想创业，创业教育对他们来说仍然是有用的。萨普托诺等（Saptono et al，2021）研究指出：一是户外学习环境对创业教育具有正向影响，在户外学习的过程中，允许教师让学生参与到学校周围的商业或创业活动中，学生不仅可以获得户外学习的乐趣，还可以获得很多与创业相关的知识，有助于促进创业教育；二是户外学习环境可以驱动学生的创业自我效能（entrepreneurial self-efficacy），户外学习环境可以让学生从实践中获得更多与创业相关的知识和经验，从而增强学生的创业意愿。

从学生的创业意愿、创业倾向的影响因素出发，乔治斯库和赫尔曼（Georgescu and Herman，2020）对学生创业意愿的主要影响因素进行分析，发现创业家庭背景和创业教育对学生创业意愿的影响具有积极作用，学生在接受创业的父母和学校的非正式和正式教育时，他们的创业能力提高了，创业意愿也增强了。同样，创业人格特质对学生创业意愿也具有正向影响，当学生具备创新性、冒险倾向、自信感、乐观和竞争力的性格特质时，学生选择创业的可能性会增加。吴和毛（Wu and Mao，2020）研究指出，首先，政府部门在制定创业激励政策时，应深入研究大学生的实际创业需求，并充分考虑他们的想法。同时，还应加强相关政策的公告和解读，使大学生充分认识到自己在促进创业中的作用。加快社会创新创业机构建设，为大学生提供专业咨询、项目评估、信用担保等符合实际的综合服务。其次，高等教育机构应该改变思维方式，通过更加多元化的创业教育和培训，唤醒学生的创业潜力和意识。建立优化的大学生创业实践体系，充分调动各类创业孵化设施和创业积极性。让学生通过动手实践，亲身体验创业的实际过程，最终勾画出坚定而明确的创业方向。最后，社会应该对创新创业能力强但需要信用担保方案的大学生提供有效的财政支持。不断创新融资模式，放宽融资要求，简化融资程序，提高资金支付上限。

"大众创业，万众创新"提出以来，中国政府部门不断加快转变政府职能，建设服务型政府，力求营造一个公平竞争的创业环境。随着 2020 年新冠疫情的暴发，各地创业形势都受到不同程度的影响。政府部门进一步简政放权、优化服务，完善创业相关的法律法规、扶持政策和激励措施，营造有利于创业的良好发展环境，力求发挥创业在就业和保障民生方面的积极作用，促进社会经济的恢复和增长。本章通过 VOSviewer 对创业环境研究相关文献进行分析，探究创业环境的研究热点与趋势，为我国创业环境深入研究提供了重要的参考。基于 Web of Science 检索的 4918 篇创业环境相关研究文献的知识图谱分析，总结出以下结论：早期创业环境的研究集中于创业（entrepreneurship）、环境（environment）、绩效（performance）、创业导向（entrepreneurial orientation）、管理（management）等方面，当前和未来研究侧重于学生（students）、教育（education）、自我效能（self-efficacy）、创业意愿（entrepreneurial intention）等角度，体现了从宏观研究到微观研究的发展脉络。

1.2.2　创业制度环境研究

创业制度环境是创业者在创业活动中所面对的法律、政策、文化、社会和经济等环境因素，是创业行为受到的宏观制度环境因素的约束和影响，这些因素会直接或间接地作用于创业活动，从而对社会经济的发展产生影响（任月峰，2010）。创业制度环境并非单一静态的，它是多元动态的，不同地区、不同行业、不同时间，其创业制度环境也会有所不同（杜晶晶，2023）。了解和分析创业制度环境对影响创业活动、促进创业的发展和提升创业成功率具有重要意义。

从整个创业研究和政策发展的历史来看，创业制度环境概念的演变可以追溯到 20 世纪 70 年代和 80 年代。在这个时期，研究者开始关注影响创业活动的外部环境因素，尤其是制度因素。这些研究者试图通过分析不同国家、地区和行业的创业环境，找出影响创业的关键因素。在创业制度环境概念的演变过程中，有两个关键阶段。第一个阶段是创业生态系统理论的提出。1985 年，美国学者詹姆斯·沃特森（James Watson，1985）在《创业：一个生态系统的方法》（*Entrepreneurship：A Ecological Approach*）一书中，首次系统地阐述了创业生态系统理论。该理论强调创业活动是一个复杂的过程，需要一个包含多个组成部分的生态系统来支持。这些组成部分包括政府政策、法律法规、金融市场、教育资源、市场需求等。创业制度环境的概念在这一阶段逐渐明确，并开始受到学术界的广泛关注。第二个阶段是创业政策发展的影响阶段。20 世纪 90 年代以来，政府对创业活动的重视程度逐渐提高，出台了一系列旨在促进创业的政策。这些政策涉及税收优惠、融资支持、创业培训等方面，为创业者提供了有利的制度环境。在这一阶段，创业制度环境的研究重点逐渐转向政策效果分析、政策评估等领域。

近年来，学者们从不同角度研究了创业制度环境对促进创业、创业决策以及创业绩效的影响。首先，创业制度环境对促进创业的研究主要集中在制度环境对创业发展的影响上。例如，埃斯特林（Estrin，2013）等提出，制度环境对社会创业和商业创业的发展都起到了一定的促进作用，强大的产权保护和较低的政府干预可以促进社会创业和商业创业的发展，并且社会创业可以为商业创业创造可利用的社会资本；戈麦斯 – 哈罗（Gómez-Haro，2011）等分析了150 个西班牙企业的相关数据，从认知、规范和规制三个维度研究了制度环境对创业精神的影响，得出认知与规范维度对创业精神有积极作用；王玲玲（2017）等提出，创业制度环境的低水平规制维度和高水平规制维度对新企业组织合法性具有正向影响，而新企业组织合法性可以帮助企业克服新进入者障碍，在一定程度上促进创业活动（Zimmeman，2002）。张秀娥（2022）等提出，创业制度环境中的支持创业法规、金融资本可能性、教育资本可能性等对于调节创业自我效能感和创业意愿之间的关系具有积极作用，而社会文化价值观则会负向调节二者之间的关系。谭新雨（2023）则基于新制度主义理论和AMO 理论的整合视角，探讨创业制度环境对科技人才创业意愿的影响机制，研究结果表明，创业制度环境通过规制、规范、认知等维度影响科技人才的创业意愿，创业效能感、创业激情、创业机会认知在其中发挥中介效应。

其次，创业制度环境对创业决策的影响。例如，林等（Lim et al，2010）选择了757 名创业者作为样本，探索创业制度环境与创业认知之间的关系。研究结果显示，不同的法律制度和金融制度等因素会对风险投资的安排和决策意愿产生影响，而这些风险投资的安排和决策对个人的创业决策影响最为显著。谷晨（2019）等为探究"为何同样制度环境下个体有着差异化创业决策"的问题，从微观层面试图揭示制度环境三类因素影响创业决策的微观机制，发现创业制度环境通过影响个体风险感知、机会评估最终作用于创业决策。

最后，创业制度环境对创业绩效的影响。例如，陈寒松（2014）等使用109 个样本数据，通过实证方法得出，好的制度环境有利于企业获得创业创新绩效。高辉（2018）等将制度理论和高阶理论进行整合，发现制度环境会通过影响企业的创新导向来影响企业的创新创业业绩。李维光（2020）等研究发现，制度环境的变化速度和变化失调度对创业企业绩效有负向影响，较快的制度环境变化速度会增加创业企业面临的环境不确定性，使得企业决策制定更加困难，影响其对机会的开发和利用。

总结来说，创业制度环境的概念是在创业研究和政策发展的历史过程中逐渐形成的。从创业生态系统理论的提出，到政府对创业政策的重视，创业制度环境与创业的研究不断深入，包括对于创业制度环境的评价与优化、创业政策的效果分析、创业制度环境与创业结果的关系等，这些研究揭示了不同制度环境下的创业规律，并为政府制定更加有效的创业政策提供了依据。

1.2.3 创业制度环境评价指标体系研究

创业环境对区域的创业机会、创业者的创业技能、创业倾向和创业绩效都可能产生直接影响，因此国内外大量研究聚焦于挖掘创业环境对创业活动产生影响的关键因素。例如，卢桑斯等（Luthans et al，2000）研究了中亚等转型经济体中政治、经济、法律和文化环境对其创新创业发展的影响，并认为这些环境变量是通过影响与创新创业相关的社会认知变量进而影响个人创新创业进程的。卡斯塔诺－马丁内斯和门德斯－皮卡斯（Castano-Martinez and Mendez-Picaz，2015）发现，政府和大学加大研发支出、公共教育投资、鼓励创业文化和金融支持措施对创业活动有积极影响。

虽然学者们提出了诸多影响区域创业活动的重要条件因素，但在早期的研究中，这些因素没有被放入统一的框架进行分析。因此，德维·R. 格尼亚瓦利（Devi R. Gnyawali，1994）构建了一个由创业环境的五个维度组成的研究框架，将这些维度与新企业创建过程的核心要素联系起来，并特别强调了环境条件在开发机会和提高企业家的创业倾向和能力方面的投资回报率。这五个维度分别是：政府政策和程序、社会经济条件、创业和商业技能、对企业的财务支持和对企业的非财务支持。五维度模型深化并扩展了创新创业环境研究的范围，如表1.3所示。

表 1.3 创业环境五维度评价体系

创业环境五维度评价体系	政府政策和程序
	社会经济条件
	创业和商业技能
	对企业的财务支持
	对企业的非财务支持

资料来源：Devi R G. Environment for entrepreneurship development：Key dimensions and research implications [J]. Entrepreneurship：Theory and Practice，1994，18（4）：43 – 62.

　　另一个被普遍认同的创新创业环境评价模型是全球创业观察（Global Entrepreneurship Monitor，GEM）评估模型，由英国伦敦商学院和美国百森学院共同发起，每年对全球创业环境进行调查并发布研究报告。GEM 对创业环境测度的模型包含 9 个方面：政府政策、金融支持、商业环境和专业基础设施、教育和培训、研究开发转移、政府项目、国内市场开放程度、实体基础设施的可得性、文化及社会规范（见表 1.4）。GEM 评估模型应用范围广泛，评价维度比较全面且独立，主要采用问卷调查的方式收集一手数据，其研究具有连续性和时效性，通过中观或微观数据来展现不同国家创新创业环境的特征。

表 1.4 全球创业观察（GEM）评估模型

目标	一级指标
全球创业观察（GEM）评估模型	金融支持
	政府政策
	政府项目
	教育和培训
	研究开发转移
	商业环境和专业基础设施
	国内市场开放程度
	文化及社会规范
	实体基础设施的可得性

资料来源：GEM 官网，https：//www. gemconsortium. org/。

其中，金融支持是指创业企业所能获得金融支持和资源的程度；政府政策是指政府是否鼓励创业，是否有支持初创企业的各项优惠政策；政府项目是指各级政府为初创企业、创业者以及成长型企业所提供的直接项目支持；教育和培训是指初创企业和创业中企业及其创业人员，在创业过程中所能接受的各个层次的职业教育或培训；研究开发转移指一个地区的科研成果能否为创业企业所用，将其转化成新的商机，为社会创造新的市场价值；商业环境和专业基础设施指为促进创业和中小企业成长而提供商业、会计、法律和其他服务的机构等资源；国内开放程度指市场结构、市场的透明度、政府建立市场公开体制的政策，以及所有公司在公平的游戏规则下竞争的程度；文化及社会规范是一个地区现存的社会价值观和文化氛围是否鼓励创业行为（王庆华，2012）；实体基础设施的可得性则是指国家政府可以提供的实体公共基础资源。

全球创业观察（GEM）的创业环境评估模型具有操作性和指导意义，在国内被广泛应用。例如，缪立斌（2020）基于 GEM 模型研究了常州市青年创业环境。杨隽萍和李瑾（2021）基于中国国情，应用 GEM 模型对浙江省的创业生态系统进行了分析并构建了创业环境的综合评价体系。其中，金融扶持是指系统内企业从金融服务机构可获得的金融资源，由于融资力度因系统规模不同而不具有可比性，因此他们从融资渠道维度设置了债权融资、股权融资、创新型渠道 3 个二级指标；政策是指政府或系统为创业企业提供的制度准则，他们按照政策级别及类型两个维度设置了 10 个二级指标；政府项目是指各级政府直接支持的创业项目，他们按照项目级别和种类两个维度设置了 4 个二级指标；创业教育是指对具有创业意愿的社会大众以及企业进行知识技能培训，依据实际情况下设创业比赛、导师辅导、讲座 3 个二级指标；研发转移是指创业企业研究开发成果的转化，因各系统的转化成果不具可比性，因此根据系统内外知识主体设置 4 个二级指标，即高校、研究院、实验室和博士后工作站；商业环境是指系统可提供的一系列公共增值服务，包含商业咨询服务、法律服务、财税服务 3 个二级指标；基础设施是指系统可提供的有形资源，包含交通配套、生活配套、商务配套 3 个二级指标；文化及社会规范是指通过树立社会示范以及创业宣传等培育宽容的创业文化环境，下设园区荣耀、园区活动、典型示范、媒体聚焦 4 个二级指标。

在实证研究中，众多学者对创业环境相关概念的测评进行了有益探索，这些相关概念主要包括创业制度环境、营商环境、创新创业制度环境、创业环境和创业生态环境，它们之间存在着差异和关联。创业环境是指一个国家或地区的社会文化、创新意识、人才培养等因素对创业活动的影响，其好坏将决定创业者的动力和创业氛围。良好的创业环境可以培养出更多的创业者和创新企业。创业制度环境主要指法律、法规、政策等方面对创业活动的规范和支持，包括企业注册、知识产权保护、股权融资、劳动法等相关制度，以及政府的创业扶持政策等。创业制度环境的好坏将直接影响到创业者的合法权益和创业活动的顺利进行。营商环境是指一个国家或地区为企业提供的经营条件和便利程度，它包括政府行政效能、政策稳定性、市场开放程度、资本市场发展等方面。良好的营商环境可以降低企业的经营成本，提高效率，吸引更多的投资者和创业者。创新创业制度环境是为创新创业活动提供的法规、政策和支持体系，它主要关注知识产权保护、技术转移、科技金融等方面，以鼓励和促进创新创业的发展。一个好的创新创业制度环境可以激发创新活力和创业热情，推动经济的可持续发展。创业生态环境则更强调创业活动所处的整体生态系统，包括创业资源的丰富程度、创业组织的互动与支持、市场竞争的激烈程度等方面，其对创业者的成长和企业的生存发展起着重要的作用。

这些概念之间存在着紧密的关联，对它们的测评也为我们的研究提供了启发。一个良好的创业制度环境和营商环境能够提供合理的规范和便利条件，促进创新创业的发展。而创新创业制度环境和创业环境则决定了创业者的创业意愿和能力。创业生态环境综合了上述各方面因素，是整个创业活动所处的大环境，能够为创业者提供资源、支持和市场机会，推动创业成果和经济的发展。

在这些评价体系中，世界银行的营商环境评价指标体系的影响最大。为了对各国私营企业的发展状况进行评估，世界银行于 2001 年设立了"营商环境"（Doing Business）项目小组，该小组负责构建营商环境评价指标体系，并在 2003 年发布第一份全球营商环境报告。经过十几年发展，世界银行的全球营商环境报告已覆盖世界 190 个经济体，成为目前国际上认可度最高的营商环境评估报告。如表 1.5 所示，该评价指标体系聚焦于各国私营企业从开办到破产中各个阶段的便利程度。通过问卷的形式，收集各经济体营商环境的状况评估。评价指标体系由最初的 6 项一级指标逐步完善，2019 年已包含 11 项一级指标、49 项二级指标。其中，一级指标中的"雇佣员工"得分不计入排名，并计划在一级指标中加入"与政府签订合约"（World Bank，2019）。

表 1.5   世界银行营商环境评价体系

一级指标	二级指标
开办企业	开办企业程序、开办企业时间、开办企业成本、最低法定资本金
办理施工许可证	手续、时间、成本、建筑质量控制
获得电力	手续、时间、成本、供电可靠性和电费透明度指数
登记财产	财产登记程序、时间、成本、土地管理质量指数
获得信贷支持	合法权利力度指数、信用信息深度指数、信用登记范围、信用局覆盖率
保护少数股东	披露程度指数、董事责任程度指数、股东诉讼便利度指数、股东权利指数、利益冲突程度监管指数、公司透明度指数、所有权范围和控制权指数、股东治理程度指数、少数股东保护指数
纳税	缴税频率、税额及派款总额、时间、报税后程序指标
跨境贸易	出口时间、出口成本、进口时间、进口成本
执行合同	时间、成本、司法程序质量指数
办理破产	回收率、时间、成本、是否持续经营、破产框架力度
雇用员工	雇佣、工作时间、裁员规则、裁员成本

资料来源：张三保，康璧成，张志学. 中国省份营商环境评价：指标体系与量化分析 [J]. 经济管理，2020，42（4）：5－19.

世界银行从微观层面建立了影响深远的营商环境评价指标体系，通过案例研究分析企业生命的几个阶段，包括初始创立、取得场地、取得融资、营运、濒临困境等，各量化指标分为一级和二级，运用"前沿距离法"设置权重。然而，随着研究的深入，争议的声音也不断响起。有学者指出，世界银行给出的指标虽简洁但未考虑不同国家制度的差异，因此应该控制制度这一变量去计算指标，此外，世界银行也未考虑产权保护的影响（娄成武和张国勇，2018）。科斯明·马里内斯库（Cosmin Marinescu，2013）则在世界银行的营商环境指标体系的基础上，开发了一个商业环境的制度质量指标体系（简称 IQBE），增加了经商便利度、监管负担、腐败这三个综合指标。

在前人研究的基础上，经济学人从整体环境出发，建立了另一个有影响力的营商环境指标体系，维度包括政治制度、经济、市场、竞争、国际、要素、基础设施建设（以下简称基建）等。经济学人的营商环境报告从宏观层面建立全球竞争力指数体系，之后各学者针对某个方面又进行了优化研究（张纯和祝佳佳，2020）。例如，文超和梁平汉（2019）研究发现，地方政府政策的不确定性对民营企业的活力产生了明显的负面影响，然而，优化营商环境可以缓解政策不确定性的影响。廖福崇和张纯（2022）以政企互动的相关理论为基础，基于案例比较探讨"放管服"改革优化营商环境的内在逻辑。袁保鸿（2018）基于县域特征，开发了县域营商环境指标评价体系。张纯和祝佳佳（2020）对营商环境建设评估进行了研究综述，将世界银行、经济学人，以及其他学者的研究进行了梳理和比较，如表1.6所示

表1.6　　　　　　　　　　　营商环境指标体系

评价主体	指标体系主体内容
世界银行	初始创立、取得场地、取得融资、营运、濒临困境
经济学人	政治制度、经济、市场、竞争、国际、要素、基建等
补充	语言交流、监管、腐败、政商关系、政策不确定性、同群偏向性
其他学者	市场（产品、基本要素、特殊要素）、产业、外部环境；社会风气、可及性、法律救济可及性、民营企业公平竞争环境；综合执行效率指数、指标执行能力指数、发展潜力指数；县域主体的活动频度、消费要素、投资要素、交通便捷程度等

资料来源：张纯，祝佳佳. 营商环境建设评估研究综述［J］. 市场周刊，2020（3）：1-3.

结合我国国情，国内学者对营商环境的综合评价进行了很多研究。例如，孙萍和陈诗怡（2021）基于主成分分析法对辽宁省的营商政务环境进行了评价。营商政务环境是指企业从开办、运营到结束的过程中，政府及其相关部门运用公共权力为企业提供服务的环境和条件的总和，主要包含公共政策供给、制度性交易成本、市场监管行为以及基础设施服务四个要素（见表1.7）（孙萍和陈诗怡，2019）。这些研究有益于学者在前人的基础上，继续探索符合地方情境、本地化的营商环境或创新创业环境的评价体系。

表 1.7　　　　　　　　　　营商政务环境评价指标体系

一级指标	二级指标
公共政策供给	政策的及时性 政策的透明度 政策的落实度
制度性交易成本	时间成本 程序成本 溢出成本
市场监管行为	监管理念的科学性 监管方式的规范性 监管权责的明晰度
基础设施服务	基础设施服务的便利性 基础设施服务的公平性 基础设施服务的主动性

资料来源：孙萍、陈诗怡．基于主成分分析法的营商政务环境评价研究——以辽宁省14市的调查数据为例〔J〕．东北大学学报（社会科学版），2019，21（1）：51－56.

国外对于创业环境的研究更多是从营商环境的概念出发，而我国更注重研究创新创业环境，以促进科技创新和企业创业。相应地，我国学者基于中国情境，更多地关注创新创业环境综合评价体系的构建。例如，夏维力和丁珮琪（2017）从知网 CSSCI 数据库中用"创业环境""创新环境指标"等关键词搜索，根据文献整理海选出用于评价创新创业环境的 106 个指标，之后通过数据标准化处理、聚类分析及因子分析等方法构建了包含 6 个准则层、20 个指标的创新创业环境评价模型，详情如表 1.8 所示。王元地和陈禹（2016）从区域创新创业活动的主体、环境及绩效三个维度构建了包含 3 个一级指标、7 个二级指标及 28 个三级指标的评价体系，详情如表 1.9 所示。这些指标体系的构建，也为本书研究提供了有益借鉴。

表 1.8　　　　　　　　　　创新创业环境评价体系

准则层	指标层
经济基础环境	人均 GDP 人均地方财政收入 人均可支配收入

续表

准则层	指标层
基础设施环境	互联网上网人数 互联网普及率 互联网用户数增长率 电话用户数增长率
市场环境	高新技术产品出口额增长率 进出口总额增长率 居民消费水平 按目的地和货源地划分进出口总额
人文环境	每 10 万人口高等学校平均在校生数 教育经费支出 对教育的投资占 GDP 的比例
创业水平	科技企业孵化器增长率 规模以上工业企业研发经费内部支出额中获得金融机构贷款额增长率 科技企业孵化器当年获风险投资额
创新链接	同省异单位科技论文数增长率 作者异省合作科技论文数 每 10 万人研发人员作者异国科技论文数

资料来源：夏维力，丁珮琪. 中国省域创新创业环境评价指标体系的构建研究——对全国 31 个省级单位的测评 [J]. 统计与信息论坛，2017，32 (4)：63 - 72.

表 1.9　　　　　　　　　　**区域创新创业能力评价指标体系**

一级指标	二级指标	三级指标
创新创业 主体 A1	人口活力 B1 企业活力 B2 基础设施 B3	B1：地区青壮年占总人口的比例，人口自然增长率，每 10 万人口高等学校平均在校生数、6 岁及 6 岁以上、大专及以上人口占总人口比例 B2：小型工业企业数目比例、中型工业企业数目比例、小型工业企业从业人员数目比例、中型工业企业从业人员数目比例 B3：专业技术服务企业法人单位数、每百户城镇居民平均拥有电脑台数、每百户城镇居民中互联网宽带接入用户数、每百人中拥有移动电话数
创新创业 环境 A2	市场环境 B4 金融支持 B5 政策激励 B6	B4：城镇居民家庭人均支出、居民消费水平、私营企业与国有企业数目比例、居民消费价格指数 B5：私营工业企业实收资本、私营工业企业利息、私营工业企业应交所得税、每万人中金融业从业人员数目 B6：知识产权侵权保护程度、地方财政教育支出、地方财政科学技术支持

一级指标	二级指标	三级指标
创新创业 绩效 A3	创新创业 产出 B7	B7：地区新产品销售收入与研发经费比例、服务业产值占地区生产总值比例、工业企业新产品开发项目数、非职务专利申请授权比例

资料来源：王元地，陈禹. 区域"双创"能力评价指标体系研究——基于因子分析和聚类分析 [J]. 科技进步与对策，2016，33（20）：115－121.

从现有研究来看，虽然学者们尝试用不同框架和研究方法来构建创业环境综合评价指标体系，国内学者们也通过借鉴国外经验对指标体系进行了修正，但基于特定区域或群体的实证研究还有待丰富，理论依据也有待深入探索。目前，基于理论基础构建的创业环境综合评价体系主要有 PSR（Pressure-State-Response）模型和基于制度理论的创业制度环境三维度模型。PSR 模型由加拿大统计学家大卫·J. 拉波特（David J. Rapport）最先提出，最初被用于构建环境问题的指标分析体系，而后被国际经济合作与发展组织（OECD）进一步完善，形成了压力、状态和响应三因素互相影响、相互作用的动态模型，该模型可以应用于经济、社会、文化等众多研究领域的复杂系统研究，三个因素间存在一定因果关系，展示分析对象在多重因素影响下的变化情况及这种变化带来的系统动态调节。

在早期的制度环境研究中，最具代表性的两位学者为诺斯（North）和斯科特（Scott）。诺斯（North，1990）认为，制度是影响经济交换的规则和治理系统，有正式制度与非正式制度两类。正式制度包含宪法、法律和个体行动的组织框架等，非正式制度包含行为准则、价值观和规范等。斯科特（Scott，1987）认为，制度是为社会行为提供稳定性和意义的规制性、认知性和规范性结构与活动，这为后续的研究提供了分析制度环境维度的原型。在上述研究的基础上，科斯托娃（Kostova，1997）提出"国家制度框架"，分析不同国家制度环境的差异，从而解释各国创业活动水平的差异。在"国家制度框架"中，国家制度环境被分为管制维度、认知维度和规范维度，能够更精确地评估每个国家的相对优势和劣势。布塞尼茨等（Busenitz et al，2000）通过实证检验，证明了三维制度环境的有效性。此后，三维制度环境得到了学者们的广泛认可。

管制维度由法律、规则和政府政策组成，反映了强制的法律法规和政策规则，它能够促进或限制某些行为产生，从而影响企业家努力的方向（张秀娥和孟乔，2018）。此外，政策制定者和创业者还可能受到非正式制度的影响。规范维度由社会中个体共有的社会规范、价值观、信念和设想组成，反映了一国居民欣赏创业价值创造及创新思维的程度。它涵盖了诸多因素，如社会期望创业作为一种职业选择，以及公众对成功创业者的关注，或对创业不确定性的规避等。认知维度反映了人们在环境中所共享的认知结构和社会知识，塑造了他们选择和解释信息的方式，创业个体的认知模式决定了其识别新机会的能力（崔越，2022）。因此，根据诺斯和斯科特两种不同的制度维度的划分方法，我们总结出创业制度环境的评价维度可以分为正式制度与非正式制度，正式制度主要包括管制维度中的法律、规章和规则等，非正式制度包含规范维度中的规范、文化、道德，以及认知维度中的认知结构和社会知识（见表 1.10）。

表 1.10 创业制度环境评价维度

制度类型	支柱	举例
正式制度	管制维度	法律
		规章
		规则
非正式制度	规范维度	规范
		文化
		道德
	认知维度	认知结构
		社会知识

1.2.4 制度环境与女性微创业研究

国际上从女性视角规范地研究创业始于 20 世纪 70 年代（Schreier，1973），国内最近十几年才开始涉足该领域。创业制度环境包含与创业相关的一系列法律政策、制度以及其他社会环境因素，是影响女性创业的一个重要因素。多项研究表明，政府政策、融资环境、教育与培训以及文化观念等制度环境都会对女性创业产生影响。

首先，政策法律对女性创业的影响研究。例如，葛美云和祝吉芳（2003）指出，欧盟采取的专门服务于女性的措施对女性中小企业家群体的发展壮大起到了推动作用。鲍恩等（Baughn et al，2006）研究发现，在提供女性创业者税收优惠政策的国家，女性创业者的比例通常较高。休斯等（Hughes et al，2012）指出，政策环境不仅会对女性者的创业意愿产生重要的作用，还决定了她们是否能够获取关键资源，如融资、技能培训和市场准入。诺盖拉等（Noguera et al，2013）指出，在许多国家，特别是那些受到传统文化和社会结构制约的国家，法律制度可能会限制女性的财产权、继承权和其他基本权利，从而影响其创业活动。肖成英（2021）通过对调查问卷的分析发现，创业政策对女性创业绩效有显著影响，并且能显著提高女性创业能力。

其次，融资环境对女性创业影响的研究。例如，马洛等（Marlow et al，2005）着重强调了女性创业者在获取外部资金方面所遇到的障碍，这些障碍包括刻板印象、性别偏见，以及关于女性创业者的消极期望。科尔曼等（Coleman et al，2009）研究发现，与男性创业者相比，女性创业者在启动和运营企业时通常获得的融资较少，且倾向于更多地依赖内部或个人融资，如使用个人储蓄或借款。霍红梅（2013）在对农村女性创业状况的研究中提到，农村女性申请创业贷款时，需户主签字，提供夫妻身份证、结婚证明，并有担保人，手续比较烦琐，需要在丈夫在家且支持的前提下办理，这让许多想要创业的农村女性望而却步。穆瑞章等（2017）利用 PSM 及 OLS 方法研究发现，女性在社会网络相关条件强度和社会网络等维度上对创业融资影响都具有创业劣势，进而确定了女性创业者融资劣势的来源。

再次，教育与培训对女性创业影响的研究。例如，帕里克（Parikh，2005）在对印度女性创业的研究中提到，教育水平的提高是促进印度女性创业发展的一个很重要的因素。布什（Brush，2006）研究了教育和培训会如何影响女性创业者的自信心和能力，提出教育不仅为女性创业者提供了必要的技能和知识，还能增强她们的自信心，使她们更容易面对创业过程中的挑战。马诺洛娃等（Manolova et al，2008）等研究了教育和培训对女性创业者的资源获取能力的影响，尤其在启动初期，结果显示，经过适当的教育和培训，女性创业者更有可能获得资金和其他关键资源。

最后，文化观念对女性创业影响的研究。例如，伦祖尔等（Renzulli et al，2000）提出，与男性相比，文化观念中对女性的限制，导致她们的社会网络相对较弱，从而使得女性在获取关键的创业资源（如资金、信息、合作伙伴等）时，往往受到更多的限制。布什等（Brush et al，2009）研究提出，文化和社会观念会对女性创业产生显著的影响，在那些认为男性是家庭的主要经济支柱的社会中，女性可能会受到创业的社会压力和文化障碍。江树革（2017）等指出，由于中国长久以来所形成的"男女有别""男主外，女主内"等文化传统，女性的社会行为受中国社会文化传统的冲击，"家庭建构"是中国妇女进行企业经营的一个重要起点和归宿。

目前有关创业制度环境对女性创业影响的研究已经非常丰富，但还存在一些不足之处。例如，大部分研究倾向于对男性和女性进行泛化的分类，忽略了性别之内的多样性，如年龄、种族、宗教等其他社会属性与性别交互产生的复杂效应。同时，跨文化研究比较缺乏。尽管有一些研究关注不同文化背景下的女性创业，但系统的跨文化比较研究仍然不足，这限制了我们理解文化因素如何影响性别与创业的关系。另外，大部分研究主要关注女性创业在制度方面的显性障碍，而忽视了数字经济背景下的隐性障碍，如新创业模式、新技术应用等宏观变化，以及自我效能等心理因素对女性创业的影响。可见，性别视角下的创业制度环境研究仍然有很大的空间。

微创业作为新兴的创业模式于 21 世纪初在美国产生，在中国最早出现于2011 年互联网媒体发起的一项"中国互联网微创业计划"，该计划首次提出了比较完整的关于微创业的概念和运营模式，被厉以宁等经济学家认为是解决中国就业问题的重要途径。对于微创业的概念学界尚无统一界定，总体来说，微创业可以定义为：用微小的成本进行创业，或通过利用微平台或者网络平台进行新项目开发的创业活动。它的外延主要包括创办小微企业、利用微平台或网络平台创业、个体经营和兼职经营（吴晓义，2014）。国外关于女性微创业特征的研究比较多，尤其近年来众多学者集中研究欠发达国家和地区女性微创业的绩效特征（Patience and Rosemary，2017）和成功因素（Lee and Yang，2013），将其作为消除贫困、扩大就业的重要途径（Kevane and Wydick，

2001）。我国学者研究女性微创业起步较晚，主要将微创业作为解决女大学生就业难的关键（周佩等，2017；陈文丽，2017），或者从创新创业教育角度强调微创业的时代特征（何潇，2016），以及研究女性微创业者的个人心理特征（王旭和邓胜梁，2011；李成彦，2013；刘志燕，2017）。这些研究都丰富了女性创业研究的视角，但关注我国女性微创业制度环境的学者较少，大部分停留在城镇女性微创业服务体系的简单构建（吴美宜等，2017），尚缺乏系统的理论分析和对女性创业制度环境评价的实证研究，这个领域尚有较大发展空间。

1.2.5　文献述评

创业制度环境是一个相对较新的研究领域，近年来得到了越来越多的关注。这类研究主要关注创业者面临的法律、政策和制度环境对创业活动的影响。目前的研究主要集中在以下三个方面：第一，创业法律和政策，研究创业相关法律和政策对创业者的影响，包括创业准入、知识产权保护、创业融资等。第二，创业环境评估，研究如何评估一个国家或地区的创业环境，包括政府支持度、市场竞争程度、创业文化等指标。第三，创业生态系统，研究创业生态系统的构建和发展，包括孵化器、加速器、创投机构等创业支持机构的角色和作用。在研究制度如何影响创业行为的问题上，现有研究面临一个重要的挑战，即宏观结构与微观行为之间的连接缺失。这个挑战与经济学和社会学视角下制度对个体行为的影响机制有关。经济学主要从微观层面的个体行为出发，通过个体的利己动机来解释制度的起源和发挥作用的社会机制。而社会学则强调更大范围的社会结构因素，如宗教信仰、共同价值规范、文化传统等对个体行为的约束和限制。近年来，越来越多的学者开始关注制度对创业的微观基础的作用。然而，宏观层面的制度研究往往忽视了创业者的异质性和主动性。对个体特征和决策过程的关注可以帮助我们从微观视角来理解制度如何影响创业的过程。

同时，尽管在创业制度环境的研究中有一些关注女性创业者的研究，但仍存在一些不足之处。首先，有关女性创业者的数据收集和统计相对不够完善，很多研究仍依赖于样本有限的调查和个案研究。其次，虽然学者们尝试用不同框架来构建创业环境综合评价指标体系，但理论依据不足，尤其针对女性微创业者群体的研究较少，缺乏对其创业制度环境的理论构建和比较研究。因此，本书在前人的基础上，进一步梳理全球女性面临的创业环境，基于制度理论和社会资本理论构建微创业制度环境综合评价体系，并通过实证数据对我国女性微创业制度环境进行评价与分析，进而从社会资本角度探究制度环境对女性微创业的作用机制，提出优化女性微创业制度环境的对策建议。

1.3 研究内容

本书的主要内容如下：第 1 章介绍了选题背景与研究意义，回顾了微创业发展的历程和相关政策，梳理了有关创业环境的研究文献，介绍了研究方法和主要的研究内容与研究框架。第 2 章是主要概念和理论基础，介绍了微创业、女性微创业、创业制度环境等主要概念，并对制度理论与社会资本理论进行了探讨。第 3 章介绍了全球女性创业环境的发展趋势，通过对美国、俄罗斯、韩国等国家女性创业环境的分析，描绘了全球女性创业环境的图景。第 4 章探讨了中国女性微创业的现状与存在的问题，通过中国创新创业政策与新闻报道的文本分析，探究近年来中国创业制度环境的演变，并通过调研数据比较了我国城乡女性微创业的差异，进而分析我国女性微创业的环境现状和存在的问题。第 5 章通过问卷调查数据对我国微创业制度环境进行评价，并通过因子分析比较了男性和女性微创业制度环境的差异。第 6 章基于制度理论和社会资本理论，研究了制度环境对微创业绩效的作用机制，探讨了"制度环境—自我效能—微创业绩效"的中介效应，以及互惠规范的调节效应。第 7 章进一步分析了制度环境对女性微创业的影响机制，探讨了创业网络质量在创业制度环境与女性微创业绩效之间的中介作用。第 8 章从完善女性创业制度体系和社会规范、平衡创业环境微生态、完善税收征管制度、提升女性微创业绩效等方面提出了优化我国女性微创业制度环境的对策建议。

本书的内容框架如图 1.10 所示。

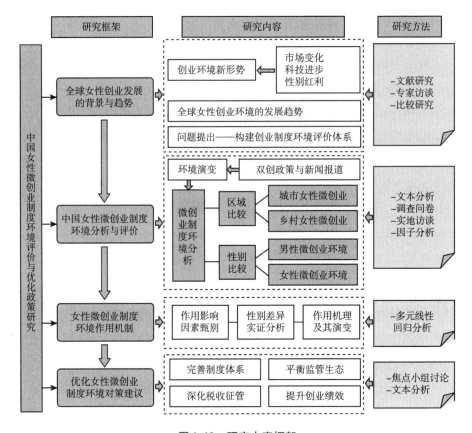

图 1.10 研究内容框架

1.4 研究方法

（1）文献计量分析法。

文献综述以 Web of Science 数据库和 CNKI 数据库中有关创业环境研究的文献作为分析数据，运用 VOSviewer 和 GraphPad Prism 等文献计量软件对研究作者和机构、关键词以及被引文献等进行创业环境研究的知识图谱可视化分析，从而梳理本课题的国内外研究现状与趋势。

（2）调查研究法。

为深入了解女性微创业者的现状特征，采用半结构式访谈对 30 位城乡女性微创业者进行了深入访谈；对安馨、安利等微创业团队、乡村微创业女性进行了焦点小组讨论；通过受访者驱动的方法获得了 1055 份有效调查问卷，对女性微创业者的创业动机、工作现状、面临机遇与问题、创业环境等各方面进行了深入研究。

（3）文本分析法。

基于国务院"双创"政策库，对 2013～2022 年我国创新创业政策文本与 2018～2023 年主流媒体对创新创业的新闻报道文本进行了内容分析、网络分析、情感分析，进一步探究近 10 年来我国创新创业制度环境的演变特征。

（4）因子分析。

基于调查问卷数据，通过探索性因子分析法，从性别视角对微创业制度环境从管制、规范、认知三个维度进行测评，验证微创业制度环境是否存在性别差异。进一步引入社会资本维度，通过因子分析对男性和女性微创业制度环境进行测评，探讨社会资本视角下微创业制度环境的性别差异。

（5）多元回归分析法。

基于问卷调查数据，通过多元回归分析，探讨制度环境对微创业绩效的作用机制，验证制度环境、社会资本与女性微创业绩效的关系，并用 Bootstrap 法验证创业网络在上述关系中的中介效应。

1.5　研究创新点

本书研究的主要创新点是，基于制度理论与社会资本理论，在理论上拓展了创业制度环境评价的研究发现，丰富了制度与创业的文献。与以往研究不同的是，本书并不是笼统地探究制度环境是否影响创业结果，而是有针对性地聚焦于一类重要且新兴的创业类型——女性微创业，并通过因子分析从多个制度维度进行模型构建和假设推演，这有助于识别出更为精准、有价值的制度因素。对于创业制度环境评价的文献，本书在管制、规范、认知制度维度的基础上，引入社会资本维度，通过理论与实证构建了更全面的微创业制度环境评价指标体系，并分析其评价结果的性别差异，有助于更全面洞悉制度环境对于女性微创业的影响，也为有针对性地制定女性帮扶创业政策提供了依据。

本书研究的另一个创新点是，从微观层面打开了制度环境影响创业结果的"黑箱"。现有文献在探究制度环境如何影响创业行为的问题时，往往忽视了创业者的异质性和能动性，造成宏观结构与微观行为之间的连接缺失。本书研究在对中国女性微创业制度环境评价和分析的基础上，尝试从微观层面探求女性微创业制度环境如何通过社会资本影响个体创业绩效的作用机制，有助于弥合宏观和微观创业研究之间的断裂，促进两者之间的对话和互补。通过深入研究个体创业者在制度环境下的行为和结果，可以更好地理解宏观结构对创业的影响，从而提供更全面和深入的创业研究视角。

在研究方法上，本书研究结合了质性研究与量化研究的方法，拓展了创业制度环境研究的思路。首先，通过文献计量分析，用可视化知识图谱展示了创业环境与女性微创业的研究概况。其次，从正式制度与非正式制度环境两个方面，分别对我国创新创业政策文本与新闻报道文本进行了内容分析、网络分析、情感分析，探究近10年来我国创业制度环境的演变特征。再次，结合实地调查的访谈文本与案例分析，对城市和乡村地区女性微创业的特征与制度环境进行了比较分析。之后通过因子分析法从性别视角对微创业制度环境进行测评，分析其性别差异。最后，基于调查问卷数据，应用多元回归分析法探讨制度环境对女性微创业绩效的作用机制，并用 Bootstrap 法验证创业网络质量的中介效应。传统的创业制度环境研究往往采用单一的研究方法，而本书研究综合运用了多种方法，为创业制度环境与女性微创业的研究提供了新的视角和工具。

第2章

关键概念与理论基础

2.1 关键概念的界定

2.1.1 微创业

微创业（micro-entrepreneurship）的概念最早由印度学者穆罕默德·尤努斯（Muhammad Yunus）提出，他通过创立格莱珉银行，为印度的贫困家庭提供小额信贷，帮助他们创业，实现自我就业和增加收入的目的（Yunus，2007）。这种创业方式得到了国际社会的认可和推广，成为一种重要的创业模式。微创业在各个国家的发展不一，在美国的发展历程可以追溯到2001年美国硅谷的"YC"（Y Combinator）创业孵化器成立之初。当时，创始人保罗·格雷厄姆和本·霍洛维茨提出了"创业公司三件套"理论——产品（product）、用户（user）、收入（revenue），并将这种创业模式称为"微创业"（micro-entrepreneurship）。根据小企业调查委员会的报告（Bolton，1971），国际上基于企业的规模、收入和资产对微型企业有不同的定义。例如，美国国际开发署将"微型企业"定义为，由当地人拥有、雇员不超过10人的小企业；日本则把制造业中20人以下，商业服务业中5人以下的企业定义为"微型企业"（Bank，2011）。

随着互联网技术的快速发展和普及，微创业逐渐成为一种全球性的创业趋势，不仅在发达国家得到迅速推广，还在第三世界国家的农村经济发展中发挥着关键作用（Alam et al，2010）。例如，在孟加拉国，通过以农村为中心的微创业发展来减轻贫困已经被关注了35年以上。600多家注册和数千家未注册的小额信贷组织，包括格莱珉银行（Grameen Bank）BRAC、ASA、BARD、ActionAid、CARE等全球知名机构，都以自己的模式推广着微创业。加纳的微创业在农业与零售业领域非常普遍，从业者通过智能手机与客户和商业伙伴保持联系。对于相对落后的非洲国家，随着智能手机的普及，微创业者可以利用新技术手段来存储客户信息，接受销售订单，接受付款，无论客户在哪里都可以进行交易并由此减少银行官僚作风（Jack and Suri, 2014）。

互联网时代的微创业是利用互联网移动社交工具从事销售商品或服务的经营活动，在我国经历了一个从野蛮增长走向规范化发展的过程（茹莉，2018）。国内关于微创业的研究始于2012～2013年，与微商的兴起几乎同步。2014～2016年随着微商的野蛮增长，有关微商的研究也达到了高峰。早期学界关注的主题主要为微创业、大学生微商、微信营销、消费者行为、法律规制等表层现象。微创业的存在有何利弊是讨论的焦点，对此学界观点不一。一方面，微信等数字平台的兴起催生了微创业这样低门槛、灵活自由的新型工作模式，很多人乐观地认为，微创业是一种新的就业形态，打破了传统性别分工模式，有利于缩小就业鸿沟和促进就业公平（李敏等，2020）。另一方面，很多学者指出，以微商为代表的微创业缺乏统一的监管，导致市场混乱，诚信缺失，对从业者的就业质量和社会影响难以评估（佟新和刘洁，2016）。从2011年腾讯发布首款微信客户端以来，微信用户迅速增长。随后几年间，"微信公众号+微信支付"的推广和分享经济的流行，使以微商为代表的微创业呈爆炸式增长。

有关微创业的定义学界尚未统一。早期狭义的微创业主要指微商，即利用微信朋友圈宣传售卖产品的商户（俞华，2016），之后其概念被扩大为基于微信、QQ、微博等社交平台衍生的一种新型电子商务形态，主要包括由企业建立的B2C微创业和由个人建立的C2C微创业（王明信，2017）。微创业模式是移动社交电商模式的一种，与传统的电子商务模式有显著的区别。同时，它也是一种创新型直销模式，其运营模式具有封闭性特征。目前，微创业的主要经营方式有两种，分别是B2C和C2C模式。在B2C模式下，企业通过注册公众号或服务号来推送商业信息并进行销售，例如微信商城。而在C2C模式下，个人利用自己的号码在微信、微博、QQ空间等社交平台上进行宣传并销售，发布方与接收方在线上完成交易，例如朋友圈销售等。这两种方式都具有明显的电子商务性质。多层级结构的微商经营形式出现之后，又衍生出新的形态，如 B2C2C 及 C2C2C 等（罗昆和高郦梅，2017），是互联网时代平台经济发展的产物。

本书研究关注的"微创业"主要为个人基于社会化媒体从事营销活动的新型电商，他们以微信、微博、微商城（微店）为载体，以移动智能终端为硬件基础，借助 SNS 关系进行产品及服务营销。阿里巴巴、淘宝等电商平台的行业报告显示，微创业从业者大部分为女性，且以学生、家庭主妇、高教育程度和在非国有部门就业的女性群体为主，美妆、针织、母婴、大健康、农特产品等以女性消费为主的领域占据着微商的主要市场份额。

2.1.2　女性微创业

国际上有关微创业的研究主要集中在微创业的作用、动机、存在的问题和影响等方面。很多学者发现，微创业作为自主就业的主要形式，在许多发展中国家和新兴经济体都被认为是创造就业和减轻贫困的重要途径（Mukherjee and Pathak，2023）。在这种情况下，女性微创业在发展中国家发挥的作用远远超过了创造就业和促进经济增长。因为它们不仅可以创造就业机会，还有利于纳税和维持经济发展（Ameyaw et al，2015）。在加纳等非洲国家，微创业在农业和零售部门提供了约一半的制造、餐饮、清洁和其他服务（Tetteh and Frempong，2013）。此外，微创业还有助于供应链和实体经济的发展（Obeng，2014），并通过支持出口为增加国家外汇作出贡献（Amoako and Matlay，2015）。但是，大部分女性微创业都发生在非正式部门，这使她们容易面临更多市场风险，如缺乏正式的融资选择、法律援助或通过进入正式市场增加利润（Asiedu et al，2019）。

有关女性微创业动机的实证研究发现，在很多国家女性微创业的动机为"非自愿排斥劳动力市场"或"摆脱贫困"（GEM，2024）；也有研究发现，女性的微创业动机可能是多种多样的，包括赚取收入、对做生意感兴趣、增加灵活性和自主性、与家庭义务相结合的可能性，以及重新平衡工作与生活，众多研究都表明了社会资源对决定微创业绩效的重要性（Khan et al，2021）。

近年来，随着网络直播带货、网络电商的兴起，越来越多的女性在数字经济领域进行小规模创业就业。在数字技术推动下，新业态、新经济模式、新创业就业模式不断涌现，为经济发展持续增添新动能的同时，也有力地促进了女性微创业的发展。数字经济和平台经济的发展不但为女性微创业带来了新的契机，使女性创业者在全球范围崛起，而且随着"她"时代的来临，女性创业者也成为推动经济与社会发展的重要力量。首先，数字经济和平台经济提供了在线销售、自由职业和共享经济等多种创业机会，降低了传统创业的高成本和复杂流程，为女性微创业提供了更容易入门的机会。根据联合国贸易和发展会议的数据，数字经济和平台经济的发展使得女性微创业者在全球范围内增加了很大比例。① 其次，数字经济和平台经济的发展使得女性可以通过在线平台从事自由职业、远程工作和灵活就业。这种灵活性允许女性更好地平衡工作和家庭责任，增加了她们参与微创业的机会。另外，数字经济和平台经济的全球性和便利性使得女性创业者可以更加轻松地拓展市场和客户群，不再受限于地理位置和传统渠道。通过在线平台，女性微创业者可以接触到全球市场，扩大销售和推广的范围。

全球创业观察 2021/2022 年女性创业报告显示，全球女性创业活跃度达到 10.4%。然而，女性微创业者结构并不均衡，从质量看，女性创业以低层次的生存型创业为主，且在不同经济发展水平的国家，女性创业终止率都高于男性创业终止率。② 女性微创业的低比率、低层次和低存活率现象不容忽视。女性微创业者为经济发展和社会福祉作出了重大贡献，因此，探索怎样的制度设计更能促进女性连续创业，提供有针对性的制度扶持，具有重要的理论意义和实践价值。

2.1.3　创业制度环境

创业制度环境是影响和规范创业活动的法律、政策、经济、文化等方面的

---

① United Nations Conference on Trade and Development. Digital Economy Report 2019 ［R］. Geneva：UNCTAD，2019，https：//unctad. org/en/pages/PublicationWebflyer. aspx？publicationid＝2469.

② Global Entrepreneurship Monitor. GEM 2022/23 Women's Entrepreneurship Report：Challenging Bias and Stereotypes ［R］. 2023.

因素（Shane and Venkataraman，2000）。创业制度环境概念的产生缘于制度理论的发展。在社会学领域，制度理论认为，制度是指在社会中规范行为的一系列规则、规范、价值观念和信念体系。在经济学领域，制度理论认为，制度对经济行为和经济结果有着重要影响。在创业研究中，学者们开始关注创业活动的制度环境对创业行为和创业绩效的影响。创业不仅是个体的行为，还受到诸多外部因素的制约和影响。因此，对创业的研究需要考虑到制度环境的因素。创业制度环境概念的出现，使得创业研究不再仅仅关注个体行为和内部因素，而是更加注重外部环境和制度因素对创业的影响。

根据创业制度环境的性质和特征划分，可以将其分为正式制度环境和非正式制度环境。正式制度环境包括法律、法规和政策等明确规定的制度要素，而非正式制度环境包括文化、社会规范和价值观等隐含的制度要素（Djankov，2002）。正式制度环境主要由政府和相关机构制定与实施，涉及创业者与政府之间的关系以及创业者在法律和政策框架下的权利和义务。这些制度要素包括创业者注册和执照要求、知识产权保护、税收政策、融资和资金支持政策等。正式制度环境对于创业者的行为和决策具有明确的规范和约束。非正式制度环境则是指社会和文化层面上的制度要素，它们可能不是明确规定的法律和政策，但也对创业者的行为和决策具有重要影响，这包括社会认可度、风险承担和失败接纳度、创业者信任和合作关系等。非正式制度环境通过塑造创业者的价值观、行为准则和行为期望，影响着创业者的创业意愿和行动（North，1990）。

根据创业制度环境的范围和层次划分，可以将其分为宏观和微观两个层面（Gnyawali，2012）。宏观创业制度环境包括国家层面的法律、政策和制度，如政府政策、法律法规和经济体制等；微观创业制度环境则指企业和社会内部的制度，如企业文化、组织结构和社会网络等。这两个层面相互作用，共同构成了创业者所面临的制度环境（Peng and Heath，1996）。

创业制度环境的测量可以通过多种指标和方法进行。其中，应用最广泛的是世界银行的营商环境评价指标体系。① 世界银行发布的全球营商环境年度报告评估了全球 190 个经济体的创业环境。报告中提供了一系列指标，如开办企

---

① World Bank Group. Doing Business 2020 ［R］. Washington DC：World Bank，2020.

业、获得贷款、注册财产等方面的数据，用于测量创业制度环境的便利程度。全球创业观察（GEM）提供了一系列指标和方法，用于测量创业制度环境，包括法规和政策、政府支持、创业机会等方面的数据。经济合作与发展组织（OECD）进行了各国创业环境的比较和测量，包含了一系列如创业激励政策、创业融资、创新能力等方面的数据，也为创业制度环境的评价提供了重要参考。① 此外，加拿大弗雷泽研究所（Fraser Institute）发布的经济自由度（economic freedom of the world，EFW）指数用于测量国家和地区的经济自由程度，该指数也涵盖了创业制度环境的测量指标，如政府规模、财政政策、法律制度等。除了权威机构发布的创业制度环境评价指标体系，学术界也有众多学者从不同角度构建了相关指数，这在第1章有详细列举。总之，创业制度环境的测量可能因国家和地区而异，不同国家和地区的创业制度环境受到历史、文化、政治、经济等多种因素的影响。

因此，在进行研究时，需要考虑特定国家和地区的上下关联因素，并将其纳入分析和解释中。此外，测量创业制度环境可以使用定量指标和数据，如指标排名、统计数据等。然而，为了全面了解和解释创业制度环境，也需要结合定性研究方法，如深入访谈、案例研究等，这也可以为研究提供更丰富的信息和洞察力。由于不同国家和地区的创业制度环境可能存在差异，甚至在同一个国家内的不同地区也可能存在差异。因此，在研究中需要考虑多样性，比较不同国家和地区之间的差异，以及同一国家内的地区差异，提出的政策建议也应该根据特定国家和地区的情况进行个性化研究，以此为基础来制定切实可行的政策。

2.2 理论基础

2.2.1 制度理论

制度理论（institution theory）是一种关于社会、政治和经济制度的理论体

---

① Organization for Economic Co-operation and Development（OECD）. Entrepreneurship at a Glance [R]. Paris：OECD Publishing, 2013.

系，它研究的是制度如何形成、演变和影响个体与组织行为，以及如何塑造社会发展和变革的过程。制度理论的起源可以追溯到 20 世纪初的社会学和经济学领域。1899 年，制度经济学鼻祖凡勃仑（Thorstein Veblen）出版了经济学著作《有闲阶级论：关于制度的经济研究》（*The Theory of the Leisure Class：An Economic study of Institutions*），首次提出了"制度"一词，并对社会制度、经济制度和行为规范进行了分析。1905 年，马克斯·韦伯在其代表作《新教伦理与资本主义精神》中探讨了宗教与资本主义制度之间的关系，奠定了制度理论的一些基础概念。

此后，制度理论的演变经历了不同的阶段和学派。早期的制度理论主要关注制度的形成和维持，强调制度的路径依赖性和惯性。1934 年，约翰·康芒斯（John Commons）在《制度经济学》（*Institutional Economics：Its Place in Political Economy*）一书中提出了制度经济学的概念，并将制度视为经济和社会生活的核心。后来，新制度主义兴起，强调制度对经济行为和发展的影响，强调制度变迁和制度设计的重要性。诺斯（North）于 1990 年出版的《制度、制度变迁与经济成就》（*Institutions，Institutional Change and Economic Performance*）一书指出，制度变迁的过程并不必然造成有效率的结果。该书被认为是新制度主义的经典之作，它强调制度变迁需要结合经济、政治与社会理论，强调了制度对经济绩效的影响（孙萍和陈诗怡，2019）。新制度经济学（institutional economics）拓宽了制度经济学的研究范围，它不仅关注经济组织和制度安排，还关注社会制度、政治制度和文化制度等领域。

制度是社会交往中的规则和机制，新制度经济学将制度分为正式制度和非正式制度（North，1990）。正式制度是由法律、法规和组织规章等明确规定和制定的制度。它们通常是通过正式的程序和机构来制定与执行的，具有明确的权威和约束力。正式制度包括宪法、法律、法规、政策、组织章程等。非正式制度是指不以法律形式存在，但在社会交往中具有约束力的制度。它们是通过社会习俗、道德规范、行业惯例、社会规范等方式形成和传承的。非正式制度包括道德准则、行为规范、社会习俗、行业惯例、社会规范等。

斯科特（Scott，1995）提出，制度由三大支柱组成，分别是管制制度（regulative）、规范制度（normative）和认知制度（cognitive），随后很多学者沿用了这一研究框架（Gallie et al，1999；Scott Greer，2001）。其中，管制制度是一国鼓励或约束企业特定类型的行为，包括金融环境、税收环境、政策扶持等，具体为具有法律权威的组织颁布的法规政策。规范制度是社会公众所共同遵循的价值观、信仰和规范，其形成受到历史和文化背景、政治和法律环境、公共媒体报道、价值观念和信仰体系等多种因素影响。认知制度主要涉及社会共享的信念、心智模型和符号系统，为个体和组织提供了对世界的基本理解和分类方式，从而影响其行为和决策。这三大制度要素构成了综合的制度框架，被广泛应用到各个研究领域。

自 20 世纪 80 年代起，制度与创业研究这两个领域呈现出逐渐融合的趋势，不断发展成为彼此领域重要的研究主题。创业者的行动受制于制度环境，该环境既是创业活动的舞台，也是规则的博弈场所，对创业者的行动具有约束、赋能和引导的作用（杨俊等，2022）。在全球创业观察（Global Entrepreneurship Monitor）和创业动态跟踪调查（Panel Study of Entrepreneurial Dynamics）等全球性调查的推动下，越来越多的研究表明，制度环境是诱发微观层面创业活动规模和结构差异的关键因素，经济周期、经济自由度、国家文化等因素都成了解释创业活动差异的关键变量。"情境—行为—结果"作为创业研究的基本逻辑，帮助研究者深入理解创业活动的本质和影响因素。例如，加特纳（Gartner，1988）质疑了对"谁是创业者"的定义，并提出了一个更广义的观点，即创业是一种行为，涉及情境和结果。大卫松和维克隆德（Davidsson and Wiklund，2001）讨论了创业研究中的不同分析层次，并提出了"情境—行为—结果"作为一个分析框架，用于理解创业活动的复杂性和多样性。谢帕德和德蒂安（Shepherd and DeTienne，2005）探讨了创业者的先前知识、潜在经济回报和机会识别之间的关系，强调了情境（先前知识）、行为（机会识别）和结果（经济回报）之间的关联。通过研究创业的情境、行为和结果，研究者可以更全面地理解创业过程中的因果关系和影响因素，从而为实践和政策提供更有效的建议和指导。

可见，制度流派是创业研究中的一个重要分支，其主要关注点是制度如何影响创业活动（Bruton et al，2010）。制度流派认为，制度是创业活动的重要背景和影响因素。制度包括法律、规则、社会规范和行业标准等形式，它们规定了创业者在特定情境下的权利、义务和行为准则。制度流派强调，创业者必须在现有制度框架内开展活动，并受到制度的约束、引导和赋能（North，1990）。制度流派的研究涉及多个层面和角度。在国家层面，研究者关注国家制度对创业的影响，例如法律环境、政策支持和监管机制。在组织层面，研究者研究企业内部的制度，如组织文化、规章制度和奖惩机制对创业行为的影响。在行业层面，研究者关注行业规范、行业联盟和协会等制度对创业者的影响（Zahra and Wright，2011）。根据制度理论，国家或地区的制度对微观经济行为起着制约、规制和调节的作用，这不仅影响着创业机会的获取，还会对新企业的创办比例、规模和质量产生影响（Hwang and Powell，2005）。研究发现，资本可得性（Bettignies and Brander，2007）和经济稳定性（McMillan and Woodruff，2002）能促进创业活动，而严格的政府管制（陈刚，2015）、腐败（Dutta and Sobel，2016），以及较高的累进所得税结构（Gentry and Hubbard，2000）会减少降低创业活动。此外，尽管政治和经济因素能影响新创企业的市场进入行为，但社会文化环境对创业企业进入新兴行业的影响更大（York and Lenox，2014）。虽然制度流派在创业研究中具有重要地位，但也存在一些不足之处。首先，现有研究往往过于强调制度对创业的约束作用，忽视了制度对创业的赋能和引导作用。其次，研究主要集中在西方国家，对于非西方国家和发展中国家的制度影响的研究相对较少。另外，制度流派的研究方法多样，缺乏一致性和比较性的研究框架。

在此基础上，我国学者结合中国情境不断拓宽和创新制度与创业融合的研究范围。例如，李加鹏和吴蕊等（2020）回顾了制度理论与创业研究的融合过程，指出制度理论与创业研究在融合过程中先后经历了三个阶段，即缺少融合阶段（1983 年之前）、组织生态学者发起研究对象的融合阶段（1983 ~ 1991年）、管理和创业学者推动理论基础和研究对象的融合阶段（1992 年至今）。赵向阳等（2012）研究了文化和社会规范对创业活动的影响，发现国家文化与经济发展水平之间的相互作用对创业活动的数量和质量产生了影响。同时，郑馨等（2017）也指出，国家社会规范对创业活动起着显著的促进作用，并且其影响超过了正式制度对创业的影响。通过拓宽和创新制度与创业融合的研究范围，中国学者为国际学界提供了新的视角和理论，提高了中国在创业研究领域的国际影响力。

制度与创业融合的研究始于经济学和社会学有关制度的研究，随后扩展到国际创业、新兴经济体创业等领域，并在数字经济时代呈现出新的学术内涵。在这个过程中，制度的复杂性和动态性等特征对创业的影响逐渐凸显出来。其中，格林伍德等（Greenwood et al，2011）揭示了制度的复杂性与创业组织的潜在互动，因为制度的复杂性意味着创业者需要花费更多的时间和资源来研究和理解不同国家的法律、政策和文化。他们需要了解各种制度对于他们的业务和市场的影响，以便作出明智的决策。如果创业者没有适应不同的制度环境，他们可能面临法律和政策上的挑战，甚至可能被迫退出市场。同时，制度复杂性还可能导致创业者面临更多的风险。不同国家的法律和政策可能会对创业者的业务产生不利影响，例如限制市场准入、限制外国投资等。然而，制度复杂性也可以为创业者带来机会。不同国家的法律和政策可能会创造不同的市场需求和商机。创业者可以通过了解和适应不同的制度环境，利用这些机会来推动业务的发展（倪嘉成，2020）。因此，创业者需要重视制度复杂性，并投入足够的时间和资源来了解和适应不同的制度环境。他们需要与专业人士合作，例如律师、顾问等，以确保他们的业务在不同的制度环境下能够合法、稳健地运营。

制度的动态变化是大多数新兴经济体和转型经济体的典型特征，制度的动态性意味着制度环境会不断变化和演变。制度并非静止不变，而是会随着时间和环境的变迁而调整。目前有关制度动态性特征与创业的研究主要关注制度变化的幅度、速度和平衡性。例如，2016年查尔斯·易斯利（Charles Eesley，2016）从创业者个人决策角度分析了制度成长壁垒的影响，探讨了制度变化如何对个体的创业决策产生不同影响。巴纳利耶娃等（Banalieva et al，2017）基于中国上市公司的数据，探索性地构建了制度改革速度的衡量方式，探究了制度变化速度对不同企业绩效的影响差异。由于制度变化带来的不确定性会给资源匮乏的创业者带来较大困难，王博和朱沆（2020）进一步探索了正式制度改善速度与机会型创业之间的复杂关系。因此，创业者需要密切关注制度变化，并相应地调整他们的创业策略和行为。例如，政府政策的调整、法律的修改等都会对创业者的行动产生影响。创业者应灵活适应制度的变化，以保持竞争优势。

在制度与创业领域不断融合的背景下，人们对于创业的研究越来越关注于探索制度特征如何通过机制影响个体层面的创业行为，并进一步影响整个经济社会的发展机制。这种研究有助于促进"宏观—微观"创业研究之间的对话，并进一步拓展制度与创业融合的领域。通过对制度如何影响创业的相关研究进行梳理，我们发现制度对创业主体及其行为的影响一直是制度研究的核心问题。然而，在相似的制度环境下，微观主体的创业行为仍然存在显著差异。在复杂多元的制度环境中，制度环境通过何种机制来影响微观层面的创业行动和战略选择，这个问题对于提高创业绩效和地区创业质量至关重要。

在回答制度如何影响创业行为的问题时，当前的研究面临一个重要的理论挑战，即宏观结构与微观行为之间的连接缺失（沈睿等，2022）。经济学通常从微观层面的个体行为着手，通过个体行为的自利动机来解释制度发挥作用的机制；而社会学则强调更大范围的社会结构因素，如宗教信仰、共同价值规范、文化传统等对个体行为的约束和限制。同时，宏观层面的制度研究往往忽视了创业者的异质性和能动性。因此，对制度环境如何通过自我效能、社会资本等微观因素影响个体创业的机制研究，有助于从微观视角打开制度影响创业结果的"黑箱"。

此外，制度对女性微创业的影响仍是新兴研究领域。研究表明，传统性别观念使女性创业面临更高的失败率，凸显了制度支持的必要性（Yang and Tri-ana，2019）。已有研究发现，带薪休假和灵活就业等制度可缓解女性工作与家庭之间的冲突，降低创业倾向（Thébaud，2015），管制自由度和社会规范对提升女性创业比例至关重要（Yousafzai et al，2015）。因此，关注制度变迁对促进中国女性创业的积极作用，未来研究需进一步探索性别差异对微创业的影响，并通过实证分析获取更精准的结论。

2.2.2 社会资本理论

社会资本理论是研究社会关系网络对个人和社会产生的影响的理论框架。它强调了人际关系和社会网络在个人和社会发展中的重要作用。20 世纪初，马克斯·韦伯（Max Weber）提出了社会资本的概念，将其定义为个人和集体资源的总和，包括互助合作、信任和社会网络等。皮埃尔·布迪厄（Pierre Bourdieu）在20世纪70年代进一步发展了社会资本理论，将其定义为个人在社会关系网中的位置和资源。他认为，社会资本可以转化为经济和文化资本，对个人的社会流动和成功有重要影响。当代对社会资本的研究是从布迪厄（1980）开始的，90年代以后，格兰诺维特（Granovetter，1985）、波特斯（Portes，1998）等进一步从社会网络结构、社会网络关系、社会价值、诚信和社会规范等方面丰富了社会资本的内涵。

社会资本理论有多个流派。格兰诺维特（Granovetter）和林南（Lin Nan）是社会资本理论的开先河者，提出并发展了个人的社会网络与其拥有的社会资源的关系理论。根据格兰诺维特（1973）的研究，成功的求职者通常从关系一般的朋友那里获取有价值的信息，而不是从关系密切的亲友身上获得。他提出了"强关系"和"弱关系"理论，并认为个体的弱关系比同质性较高的强关系能够提供更多的信息资源，因为弱关系具有较强的异质性。在传统社会中，个人最常接触的是亲友和同事，这种社会认知是一种稳定但传播范围有限的强关系。而弱关系的特点是个人的社会网络异质性较强，人与人关系并不紧密，也没有太多的感情维系。格兰诺维特认为，关系的强弱决定了能够获得信息的性质以及个人达到其行为目标的可能性，影响关系强度的因素包括关系的持续时间、互动频率、亲密程度和互惠内容等。

在格兰诺维特的研究基础上，林南提出了社会资源理论，指出嵌入社会网络的社会资源，如权力、财富和声望，并非个人独占，而是通过个人直接或间接的社会关系来获取（Nan Lin，2001）。当行动者采取工具性行动时，如果他与社会网络中地位较高的弱关系建立联系，这些弱关系将为他带来更多的社会资源，超过与地位较低的强关系所获得的资源。个体社会网络的差异性、网络成员的社会地位以及个体与网络成员之间的关系力量，决定了个体所拥有的社会资源的数量和质量（Nan Lin，1999）。

帕特南（Robert D. Putnam）在前人研究的基础上更进一步，将社会资本这一概念扩展到了社会政治领域（周红云，2004），他将社会资本理解为诸如信任（brief）、规范（norm）以及网络（network）等社会组织的特征，认为信任是社会资本的关键因素，而互惠规范、公民参与网络能够促进社会信任（Putnam，1993）。其中，社会资本理论中的社会信任是指个体对他人的信任和期望，以及社会中形成的信任网络和信任机制。社会信任在社会交往中起着关键作用，可以促进合作、减少不确定性和促进社会发展（Michael and Deepa，2000）。互惠规范是指个体在社会交往中遵循互惠的原则，即通过互相提供帮助、支持和资源来建立和维持人际关系（Alejandro Portes，1998）。这种互惠规范对于社会资本的形成和发展至关重要。

随着社会资本理论在社会科学研究界的影响不断扩大，围绕着社会资本的概念及其他的相关争论也日渐激烈。社会资本概念的定义比较宽泛，具有强大的解释力，在不同研究中它可以有不同的含义。布朗（Brown，1997）对社会资本进行了分类，包括微观层次、中观层次和宏观层次。[1] 微观层次的研究发现，个人可以通过建立社会关系来获取所需资源，如信息、工作机会、知识、影响力、社会支持和长期社会合作。微观社会资本可以分为嵌入社会结构中的资源、资源的可获得性和对这些资源的使用三种形式。中观层次的社会资本涉及个人在社会结构中的位置对资源可获得性的影响。宏观层次的社会资本分析关注的是在团体、组织、社会或国家范围内，某一行动者群体对社会资本的占有情况。

由于社会资本作为社会科学家们从社会生活中总结和归纳出的一种理论建构，它无法被直接或间接地从社会中观察到。因此，如何测量社会资本成为社会资本理论研究和应用的焦点。鉴于对社会资本概念的理解存在差异，研究者们在实证研究中采用了各种不同的测量方法来衡量社会资本。在实证研究中，对个体层面社会资本的测量主要专注于个人社会网络状况的评估。社会网络分析将个人之间的社会联系视为一个个互相关联的"网络"，通过分析个体与其他人的关系网络来测量社会资本的数量和质量。例如，可以使用度中心性、接近中心性、介数中心性等指标来衡量个体在社会网络中的位置和关系强度（Ronald S. Burt，1995）。

在测量个体层面的社会资本时，研究者主要使用了"个体中心网络"

---

① Brown T F. Theoretical Perspectives on Social Capital［R/OL］. 1997，http：//hal. lamar. edu/~BROWNTF/SOCCAP. HTML.

（ego-centered network）的分析方法，应用提名生成法（name-generator）、位置生成法（position-generator）等方法测量个人拥有的社会资本。个体网络可以被视为整体社会网络中的一个局部，它考察的是以每个被研究者为中心延伸出去的网络情况。个体中心的社会网络可以根据网络所涉及的不同社会关系和行为而测量不同的社会资本类型，例如社区参与度作为社会资本的一个指标，主要衡量个体参与社会活动的频率和广度，包括社团组织、志愿活动、社区参与等（Robert D. Putnam，2000）。社会信任作为社会资本的一个指标，测量个体对他人和社会组织的信任程度，可以使用信任度问卷或实验方法来评估个体的信任水平（Francis Fukuyama，1995）。归属感和社会支持作为社会资本的一个重要指标，主要衡量个体感受到的社会支持和归属感程度，可以使用问卷调查或观察方法来测量（Cohen and Wills，1985）。另外，社会交往能力也可以作为社会资本的一个指标，衡量个体与他人进行有效沟通和互动的能力，通常可以使用观察法或评估量表进行测量（Hall and Bernieri，2001）。这些方法提供了一些常见的微观层面的社会资本测量途径，研究者可以根据具体的研究目的和背景选择适合的测量方法。

自从社会学家科尔曼（James Coleman）把社会资本界定为一种对行动者有利的藏于社会结构中的资源，越来越多的研究者开始关注社会资本在集体层面的作用，认为社会资本不仅是个人所拥有的资源，还是组织、社区乃至整个社会所拥有的资源（方然，2014）。因此，在测量社会资本时，他们不再仅仅关注个人的网络情况，而是将视野扩展到更广泛的社会结构范围。世界银行充分肯定了社会资本在可持续发展中的重要作用，专门制定了测量社会资本的综合指标体系（Grootaert and Bastelaer，2002）。从世界银行的观点来看，社会资本是投入发展过程中的一种资本形式，在宏观层面上，社会资本被视为生产函数中的第四类资本。与人力资本相似的是，它既可以被消费也可以被投资；但与之不同的是，社会资本只能为一个群体所共享，具有公共品的特点（Dasgupta and Serageldin，1999）。

在世界银行采用的社会资本测量指标中，第一类指标主要测度平行性联合的横向社会资本（horizontal association），指标包括联合和地方机构的数量与类型、贸易联合会内部的信任程度、会员的范围、参与决策的范围等。第二类指标主要测度垂直性联合的纵向社会资本（vertical association），显示了社会网络中的等级关系和成员之间权力分配的不平等。第三类指标考察社会一体化和社会分裂对经济成果的影响。第四类指标依据集合社会资本（aggregated social capital）即广义社会资本的概念，将正式制度当作社会资本，认为正式制度是向系统提供公共产品的资本，包括正规的制度关系和结构，如法制规范等，主要对契约执行、没收财产的风险、腐败等进行测量（Grootaert，2004）。

世界银行的社会资本评价指标主要面向国家和地区，具有权威性、正统性和宏观性，并且指出了社会资本的制度功能，如何进一步从微观层面用实证方法验证这种制度功能，还是一个有待探索的前沿问题。社会资本的制度功能在于以市场方式实现企业的组织功能。网络被认为是介于市场和企业之间的"第三种"组织制度，而社会资本作为一种新资产的制度性质，是"第三种"制度的特殊之处。与市场制度中的契约和企业制度中的产权相比，网络制度中的社会资本具有交易费用低、组织费用低的特点。安纳李·萨克森宁（AnnaLee Saxenian，2020）在对硅谷与 128 号公路的区域优势的研究中发现，社会资本的制度功能尤为重要。硅谷中的华人和印度人取得商业成就的制度背景是建立在协会这种"关系"和"信任"的制造工厂基础上，替代了市场制度和企业制度，从而节省了交易费用并增加了商业机会。

自 1985 年社会资本理论被引入创业活动的研究中以来，国内外学者取得了大量的研究成果。在 1985～1995 年，学者们主要关注的是创业主体，特别是企业家的社会资本对创业活动的正面作用。他们研究了企业家如何通过利用社会网络、人际关系和信任等社会资本资源来获取信息、资源和支持，从而提高创业成功的可能性（Eva Meyerson，1993）。然而，随着时间的推移，学者们开始深入研究社会资本的负面作用，并意识到社会资本并非总是对创业活动有益的。在 20 世纪 90 年代中后期，学者们开始探讨社会资本的负面影响，例如，过度依赖社会网络可能导致信息的局限性和创新的缺乏，过度依赖特定的社会群体可能导致排他性和群体思维等问题（Timothy Bates，1994）。这一研究视角的拓展使我们对创业主体社会资本的作用有了更全面和细致的理解，并为创业者提供了更具实践意义的指导和建议。21 世纪初，学者们开始探索创业主体的社会资本对创业活动的其他作用机制，社会资本对创业动机、成长欲望等创业心理的影响受到关注，也成为相关研究的前沿问题（David et al，2004）。

在社会经济学领域，随着社会资本理论的发展，创业被认为实际上是一种网络化的活动，创业者通过获取、利用、维持和构建社会资本来发现创业机会并获取开发所需的资源（刘兴国，2012）。创业者的社会资本对创业机会的识别和对创业绩效会产生影响，由于创业过程具有动态特征，社会资本在不同的创业阶段也会展现出不同的作用（周晓丹，2010）。社会资本作为关系结构的叠加及关系资源的累积，其对创业生态系统的影响备受关注（Bandera and Thomas，2019）。据皮特利斯（Pitelis，2012）所述，创业生态系统被视为网络组织的高级形式，它在推动科技成果转化以及促进创业企业成长方面拥有独特的优势。

在数字经济时代，创业生态系统被视为一种有机网络组织形态，它由科技创新群落、技术开发群落和商业应用群落组成，这三个群落之间相互依存，具备个体、种群、群落及系统的嵌套隶属关系，促使人才、资本和技术等创新要素持续流动。这种有机网络降低了初创企业进入市场的门槛，提高了创业项目的存活率（项国鹏，2016）。从创业过程来看，张宝建等（2019）认为，个体之间的竞合互动形成了特定的种群，不同种群之间发生集聚和融合，而群落之间的循环互动过程形成了创业生态系统。因此，创业生态系统为参与其中的创业主体提供了直接和间接的资源，这些资源实质上是基于社会联系和网络所形成的社会资本。另外，创业生态系统的形成具有路径依赖性，个体、种群、群落以及整个系统的不断涌现属于创业生态系统生成过程的一部分。在这一过程中，形成了相对稳定的网络构型，其中个体属于生态系统，而生态系统包含个体。李娜娜和张宝建（2021）从社会资本理论出发，研究创业生态系统中个体、种群、群落以及系统的梯次隶属与嵌套关系，据此归纳出创业生态系统的动态演化过程。社会资本成为创业生态系统个体、种群、群落及系统的黏合剂，有效解释了结构层面的嵌套隶属关系及功能层面的涌现现象。

1989年，奥尔德里克（Aldrick，1989）开创性地将女性社会资本运用到创业研究中，指出社会网络资源和机缘对女性创业非常重要。之后众多学者开始关注社会资本与女性创业的关联性（Ogunrinola，2011；Muniady et al，

2016），并从制度社会资本、关系社会资本，以及认知社会资本三个方面分析各国女性微创业者的创业意愿、成功的可能性，以及摆脱创业困境的可能性（Muniady et al，2015）。不同学者从其学科范畴与研究范式出发对社会资本概念作出了不同的界定，总体来说，本书研究的社会资本可以定义为：个体或团体之间的关联社会网络、互惠性规范和由此产生的信任，是人们在社会结构中所处的位置给他们带来的资源（李惠斌，2000）。总体上看，制度社会资本主要指非正式制度，包括习俗、仪式、价值观、信仰、文化氛围等；关系社会资本分为"关系性嵌入"（人与人之间的互动关系，带有人格化特征）和"结构性嵌入"（与社会阶层和家庭背景相关联，人与人之间的社会关系网络以及组织与组织之间的社会关系网络，带有非人格化色彩）；认知社会资本主要包括识别、信心、默会的知识等（Uphoff，2000；Edelman and Stryker，2005；刘婷和李瑶，2013）。目前，大部分研究关注了社会资本对女性创业者的创业意愿、成功的可能性（Poon et al，2012），以及摆脱创业困境的可能性，但忽视了人与人之间的合作关系以及非正式制度等对女性微创业制度环境产生的影响。

从社会资本角度看，制度环境是企业创立时创业者与外界环境的联系，是创业者在创立企业的整个过程中，对其产生影响的一系列内部和外部因素及其所组成的有机整体。非正式制度是人们在长期交往中无意识形成的，表现为制度社会资本的价值观、伦理规范、风俗习惯、意识形态等，以及认知社会资本的经验、识别和信息等；正式制度是人们在非正式制度的基础上有意识地设计和供给的一系列规则，镶嵌于关系社会资本中，具有例如与强关系网络（家庭成员、朋友、亲戚等），以及与弱关系网络（政府机构与非政府组织）的互动频率、强度和密度等网络特性。巴特扎尔嘎勒等（Batjargal et al，2013）开创性地结合社会网络理论分析复杂场域中非正式制度与正式制度的互动，表明场域配置中有关创业资源的缺乏可通过其他制度的补充进行替代或缓解。当国家制度秩序低效和薄弱时，负协同与冲突将会出现，此时，社会网络便可替代正式制度并对支持功能失调的制度进行补充。

随着数字技术的发展，新的商业模式不断涌现，新情境出现改变了创业环境对创业绩效的影响机制，社会资本对于微观创业行为更为重要。现有创业研究在生态系统视角下较少关注系统中微观层面创业者的社会资本和创业活动，尤其对于社会资本在女性创业制度环境及创业绩效中的作用及其微观机制还有待探索（杜晶晶等，2022）。

2.3　本章小结

在回答制度如何影响创业行为的问题时，当前的研究面临一个重要的理论挑战，即宏观结构与微观行为之间的连接缺失，宏观层面的制度研究往往忽视了创业者的异质性和能动性。通过梳理制度如何影响创业的相关研究发现，制度对于创业主体及其行为的影响一直是制度研究的核心问题。但在相似制度环境下，微观主体的创业行为和结果仍存在显著差异。创业制度环境对于创业主体来说是否存在性别差异？复杂多元的制度环境通过何种机制影响微观层面的创业行为与绩效结果？这些都是关乎地区创业质量提升和经济社会健康发展的重要问题。

此外，制度如何影响特定群体和特定类型的创业活动，如女性微创业，还是比较新和未解的议题（郑馨，2019）。在制度对女性创业的影响方面，已有研究发现，女性往往受到男尊女卑的定型效应和"男主外、女主内"的传统性别分工价值观的束缚，女性创业项目会因为"性别—角色"不一致形成的偏见而存在更高的失败率，因此通过制度激励来保障女性创业的权利和合法性极为重要（Yang and María，2019）。特博（Thébaud，2015）通过分析24个工业化国家创业中性别不平等的制度基础，发现针对女性的带薪休假、儿童抚养补贴以及灵活就业制度安排有助于减轻女性的工作与家庭之间冲突，使女性更倾向于选择就业而非创业。优素福扎伊等（Yousafzai et al，2015）基于92个国家的创业数据，发现管制自由度、良好的社会规范和认知制度有利于提高国家层面女性创业的比例。吴炳德等（2017）通过案例分析，从制度变迁的视角揭示了男女平权制度、创业合法化以及个体创业能力提升的共同作用可以有效地促进中国女性创业。总体来看，考虑性别差异的微创业制度环境的评价和影响研究还有很大空间。

因此，本书研究基于制度理论，将社会资本引入女性微创业制度环境的评价和分析中，并尝试从微观层面探求女性微创业制度环境如何通过社会资本影响个体创业绩效的作用机制，进而提出优化我国女性微创业制度环境的对策建议。本书研究有助于从微观视角打开制度影响创业结果的黑箱，促进"宏观—微观"创业研究之间的对话（见图 2.1），并对相关部门进一步从性别视角优化我国创业制度环境提供启示。

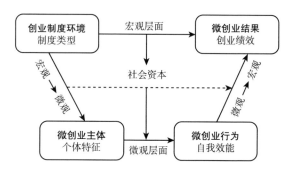

图 2.1　"宏观—微观"创业研究框架

第3章

全球女性创业环境的发展趋势

3.1　全球女性创业趋势

全球创业观察（Global Entrepreneurship Monitor，GEM）是由美国百森商学院（Babson College）和英国伦敦商学院（London Business School）的多位资深学者，于1997年共同发起的一个全球创业调查与研究项目，它旨在研究全球创业活动状况和趋势，发掘国家（地区）创业活动的驱动力，研究创业与经济增长之间的作用机制和评估国家（地区）创业环境。基于2021创业板成人人口调查（APS）和创业板国家专家调查（NES）收集的数据，《全球创业观察（GEM）2021/2022年女性创业报告》[①]显示，2019~2020年，女性创业率下降了15%，并在2021年保持不变。女性在三年内创业的意愿和2020年的总体创业率也比男性下降得更快，但在中上收入国家尚没有出现这样的下降趋势。此外，该报告强调了初创公司的性别构成、疫情对男女企业家的影响以及需要在政策层面解决的结构性和环境不平等问题，并阐明了政策制定者可以采取哪些行动来支持女性创业者。

该报告的主要作者巴布森学院戴安娜国际研究所研究员阿曼达·伊拉姆（Amanda Elam）补充道："每五名初创企业的创业者中就有两名是女性。创

[①] 《全球创业观察（GEM）2021/2022年女性创业报告》来源于GEM官方网站，该报告原题为"GEM 2021/2022 Women's Entrepreneurship Report：From Crisis to Opportunity"，由Amanda B. Elam博士担任主要作者，报告基于来自50个国家的数据，分析了女性创业的趋势和挑战。

业是女性在社会经济中继续发挥积极作用的一部分。让更多教育工作者、领导者和政策制定者了解创业这一关键市场活动中性别差异的驱动因素很重要。"①

该报告指出，在全球范围内，女性企业家比例在不断上升，在高增长企业中占比约1/3。在中上收入国家，女性企业家在国际市场关注方面与男性不相上下，成为世界上最具创新性的群体之一。在新冠疫情期间，女性的离职率从2.9%上升至3.6%，而男性的离职率更高（从3.5%上升至4.4%）。疫情对中等收入国家的女性影响最大，2019～2021年，中等收入国家的女性离职率增加了74%，而男性离职率仅增加了34%。在全球接受调查的女性创业者中，近一半从事批发/零售行业，1/5的女企业家从事政府和社会服务行业（女性占18.5%，男性占10.1%）。然而，只有2.7%的女性在信息、计算机和技术（ICT）领域创业，而男性的这一比例为4.7%，这一行业在全球吸引了大部分风险投资。

在被调查的国家中，女性在商业上的活跃度都远低于男性，而且往往获得的相关投资要少得多。低收入国家的性别差异最为显著，而中上收入国家最接近性别均等。报告还指出，在大多数国家，女性企业家面临的创业环境非常差，这也解释了为什么与男性相比，女性对创业作为职业选择的认知略低。

GEM的创业环境研究报告进一步提出，首先，在传统上以男性为主的部门中，女性企业家的代表性不足。为了应对这种情况，政策制定者可以在所有部门和国家平等地为女性企业家提供支持，特别是在引发负面刻板印象的男性主导的部门。其次，女性占高潜力企业家数量的1/3，因此需要制定差异化政策，为女性创业活跃的部门调动资金和提供其他支持。学术研究表明，在具有可比性的行业部门创办类似企业时，女性和男性一样有可能成功，因此可以更直接地解决结构性障碍，以减少对女性创业者的负面刻板印象。此外，参与这项研究的各国专家一致认为，目前对女性创业者的社会文化支持体系尚不完善，因此有必要通过媒体宣传等方式塑造女性创业典范，将其成功经验转化为可复制的社会资源，从而构建良性发展的创业生态。

---

① 资料来源：《全球创业观察（GEM）2021/2022年女性创业报告》。

3.2 全球女性创业制度环境

数字经济赋能女性创业是实现妇女权利和性别平等的重要举措，对推动实现全球可持续发展目标具有重要意义。2019 年福布斯数据显示，在全球十大适合女性创业的国家或地区当中，美国首次以 70.3 分（满分 100 分）荣登第一，其次是新西兰和加拿大。该评估结果基于三大因素，即女性的晋升结果（包括劳动力的参与）、知识资产和金融渠道，以及创业支持。另外，研究者还对女性创业者在各个国家或地区所占比重进行排名，结果表明，乌干达以38.2% 的比例成为女企业家占比最多的国家，美国则位列第 4 名。①

为了进一步提升女性企业家的数字素养与职业能力，推动企业数字化转型，创造更多商业机会，各大国际组织开展了一系列卓有成效的合作计划。例如，第 74 届联合国大会期间设立的女性创业加速器计划（WEA），这项合作计划关注女性创业的多方利益相关者，由联合国六大机构——国际劳工组织（ILO）、国际贸易中心（ITC）、国际电信联盟（ITU）、联合国开发计划署（UNDP）、联合国全球契约组织（UNGC）、联合国妇女署（UN Women）和玫琳凯共同发起，力求到 2030 年为 500 万名女性创业者赋能。该倡议的最终目标是通过为世界各地的女性创业者创造一个有利的生态系统，充分发挥女性创业者在实现可持续发展目标（SDG）方面的影响。加速器计划体现了具备独特影响力的多方合作关系在发挥女性创业者潜力方面的变革性力量。

数字经济赋能女性企业家是实现妇女权利和性别平等的重要举措，是联合国妇女署在全球和亚太地区的工作核心。2023 年 3 月 8 日，由联合国妇女署发起，商务部中国国际经济技术交流中心作为执行机构，中国贸促会培训中心和成都市贸促会（成都市博览局）、成都市妇女联合会联合实施的"数字时代女性中小微企业家赋能项目"能力建设启动仪式在成都举办。这是联合国妇女署首次在华启动该项目。此次项目为期 3 天，旨在通过能力建设、促进交流

---

① Forbes Data：Mastercard Index of Women Entrepreneurs ［R］. 2019.

等活动，以促使更多女性中小微企业家能够借助数字技术提高领导力和创新力，并提高其应对新冠疫情影响的能力。活动内容还包括培训、沙龙讲座、论坛等，邀请了公共和私营部门共同参与，围绕数字化管理与创新、数字思维与数字工具、女性领导力、创业团队融资策略及跨境电商与海外市场开拓等热点议题，为女性中小微企业家搭建交流和分享平台，助力其实现业务启动、经营和扩展，进而推动实现经济的包容性增长，并促进可持续发展。①

在全球，支持女性创业持续成为一个热门话题，除了政府和国际组织，私营部门也在积极行动。一方面，越来越多的政府成立或者打算成立专门基金投资女创始人，女性主题众创空间的数量也在不断增多。例如，2018 年 10 月，澳大利亚维多利亚州提出成立一个专门基金支持本州的女创始人，加拿大政府宣布成立 2000 万美元女性创业基金。另一方面，各大企业长期致力于通过促进女性创业倡导女性经济赋权和性别平等。例如，玫琳凯公司（Mary Kay Inc.）在 2022 年的"女性创业日"（Women's Entrepreneurship Day）重申对女性企业家的全球承诺，继续通过外部努力和合作重点提升与推动女性创业。作为一家在近 35 个国家开展业务的创业发展公司，玫琳凯近 60 年来一直致力于增强女性权能，支持她们的创业愿望。玫琳凯与世界各地的变革者合作，通过以影响力为重点的伙伴关系帮助消除女性经济赋权面临的障碍，加速将她们融入创业生态系统。②

与此同时，随着女性创业活动在全球的展开，学术领域也对全球女性创业议题展开了如火如荼的研究。例如，研究表明，在中国创业的企业家中，女性的比例近年来急剧上升，几乎与男性持平。与男性企业家相比，中国女性企业家在教育、能力、机会动机和创新能力方面有所提高。中国女性在创新领域的日益突出作用是任何其他国家都无法比拟的，在世界上是独一无二的（Cheraghi，2013）。部分学者比较了中国与其他国家女性创业的异同，例如有研究指出，在中国和越南，女性企业家都有获得更多收入的动机。越南女商人重视

---

① 锦观新闻．联合国妇女署首次在华启动！这个项目在蓉举办［N/OL］．［2023 - 03 - 09］. https：//baijiahao. baidu. com/s？id = 17598944474686261117&wfr = spider&for = pc.

② 国际文传电讯社．玫琳凯强调通过影响力合作推动全球女性创业发展［EB/OL］．［2022 - 11 - 24］．https：//m. 163. com/dy/article/HMVBBI1L0530LC1U. html.

获得个人满足感和自由等内在回报，她们还将企业所有权作为减少工作与家庭冲突的一种方式。当中国女企业家决定创业时，展示能力和获得公众认可发挥着更重要的作用。中越两国女性都认为，良好的管理技能对实现自己的目标至关重要。两国的女企业家都面临着相似的挑战，如无法招聘和留住员工、竞争激烈、经济疲软以及获得金融资本的机会有限（Zhu et al，2019）。虽然发达国家对女性企业家精神的研究很广泛，但发展中经济体在这一领域的研究做得相对较少。诸多研究结果表明，发展中国家的女性创业者与其他国家有许多相似之处，但她们也有不同之处，例如创业的原因、动机以及遇到的问题。这些差异在一定程度上反映了发展中经济体中不同社会结构的影响，特别是职业隔离、工资差距以及参与非正式经济部门的比例（Maziriri et al，2023）。

近年来，越来越多的学者开始关注基于社交电商的女性微创业，例如中国的微商和国外基于脸书的微创业（F-commerce）。诺什因·贾汉·埃蒂德等（Nowshin Jahan Eteed et al，2020）将研究焦点放在了基于脸书（Facebook）平台的互联网微创业上，他们指出，通过脸书开展的业务在孟加拉国等国家达到了新的高度，它不仅是一个社交网络平台，也是一个受欢迎的在线商业平台。尤其是在新冠疫情期间，女性 F-commerce 数量激增。由于工作的灵活性，越来越多的女性进入了以脸书为平台的创业部门。女性之所以成为小微企业家，并不仅是为了提高收入，她们更注重的是经济赋权的重要性。

3.3　美国女性创业制度环境

美国是经济强国，也是创业最为发达、相关法律制度最为完备的国家。根据全球创业研究机构 StartupBlink 发布的 2022 年全球创新生态系统指数报告，美国在被评价的 100 个国家中排名第一，紧随其后的国家是英国、以色列、加拿大和瑞典。该报告每年更新一次，主要从创业数量（quantity）、创业质量（quality）和营商环境（business environment）三个方面对各个创业生态系统进行评估打分，其中创业数量指创业公司、联合办公空间和加速器的数量；创业质量指研发中心、独角兽和跨国公司分支机构情况；营商环境考虑的因素包括互联网速度、互联网自由和英语水平等。

2015 年，美国年入百万美元以上的"一人公司"有 35000 多家，年入 10 万美元以上的"一人公司"有 275 万家。"一人公司"的意思就是这家公司只有一个员工，大概率就是老板自己。而同一时间的美国上市公司在 5000 家左右，小微企业数量是上市公司的 50 倍。① 近年来，美国小规模、低成本的微创业活动越发活跃。根据自由职业者平台 Upwork 与美国自由职业者联盟发布的《2019 年美国自由职业者报告》，2019 年大约有 5700 万美国人从事自由职业，这一数据 2018 年为 5670 万人。2019 年，美国自由职业者收入接近 1 万亿美元。报告显示，2014～2019 年，美国的全职自由职业者比例也从 17% 增加至 28%。② 尤其 2020 年新冠疫情以来，自由职业形式的微创业已在美国成为一个日益多样化群体的长期职业选择，超过 1/3 的美国人正在从事这项职业。

美国的创业制度环境包括法律制度、金融市场、社会环境以及经济背景，是美国创业活跃的一个重要原因。早在 1980 年，美国就制定了《小企业投资法》，将创业投资公司重新定义为企业开发公司，减少对创业投资公司的报告要求，吸引了众多创业者和人才资源（张明若，2016）。为更进一步优化创业制度环境，美国政府制定了一系列税收优惠政策，并制定了新的《税收法》和《经济复兴税法》，这两部法律降低了资本利得税，提供了税收优惠，能够很好地激发创业者的热情。

此外，美国在知识产权方面的法律制度对完善创业制度环境至关重要。20 世纪 80 年代，美国先后颁布了一系列法律，形成了对知识产权、技术转让、技术扩散等有效的法律保护体系。这一阶段立法及政策发生的变化，70 年代投入的风险资本在 80 年代初期所产生的巨额回报，以及计算机、生物技术、电子数据等行业的迅猛发展，使美国经济迅速发展。然而，在经过 80 年代早中期的急剧增长后，美国的创业投资在 80 年代末又开始萎缩。一方面，优秀的、经验丰富的创业者没有随着经济增长而成比例地增加；另一方面，创业者受到供求规律的约束，利润较高的投资项目变得匮乏，创业的投资回报率降低。

---

① 资料来源：美国经济分析局（Bureau of Economic Analysis，BEA）。
② Adam O. Report：Freelancing and the Economy in 2019 ［EB/OL］. (2019 - 10 - 30) ［2023 - 05 - 16］. https：//www. upwork. com/press/releases/freelancing-and-the-economy-in - 2019.

20 世纪 90 年代以来，得益于信息产业、医疗保健等行业的蓬勃发展，美国经济持续增长，年均经济增长率达到了 3.2%。① 在立法与政策制度的进一步扶持下，美国的创业制度环境也顺应经济发展的强劲势头，取得了飞速发展。90 年代，美国制定了一系列法律支持金融证券市场的发展，通过兼并收购、创业企业回购等方式为创业资本的退出提供了便捷的通道和法律保障。同时，美国国会总结了《小企业投资公司法》的不足，尤其是吸取了政府在短期信贷方面的不足之处，在 1992 年颁布的《小企业股权投资促进法》中，为小型企业投资公司提供了一种"参与证券计划"的金融支持，这部法案颁布之后，小型企业投资公司的发展壮大了十几倍。

美国于 1997 年通过了《投资收益税降低法案》，对其税收减免数额及应用范围进行了清晰的界定，同时进一步降低了投资收益税率，这对于创业投资也是一个利好举措。美国在 2003 年通过《就业与增长税收减免协调法案》，将其资本利得税由 20% 降低至 15%，此举为初创企业投资行业带来了积极影响。另外，美国《所得税法》还规定，企业的利润和损失可以相互抵消，被批准的创投公司可以在八年中抵消所有的资本收益。

美国小型企业管理机构于 2001 年出台了旨在提高低收入人群收入、扩大工作岗位和推动低收入区域经济发展的《新市场风险投资计划》。美国于 2005 年颁布《天使投资法案》，对天使投资的概念和运作进行了界定，明确了其发展所需的基本条件，并对其给予的各种优惠政策进行了详细阐述。

2009 年，奥巴马政府出台了美国第一份国家创新战略——《美国创新战略》，强调要投资创新的基础要素，鼓励私人企业进行革新，建立鼓励企业精神的政策氛围，以推动在重要科学技术方面实现突破。在接下来的几年，美国政府大力发展先进的基础设施，包括物质基础设施和数字基础设施，加大在国家优先领域的科技部署，不断完善创新创业制度环境，保障科技创新所需的基本条件。

2011 年，奥巴马政府推出了"创业美国"计划（Startup America），旨在促进创业文化和提高创业公司的成功率。该计划包括提供创业支持服务、建立投资基金和创业竞赛等多项措施。2012 年，美国国会通过了"启动我们的商

---

① 中国社会科学院美国研究所.21 世纪的美国经济发展战略 [EB/OL].(2015 – 06 – 15)[2024 – 12 – 12]. http://ias. cass. cn/xsyj/mgjj/201506/t20150615_2672508. shtml.

业创业"（Jumpstart Our Business Startups，JOBS）法案，旨在为初创企业提供更多融资渠道和降低融资门槛。该法案取消了某些限制初创企业向大众募资的规定，同时还提高了小型企业的股票发行门槛。

此外，自 2010 年起，美国各地陆续建立了多个创业加速器，如 Y Combinator、Techstars 等，旨在为初创企业提供资金、人才和资源等全方位支持。为鼓励创业投资，美国政府还提供了多项税收减免政策，如小企业税收抵免、投资者税收抵免等。同时，美国各大高校也开始开设创业教育课程和项目，以培养更多的创业人才。此外，一些非营利组织和商业团体也提供创业培训和支持服务，如 SCORE、NFIB 等。

2017 年，特朗普政府颁布了《减税和就业法案》，降低了企业税率和个人所得税率，为创业公司提供了更多的资金支持。通过美国小型企业管理局（SBA）提供了多项创业贷款计划，包括"小型企业贷款计划""SBA 504 贷款计划"等，为初创企业提供融资支持。同时，政府支持和组织了多项创业竞赛，如"青年创业挑战赛"，旨在为年轻创业者提供资金、资源和支持。此外，特朗普政府取消了奥巴马政府时期的"创业禁令"，允许移民创业者在美国开展创业活动，为创业公司带来了更多的人才和创新力量。同时，政府试图改革专利制度，以防止滥用专利和降低专利申请的成本和时间，为创业公司提供更多的创新支持。

之后的拜登政府提出了一项创业基金计划，旨在为初创企业提供融资支持和创新资源。该计划还包括建立"创新基金"和"社会创新基金"，支持社会企业和非营利组织发展。同时，拜登政府成立了一个创业政策小组，旨在为创业公司提供政策建议和资源支持，促进创业活动和就业增长；并且拜登政府提出了一项新的投资税收减免计划，旨在鼓励投资者投资于初创企业，同时还提高了小型企业的股票发行门槛。在移民政策上，拜登政府试图改革移民制度，以便更多的移民创业者能够在美国开展创业活动。该政策还包括为高科技人才提供更多的移民机会。拜登政府同样重视创业教育计划，为学生和年轻人提供创业教育和培训，以培养更多的创业人才。

从 GEM 的 12 个创业环境框架条件来看，在 2000～2020 年（缺少 2011 年数据）的美国总得分中，有形和服务基础设施维度（physical and services infrastructure）总得分最高，达到 82.94 分，其次是文化和社会规范（cultural and social norms）为 78.28 分，以及商业和专业基础设施（commercial and professional infrastructure）为 70.64 分。总得分最低的是学校的创业教育（basic school entrepreneurial education and training），只有 47.58 分。从 20 年间的创业环境 GEM 得分来看，美国的各个创业框架条件得分都稳步提高，且得分增长幅度最大的是入境便利（internal market openness），增幅为 2.58 分；其次是研发转移（R&D transfer），增幅为 2.35 分，以及创业资金（financing for entrepreneurs），增幅为 1.61 分；增幅最小的是有形和服务基础设施（physical and services infrastructure），增幅仅为 -0.02 分。

可见，美国创业支持体系的发展关系到国家经济结构的调整，同时其发展过程中充满不确定性。美国创业制度环境随着经济社会的发展，在政府的干预下不断完善，主要呈现出以下特点：保障了创业投资主体的多样性，保证了创业资本来源渠道的通畅，保证了创业投资退出渠道的畅通，增强了公司参与方的风险承受能力。可见，美国的创业制度环境发展历史较悠久，已经进入成熟阶段，并形成了一系列配套措施，美国创业企业特别是涉及高科技领域的创业企业得到迅速发展。由于制定了比较健全的创业投资法规，政府并不会对创业活动的具体运作进行直接的干预，而是通过运用相关的法律和政策，对各方的行为进行规范，建设一个健康有活力的创业投资市场，使各种创业活动在法律的框架下运行。美国政府和社会各界为促进创业提供了多种政策和项目，旨在为初创企业提供更多融资、资源和支持，以推动经济发展和就业增长。

2022 年 11 月 16 日，美国专利商标局（USPTO）与美国商务部一同推出了"女性创业"（Women's Entrepreneurship）计划，这是一项以社区为中心的、协力完成的且具有创造性的计划，旨在激励女性，挖掘她们的潜力，从而有意义地增加公平性、创造就业机会和促进经济繁荣。① 这项新举措是在美国总统拜登于 2022 年 11 月 1 日宣布 2022 年 11 月为"全国创业月"之后，并在 11

---

① 中国保护知识产权网. 美国专利商标局和商务部启动"女性创业"计划［EB/OL］.［2022 - 11 - 24］. https：//mp. weixin. qq. com/s? __biz = MzI0OTE3MDAyMg = = &mid = 2650027060&idx = 1&sn = 1f8913ea9b36be82706fea94f4aa5ade&chksm = f195053dc6e28c2bfbe1f752f916901814af4365258feed691b6126ac 4524e45f174cb588cc1&scene = 27.

月 19 日的"妇女创业日"之前启动的。美国的研究数据显示，虽然女性代表了全球增长最快的一类创业者，但她们通常不太可能获得吸引投资和实现可持续发展所需的资本和知识产权保护。此外，与男性相比，女性作为创业者的代表性严重不足。根据美国人口普查局（U. S. Census Bureau）的年度商业调查（ABS），男性在大约 80% 的美国企业中拥有所有权，在 63% 的美国企业中拥有多数股份。与此同时，女性在大约 37% 的美国企业中拥有所有权，但只在 21% 的美国企业中拥有多数股份。

因此，美国的"女性创业"计划将在整个私营部门和政府努力的基础上，鼓励和支持初创企业与有抱负的女性创业者，使她们相互建立联系、获得支持和资金来源。"女性创业"计划创建了一个新的在线中心，以为有理想、有抱负的女性创业者提供有关如何开始创业之路、怎样识别和保护她们的知识产权、通过什么样的途径获取资金和建立与维护网络的重要信息。该创业计划还包括一系列 USPTO 女性创业研讨会。美国商务部长吉娜·雷蒙多（Gina Raimondo）表示："发挥女性创业者的潜力对企业、对家庭、对我们的经济发展都大有裨益。'女性创业'计划将成为女性创业过程中的宝贵资源，并将加强继续推动美国繁荣的女性企业家群体的力量。"①

2023 年，美国政府进一步推行改善女性创业制度环境的计划。作为第一项《美国全球妇女经济安全战略》（U. S. Strategy on Global Women's Economic Security）的一部分，美国国际发展署（U. S. Agency for International Development）的促进行业性别平衡项目是拜登—哈里斯政府计划扩展的几个项目之一。国务卿安东尼·布林肯（Antony Blinken）在美国国务院于 2023 年 1 月 4 日举行的公布该计划的一次活动上说："我们正在提出的战略的核心有一个明确的愿景：创建一个世界各地的所有妇女和女孩都能为经济增长和全球繁荣作出贡献并从中受益的世界。"② 这项战略符合并进一步推动了 2021 年发布的《美国性别公平与平等国家战略》（U. S. National Strategy on Gender Equity and

① 中国保护知识产权网. 美国专利商标局和商务部启动"女性创业"计划 EB/OL. （2022 - 11 - 16）［2024 - 12 - 12］. http：//ipr. mofcom. gov. cn/article/gjxw/gbhj/bmz/mg/202211/1974592. html.

② 美国国务院. 美国将通过四种方式促进全球女性的经济安全［EB/OL］. https：//archive-share. america. gov/zh-hans/4 - ways-the-u-s-will-boost-womens-economic-security-worldwide-zh/index. html，2023 - 1 -11/2025 - 3 -15.

Equality），旨在促进美国和全球的性别平等。

这项以促进女性经济安全为目标的战略分为四个组成部分。第一，通过高质量工作提高经济竞争力。实现这项战略规划的一个途径是，通过诸如 WE-Champs 之类的项目，向 18 个欧洲国家的女商人联合会和工商联合会提供资助，以支持女性所有的小企业。第二，加强儿童保育和老年人护理，以及重视家务劳动。美国支持世界银行的"儿童保育投资"（Invest in Childcare）倡议等项目，这些项目有助于改善在世界各中低收入国家获得优质、负担得起的儿童保育服务的机会。第三，促进女性创业。该战略将复制美国—印度女性经济赋权联盟（U. S. -India Alliance for Women's Economic Empowerment）等的努力，该联盟将私营部门和公民社会联系起来，为印度女性提供技术技能和交流机会，帮助她们发展业务。在 2021 年联盟启动时，谷歌印度（Google India）承诺为 100 万名印度女企业家提供指导。第四，消除系统性障碍。这些障碍包括社会、法律和监管障碍，它们妨碍了公平竞争的环境，例如一些法律使得女性在一些岗位上面临更大的挑战，从而制约女性事业的发展。

女性微创业的互联网平台也纷纷推出一系列计划鼓励女性创业。例如，2022 年，亚马逊的 AWS 影响力加速器（AWS Impact Accelerator）启动了一项计划，向更多的女性创业者提供帮助来加速创业。AWS 影响力加速器是一个 3000 万美元的基金，主要为黑人、拉丁裔、妇女等提供公平的培训、指导、工具和资源。在八周的时间里，25 家初创企业通过与 AWS 技术专家、投资者和合作伙伴一起发展她们的企业来加速成长。从客户的发现和保留到架构的深入研究和亚马逊内部学习，创始人将参与研讨会、圆桌讨论、个人指导、同行学习。为了促进她们的成长，初创企业将获得 12.5 万美元的现金资助和 10 万美元的 AWS 服务积分，所有这些都是零成本和零股权的。在这个过程中，女性创始人参与者将从一些公司（如 Advancing Women in Tech、Visible Hands 等）以及 AWS 的合作伙伴处（如 Dropbox DocSend、HubSpot、Carta 和 Brex 等）学习。她们还可以参加专门为解决女性创业挑战而策划的会议和模块①。

---

① 亚马逊云科技. 亚马逊云科技宣布推出全新的女性创业者社区项目［EB/OL］.（2023 - 09 - 20）［2024 - 12 - 12］. https：//www. amazonaws. cn/zh _ cn/about-aws/whats-new/2023/09/Amazon-Web-Services-announces-new-Amazon-Web-Services-Entrepreneur-Community-for-Women/.

3.4　欧洲女性创业制度环境

女性创业对经济社会发展的作用越来越受到国际组织和各国政府的重视。根据欧洲女性创业论坛估计，欧洲新增的就业机会中有 1/4 由女性创业者提供，女性创业者的小型企业为社会创造了财富和就业机会。全球创业观察发布的《2021/2022 年度女性创业报告》也指出，在欧洲，近五年内拥有 20 名以上员工的初创企业中，女性创业者占 1/3。欧洲各国政府都努力将性别视角融入主流社会，尤其注重在宏观政策中实施性别视角的分析与决策。

在激励机制上，欧盟及各成员国不但制定了一系列推动女性创业发展的政策，而且还创建了支持女性创业的网络。欧洲自 2000 年起发起了促进女性创业网络（WES），这是一个由各成员国的政府和组织组成的一个网络，目的是培养女性企业家，通过研讨会，与现有的网络和组织进行合作，交流信息和经验，并联合开展各种活动，从而提升女性企业家的社会地位，营造适合女性企业家发展的环境，扩展女性企业家的数量，增加女性企业家的公司规模。

2017 年，欧洲委员会开始实施"女性创业者商业天使"项目（Women Business Angels for Europe's Entrepreneurs），旨在促进欧洲女性创业者和商业天使之间的联系和合作，提高女性在投资和创业领域的参与度，促进性别平等和创新。该项目的目标是建立一个欧洲范围内的网络，为女性创业者提供获得资金和支持的机会，同时也为女性创业者商业天使提供了一个投资和合作的平台。该项目还提供了一系列活动和培训课程，旨在帮助女性创业者提高她们的商业技能和知识。这些活动包括投资者之间的交流会、企业家之间的合作活动以及创业者之间的培训课程等。通过这个项目，欧洲女性创业者和商业天使投资人可以共同合作，推动创新和创业的发展，并促进性别平等和社会进步。

2018 年，欧洲委员会推出 WEgate 在线平台，旨在通过建立资源中心、交流论坛、活动日历和成功案例来支持女性创业者和企业家。作为资源中心，WEgate 提供有关融资、培训、网络和资源的信息，以及与创业相关的法律和财务问题的解答，为女性创业者提供一个交流和分享经验的平台。而且，WEgate 平台上列出了各种与创业相关的活动和研讨会，帮助女性创业者扩大人脉和学习新知识，通过分享来自欧洲各地的女性创业者的成功故事和经验，以鼓励其他女性创业者，帮助女性创业者克服种种困难，实现自己的创业梦想。此外，WEgate 还与其他创业组织和机构合作，为女性创业者提供更多的支持和资源。

欧洲创新与技术研究院（European Institute of Innovation and Technology，EIT）作为欧盟的一个机构和"欧洲地平线"（Horizon Europe）的组成部分，在支持欧盟创造可持续经济增长和就业的目标方面发挥着重要作用，并促使国家和地区层面的公共和私营部门对性别不平等作出有效回应。2016 年 12 月以来，EIT 采取了一系列行动以推动社会性别主流化。2022 年 12 月，EIT 批准了修订后的《2022～2027 年性别平等政策》，其中包含一项《性别平等计划》（GEP），旨在提高 EIT 在促进性别平等和加强女性创业和领导力方面的参与度。例如，赋予农业食品领域女性权力（Empowering Women in Agrifood）项目为食品领域的女企业家提供培训、指导和交流机会，使来自 11 个国家的有才华的女企业家能够参加为期六个月的创业计划，为农业食品领域的具体问题提供解决方案，最终目标是克服农业食品部门现有的性别差距。另外，为缩小制造业企业存在的性别差距，"制造业中的女性"（Women in Manufacturing）作为一项培养女性领导力的计划，在七个国家（西班牙、意大利、波斯尼亚、保加利亚、爱沙尼亚、立陶宛和爱尔兰）试点和推出。该项目面向希望成为制造业领导者的女性，目标是让女性参与者掌握创新创业技能，使她们有信心在学术界或工业界的岗位上推动创新，例如支持女性参与者开发新项目、进行数字化转型和可持续发展。

由于中小企业为社会提供了大部分的就业机会，欧盟的中小企业政策框架包括一系列支持女性创业的政策和措施，覆盖了女性创业的全过程，例如选项、技术培训、融资、税收等。其中，对女性合伙人的定义和生育期、离异丧偶后的权益保障等方面也有特别规定。为了确保政策的有效实施，欧盟建立了执行和监督的组织机构与支持网络，还进行了统一的监控和评估。针对女性企业家的融资困难，欧盟采取了专项资金扶持、发放 1 年期贷款、提供 2～5 年的低息贷款、创建银行网络资助企业项目等措施，帮助女性企业家和女性创业者在传统金融市场上获得融资。欧盟还建立了欧洲贷款担保机构，提供国家和欧洲层面的支助金，保证公认的管理培训课程得到政府的支持和贷款，以支持女性创业发展。这些政策和措施可供其他国家学习、借鉴和效仿。此外，欧盟各成员国都设立了相关机构以提升女性创业技能。例如，位于芬兰首都赫尔辛基的女性企业署（Ladies Enterprise Agency）是一个专门为女性企业家提供支持的机构，旨在激励和鼓励女性创业，降低她们获得知识和技能的门槛。多年来，女性企业署一直在为由女性创办的中小企业提供支持，并为想要创业的女性提供免费培训和咨询，组织交易和展览会，建立女性企业家网络等。此外，女性企业署还与瑞典经济管理学院合作，为女性提供为期一年的创业训练，并就有关营销和女性企业家精神开展研讨会。女性企业署的经验被欧盟委员会广为宣传。除了芬兰，其他欧盟国家也建立了相似的机构，如英国的工作就业平等机会委员会女性培训机构（WTN）和希腊雅典市平等机会部，通过"微型企业诞生和接纳 WEB 项目"等方式，为有志创业的女性提供各种支持，直至她们的企业真正独立。

根据联邦劳动和经济部（BMAW）的调查，欧盟 21% 的初创公司是女性创建的，自 2010 年以来，女性初创公司的比例从 13% 大幅上升至 21%。据 BMAW 称，北欧（丹麦、芬兰和瑞典）和中西欧（德国和奥地利）的女性创业增长最为强劲，在过去 12 年中，女性创业的比例增加了 1 倍多，而奥地利目前以 36% 的比例在欧盟拥有最高比例的女性创业公司。

根据 BMAW 的数据，在 27 个欧盟国家中，所有创业公司的风险投资融资率为 46%，女性创业公司为 44%。因为存在"性别资金缺口"，女性创业公司吸引的资金少于男性创业公司。女性创业公司数量的强劲增长并未反映在她们在融资额中的份额。据 BMAW 称，只有大约 1/9 的欧元投资流向了至少有一位女性创始人的创业公司。现有数据表明，2021 年创纪录的投资主要流向了全男性的创始团队。性别资金差距的原因是多方面的，通常源于投资决策中的无意识偏见。通常，刻板的归因会导致女性和男性创业公司面临男性和女性投资者完全不同类型的问题。虽然针对男性的问题本质上往往是支持性的，但女性更有可能被推到防御位置。这导致男性的公司估值是女性的 7 倍以上。男性在风险投资行业的强大主导地位强化了这种影响。

　　为了给初创企业，尤其是女性初创企业提供更多支持，2002年，奥地利政府设立创业和创新资助机构奥地利经济服务有限公司（AWS）。AWS的主要任务是支持和推广奥地利的创业和创新，为创业者和创新企业提供资金、咨询和培训等服务。AWS也致力于加强女性创业者的地位，通过各种项目和活动鼓励和支持女性参与创业和创新。2004年，奥地利政府设立科研和创新资助机构奥地利研究促进局（FFG），目标是推广和支持奥地利的科学研究与创新，为科研机构和企业提供资金、咨询和培训等服务。FFG也致力于促进女性的参与，通过各种项目和活动，鼓励和支持女性在科研和创新领域的发展。奥地利通过AWS和FFG采取各种措施，加强女性作为创始人的地位，专门为女性创业创始人提供资金。根据FFG的报告，奥地利2021年投入超过7800万欧元支持加强国内初创企业、规模化企业和衍生公司的创新能力。AWS作为联邦政府的推广银行，主要支持企业从最初的构想到取得国际市场的成功。通过分析来自26000多家欧盟初创公司的数据，AWS管理层称，他们特别关注年轻的创新公司，2021年给予年轻初创公司约3.8亿欧元的支持。一些项目中还设有额外的女性创业奖金，在创始团队和股东团队中有女性参与的项目能获得更多资金支持，鼓励包括全女性和混合性别的创业团队。

　　2021年3月，欧洲创新和新兴产业委员会成员国的代表们签署了2021～2023年新的女性创业框架协议（Communiqué de presse）。这个协议是一项旨在促进女性创业和创新的计划，旨在支持女性在创业和创新领域的发展，消除性别差距，促进经济增长和社会进步。这个协议由欧洲创新和新兴产业委员会（EIC）领导，共有21个成员国签署了该协议，其中包括欧洲大陆的主要经济体，如法国、德国、意大利和西班牙等。该协议的目标是通过提供培训、融资、咨询和网络支持等服务，帮助女性创业者和创新者克服性别差距和其他障碍，实现创业和创新的成功。具体内容包括支持女性企业家创建或接管企业、在地区内培养新一代伙伴关系、增加对女企业家的资助、解决性别偏见，并动员所有参与创业的利益相关者协调和促进有利于妇女创业的行动。此外，该协议还将支持女性在创业和创新领域的领导地位，鼓励更多的女性参与科技创新和数字化转型等领域，推动欧洲经济的创新和增长。

　　2017年，女性企业融资倡议（Women Entrepreneurs Finance Initiative，We-

Fi）正式发布，它是由世界银行主导的全球性合作计划，旨在为女性创业者提供融资和技术支持，以促进妇女参与经济和社会发展。由世界银行和各成员国共同出资，We-Fi 目前已有 14 个成员国和欧盟参与，包括 14 个捐助国政府、6 家多边开发银行（亚洲开发银行、非洲开发银行、欧洲复兴开发银行、伊斯兰开发银行集团、伊斯兰开发银行和世界银行集团），以及世界各地公共和私营部门的许多其他利益相关者。We-Fi 已为项目拨款 3 亿美元，这些项目将使近 13 万家女性创办的中小企业受益，主要工作包括为女性创业者提供融资和技术支持，帮助她们创立和发展自己的企业；支持女性创业生态系统的建设，包括提供培训、咨询和网络支持等；推动政策变革，促进妇女在经济和社会生活中的参与和发展，包括推动性别平等、促进妇女创业和就业等方面的工作等。

德国作为 We-Fi 的成员之一，参与了该计划的资金筹集和管理，并在妇女创业和经济发展领域提供了技术和政策支持。2021 年 6 月 30 日，德国政府对支持发展中经济体中女性领导的企业作出新承诺。在巴黎举行的世代平等论坛上，德国总理默克尔宣布向 We-Fi 提供 2500 万欧元的新财政捐款，这将使 60 多个发展中国家的女企业家能够更好地应对新冠疫情带来的不利影响。有了这一新承诺，德国继续在世界银行集团主办的国际伙伴关系 We-Fi 中发挥领导作用。此外，德国政府还在国内开展了一系列支持妇女创业和发展的项目，包括提供融资和技术支持、开展培训和咨询、推广创新和创业等方面的工作。这些项目为德国妇女创业者提供了重要的支持和帮助，也为 We-Fi 的工作提供了有益的经验和借鉴。

在英国，政府推出了"女性投资守则"，以支持行业和政府更好地了解女性创业的障碍，并激励企业、银行和金融部门成为该守则的签署方，以解决不平等问题（英国财政部，2021 年）。政府与金融部门的签署方，特别是英国商业银行、英国金融和英国商业天使协会建立了伙伴关系，以收集有关如何更好地支持女企业家的数据。与法国相比，英国没有具体的公共政策来支持女性企业家，而是通过建立英国地方企业合作伙伴关系（Local Enterprise Partnerships，LEPs）来支持企业。LEPs 于 2010 年建立，它是英国政府为推动地方经济发展而创立的一种伙伴关系模式，旨在促进地方政府、企业和社区之间的合作，以实现地方经济的增长和就业的创造。中央政府最初投资了 185 亿英镑，然后在 2015～2016 年投资了 120 亿英镑，在 2020～2021 年通过政府和 LEPs 之间谈判的增长协议投资了 91 亿英镑。因此，LEPs 获得了大量政府资金。这种投资、自主权和政策议程促进了企业的建立和发展。

在法国，自 2008 年"经济现代化"（Modernisation of the Economy）和"新经济机会"（the Nouvelles Opportunités Économiques）等项目发布以来，法国政府实施了几项包容性创业政策。2013 年，通过不同的区域计划，如区域行动计划（PAR），从国家层面制定了支持女性创业的计划，并作为国际职业平等计划的一部分被延长至 2020 年。国家框架下的女性创业区域计划包括提高对女性企业家的认识、支持女性创建或接管企业、支持女性获得融资、在农村地区和城市社区开展行动，以及通过培训和沟通促进女性创业（Communiqué de presse，2021）。

法国政府实施了一系列诸如 PAR 和 QPV 的政策帮助女性企业家更好地应对地区差异。"公共行政改革"（public administration reform，PAR）是一种旨在提高政府效率和透明度、加强公民参与和满意度的管理方法。PAR 通常包括对政府机构和程序的改革，以提高政府的响应能力、管理效率和公共服务的质量，以建立一个高效、透明、负责任和服务至上的政府机构，满足公众对公共服务和公共管理的需求。"城市优先区"（Politique de la ville，QPV）是法国政府为改善城市贫困地区而设立的一项政策。QPV 是指一些社会经济状况较差、人口密集的城市地区，通常是城市中的贫困街区或城市边缘地带。QPV 的设立旨在改善城市贫困地区的居住条件和社会经济状况，促进这些地区的发展和融入。政府通过向这些地区提供资金和资源，以支持小企业、创业、教育、住房、社会服务等方面的发展和改善，改善当地居民的生活质量和经济状况。此外，政府还通过各种方式促进这些地区的社会凝聚力和文化多样性，以消除贫困和社会不公现象。PAR 和 QPV 都是政府机构和社会组织之间的合作，以实现公共管理和城市发展的目标。

2014 年，法国政府成立了领土平等总委员会（Commissariat général à l'égalité des territoires，CGET），其目的是促进法国各地区的平等和发展。该机构的主要职责是协调政府的地方政策，促进各地区之间的经济、社会和环境平等，并提供支持和咨询服务，特别是在农村地区和城市贫困地区确保所有人都能平等地获得公共服务和经济机会。CGET 的主要任务包括制定国家和地方政策、协调各级政府间的合作、促进地区间的平等、提供支持和咨询服务等。该机构的工作重点包括城市和郊区的发展、农村地区的发展、社会和民族多样性的促进、经济发展和就业、公共服务和基础设施等方面。CGET 还协调了各级政府之间的合作，以确保各地区的发展计划得到整合和协调，从而推动整个国家的发展。2020 年，CGET 被国家领土凝聚力机构（Agence nationale de la cohésion des territoires，ANCT）取代，该机构的主要职责是协调和促进地方政策，以确保各地区之间的平等和公平，并提供支持和咨询服务，尤其制定了专门的指南促进"城市优先区"和农村地区的女性获得就业。ANCT 指南有七项承诺行动，以支持农村地区妇女创业的发展，例如调整儿童保育时间、支持女性创业融资等（CGET，2019）。

此外，法国还设立了一些非政府组织，如经济权利倡议协会（Association pour le droit à l'initiative économique，ADIE），支持无法获得传统银行信贷的失业者创业。ADIE 是法国的一个非营利性组织，成立于1989 年。该组织旨在支持那些在经济上遇到困难的人创立自己的企业。ADIE 提供小额贷款、培训和咨询服务，以帮助创业者克服资金和技能方面的难题。该组织的重点是支持那些被传统银行系统所忽视的人群，如失业者、低收入者、残疾人、少数族裔和女性等。ADIE 在法国和其他国家都有活动，是一家具有影响力的非政府组织。另外，自主创业者门户网站（Portail Auto-entrepreneur）作为法国政府为自主创业者和个体工商户提供的一个在线平台，帮助创业者了解开展自主创业的相关法律和行政程序，并提供相关的在线服务。通过该平台，自主创业者可以注册其自主创业活动、提交其税务申报、进行社会保险缴费，并获取有关自主创业的信息和建议。此外，平台还提供了各种在线工具，例如财务管理工具和商业计划制订工具，以帮助创业者更好地管理其业务。

可见，欧洲各国都采取了不同的政策和措施来促进和支持女性创业，主要包括：第一，提供财政支持例如补贴、小额贷款和税收优惠等，以帮助女性创业者创办自己的企业；第二，提供培训和指导，以帮助女性创业者掌握创业技能和知识，提高其创业成功率；第三，建立网络和组织，以帮助女性创业者建立联系、分享知识和经验，并获取资源和支持；第四，政府和社会组织积极推广女性创业，以鼓励更多的女性参与创业，并提高女性在创业领域的知名度和影响力。此外，欧盟在支持女性创业方面也发挥着重要作用。例如，欧盟制定了一系列政策和法规以鼓励和促进女性创业，例如《欧洲女性创业行动计划》（European Women's Entrepreneurship Action Plan）；并且欧盟通过各种项目和计划，提供资金和资源，支持欧洲各国的女性创业者，例如，通过"Horizon 2020"项目资助了许多女性创业者的项目，并提供了培训和指导。欧盟在推动性别平等和支持女性创业方面的作用越来越重要，有助于欧洲各国在这一领域的合作和协调。

3.5　俄罗斯女性创业制度环境

在俄罗斯，船员、汽车修理工、拖拉机司机、长途汽车司机等这样的职业通常都具有很强的"男性气质"。俄罗斯于2000年通过了一份不允许妇女参与的工作列表，列出了456种工作，这些工作被认定是艰苦的或者是危险的，上面提到的这些工作也被列入其中。2019年，俄罗斯劳动部对此清单进行了大规模修订，最终确定了《关于批准限制女性就业的有害和危险劳动条件下的生产、工作和职位清单》法令草案。尽管清单已经进行了大幅度缩减，但俄罗斯女性还是被排斥在很多工作领域之外[1]。

俄罗斯女性创业发展委员会主席纳迪亚·切尔卡索娃指出："根据我们的调查，我们可以确定女性经济活动参与度稳定上升的局面已经形成。近三成受访者积极评价自己的创业前景，创业人员把首要发展方向都放到了国内市场。小企业很难跟国际企业和品牌竞争，外国品牌撤出后，给国内创业企业提供了机会。大约有39%的受访者都考虑了这个因素。"[2] 2023年初，俄罗斯女性创业活力指数达到73.7%[3]。俄罗斯国家金融研究中心分析部门战略项目负责人伊琳娜·吉尔德布兰特指出，近年来俄罗斯女性企业家快速适应了市场的变化。比如，在新冠疫情期间，93%的俄罗斯女性创业者没有停止创业的脚步，还有39%的女性企业家未对自己的企业经营状况和前景产生怀疑和动摇。全

①②③　国家金融研究中心和女性创业发展委员会. 俄罗斯女性创业活力指数达到8年来最大值[EB/OL].（2023-03-18）[2023-08-02]. https：//www.sohu.com/a/651063258_99952383.

球创业观察（GEM）发表的 2021～2022 年女性创业报告也证明了这一点。来自 50 个国家的受访者对疫情冲击展现出了稳定性，在这期间停止创业的女性比例从 2.9% 上涨至 3.6%，而男性比例从 3.5% 上涨至 4.4%①。

从 GEM 的 12 个创业环境框架条件来看，2006～2020 年（缺少 2015 年、2017 年数据）的俄罗斯总得分中，有形和服务基础设施维度（physical and services infrastructure）总得分最高，达到 43.09 分，其次是内部市场动态（internal market dynamics）为 42.69 分，以及商业和专业基础设施（commercial and professional infrastructure）为 39.22 分。总得分最低的是研发转移（R&D transfer），只有 26.17 分。从 13 年间创业环境 GEM 得分来看，俄罗斯的各个创业框架条件得分都基本稳定，且 2006～2020 年的得分增长幅度最大的是政府创业计划（governmental programs），增幅为 1.82 分，其次是创业资金（financing for entrepreneurs），增幅为 1.173 分，以及文化和社会规范（cultural and social norms），增幅为 1.17 分；增幅最小的是研发转移（R&D transfer），增幅仅为 0.02 分。

GEM 报告指出，在高附加值的领域，创业通常由俄罗斯男性主导，女性创业者不足，但在相同领域创办类似企业，女性和男性一样能够取得成功。俄罗斯国家金融研究中心女性创业发展委员会调查结果显示，2023 年初俄罗斯女性创业活力指数达到 73.7%，为过去 8 年来最大值。专家表示，这证明了女性能高效适应经济危机。与 2022 年相比，该指数上涨 4%。根据电子支付服务平台 YooMoney 的一项调查显示，俄罗斯女性出现争相创业的现象，在俄罗斯个体创业中，女性所占比例为 48%，年龄在 20～30 岁的女性注册为个体工商户的占比最多。调查称："年龄在 31～40 岁的女性是最有事业心的女性。在个体工商户中，她们所占比例为 48%。在 20～30 岁年龄段中，女性个体工商户人数的增长最强劲，增长了 70%。同时，其收入增长了 1.9 倍"。①

总的来说，尽管俄罗斯的女性创业环境存在一定的挑战和难点，但随着政府和社会逐渐增加对女性创业者的支持和认可，俄罗斯政府开始推出各种支持女性创业的政策和项目，例如提供创业培训、优惠贷款、税收减免等。此外，社会组织和商业机构也开始积极推动女性创业，例如举办各种创业比赛和论

---

① 国家金融研究中心和女性创业发展委员会. 俄罗斯女性创业活力指数达到 8 年来最大值［EB/OL］.（2023 - 03 - 18）［2023 - 08 - 02］. https：//www. sohu. com/a/651063258_99952383.

坛，提供创业咨询、网络平台等服务。俄罗斯改善女性创业环境的重要性不仅在于促进经济和社会发展，更在于促进社会进步和提高女性的自我价值与地位。

3.6 韩国女性创业制度环境

在过去的 50 年里，韩国从世界最贫穷的国家成长为以微芯片和智能手机为支柱产业的经济强国，创造了东亚经济发展的奇迹。但与此同时，韩国女性的社会地位也发生了微妙的变化。很多韩国女性被束缚在低工资和无晋升机会的职位上。韩国只有约 10% 的管理岗位由女性担任，这一比例在 OECD 国家中是最低的。①

近年来，人们日益认识到妇女创业是全球经济增长的动力。麦肯锡全球研究所（McKinsey Global Institute）估计，到 2025 年，缩小韩国经济机会的性别差距可以让 GDP 增加 9% 或 1600 亿美元。尽管韩国是发达国家，但它正在与增长率下降、失业率上升、就业创造缓慢，以及包括快速老龄化和低出生率在内的重大人口挑战作斗争。同时，根据韩国两性平等和家庭部门的数据，韩国目前是世界上男女收入差距最大的国家之一，女性收入仅占男性收入的 67.2%。此外，每 10 家企业中只有不到 4 家是女性拥有的，而且只有 1/4 的新企业是由女性开办的。② 鉴于这些差距和变革的潜力，韩国将从有针对性的经济政策和方案中广泛受益，这些政策和方案将构建一个支持和鼓励女性建立和发展企业的创业生态系统。然而，韩国在改善女性创业环境方面还有很长的路要走，因为韩国女性创业仍受到诸多因素的制约，例如获得资金和进入市场方面存在性别障碍，女性承担的无酬照护责任过多，女性发展领导技能和社会网络的途径有限等。此外，结构性障碍也制约了韩国女性创业的成功，例如韩

---

① 经济合作与发展组织（OECD）. 韩国女性在管理岗位中的比例 [EB/OL]. (2021) [2024 - 12 - 12]. https://www.oecd.org/.

② 韩联社. 统计：韩国男女工资差距居经合组织首位 [EB/OL]. (2024 - 03 - 21) [2024 - 12 - 12]. https://cn.yna.co.kr/view/ACK20240321002900881.

国政府在制定创业支助方案时忽略了性别差异。韩国政府颁布了各种政策，以增强女性的创业精神，但由于缺乏足够的数据，对女性企业家在市场上面临的挑战和制约因素缺乏了解，这些政策的实施结果有好有坏。

韩国的女企业家机构对女性创办企业给予了部分支持，包括韩国女性创业家联合会（FK-WE）、韩国妇女小企业委员会（KCWSB）、韩国女企业家联合会（KBF）三个机构。韩国女性创业家联合会以维护妇女权利为宗旨，建立了商业女性中心，用于开展教育、数据交流等业务，并设立了商业女性培训机构，用于培养女性在管理和创业方面的能力。韩国妇女小企业委员会促进了中小企业创业者数量的增长，维护了女性权益，并通过开发女性人力资源来谋求经济发展，并周期性地发布女性创业者创业活动研究报告、开办女性创业学校、为女性提供教育培训项目等。韩国女企业家联合会则致力于培训职业女性企业家，通过保障女性的福利并创造工作机会来提高女性的经济参与度，推动韩国女企业家的跨国交流等。在创业扶持方面，韩国女企业家联合会有如下举措：举办韩国女企业家联合会全国会议，举办商业女性国际大会，促进机构和公共关系活动，诸如，为韩国女性创业家提供奖励，举办每月一次的女性与管理论坛，为成员公司提供辅助与支持系统等。

1993年，几位有远见的女性发明人齐聚一堂，成立了韩国女发明家协会（KWIA）。她们的目的就是展示女性发明人对社会作出的巨大贡献，并为新一代女性通过有效运用知识产权来创造收入、创造机会。KWIA的早期工作重点是创建女性发明人网络并为她们的工作提供支持。然而在2001年，当KWIA与韩国特许厅（KIPO）一起推出女性发明促进项目时，其知名度、范围和影响都上升到了一个全新水平。今天，KWIA的使命是"让女性的创意无处不在"。迄今为止，KWIA的各项计划每年使2200多名女性得以推进她们的创新历程。① KWIA一年一度的国际女性发明竞赛为参赛者提供了一个机会，让她们的想法得到由知识产权律师、学者和营销专业人士组成的专家小组的评估。名列前茅的参赛作品将赢得在韩国国际女性发明博览会上展出的机会，这对女性发明人来说是一个绝佳机会，不仅可以获奖，还可以推广和营销她们的

---

① 世界知识产权组织. 韩国女发明家协会：促进女性创新事业发展［EB/OL］.（2023）［2024-12-12］. https：//www.wipo.int/wipo_magazine/zh/2023/article_0008.html.

创新成果。

另外，在香奈儿基金会（Fondation CHANEL）的资助下，亚洲基金会、京畿道家庭和妇女研究所合作开展了一项研究倡议，以填补与韩国女性创业有关的关键知识空白，并提出切实可行的建议，加强旨在帮助女性开办和发展自己企业的政策和方案。具体而言，研究人员力求更深入地了解经营微型、小型和中型企业的女性所面临的挑战；提高关于抑制或促进女性创办企业发展的影响因素数据的准确度；并确定女性和男性在创业道路上的主要差异和相似之处，以及他们各自面临的挑战。研究小组之所以选择京畿道作为研究重点，是因为京畿道是韩国人口最多的省份，工业基础设施十分完善，韩国 1/4 的企业都在京畿道。此外，尽管在京畿道女性拥有的企业数量几乎是韩国任何其他省份的 3 倍，但与男性相比，女性拥有企业的比例仍然较低。京畿道还作出了特别的努力，通过其他省份没有的公共方案支持女性创业。因此，京畿道为比较男女企业家的观点，以及从他们的经验和观察中得出新的见解提供了充分的机会。

这项研究首先对韩国女性创业方面的现有资源进行了广泛的文献梳理。来自韩国统计信息处、中小企业和创业联盟部以及韩国创业基金会等机构的数据构成了一个纵向的知识库，特别是关于女性在开办和管理自己企业方面所面临的挑战。在查阅了相关文献后，研究人员对 300 名企业家进行了在线定量调查（150 名女性，150 名男性），以更好地了解企业家的背景和以往的经验，他们创办企业的动机，以及他们对支助服务和个人网络的看法与使用情况。为了收集更详细的反馈和典型案例，研究小组对 24 名女性企业家进行了个别访谈，对总共 16 名男企业家进行了 5 次焦点小组讨论。这些定性访谈揭示了创业环境对于创业活动的影响，并反映了女性和男性如何以不同的方式参与和看待创业。

2023 年，中日韩企业家论坛在韩国首尔举行，本次论坛以"面向绿色增长：东亚清洁能源转型与挑战"为主题，邀请了来自中、日、韩三国的政府官员、商界领袖和学界专家。当天，秘书处联合举办了中、日、韩女性创业计划，旨在为女性企业家搭建一个学习的平台，促进中日韩以及东盟国家的商贸往来，拓展女性企业家的业务关系网。

3.7　本章小结

　　本章主要介绍了全球女性创业环境的发展。首先，基于 GEM 的创业环境研究报告，探讨了全球支持女性创业的趋势。其次，在数字经济背景下，分析了政府、国际组织、私营部门等为推进全球女性创业发展的合作计划与重要举措，并由此探讨了学术领域对此议题的关注。最后，依次对美国、欧洲、俄罗斯、韩国等国家女性创业制度环境进行了梳理。因此，从全球发展来看，数字经济赋能女性创业是实现妇女权利和性别平等的重要举措，对推动实现全球可持续发展目标具有重要意义。

第4章

区域视角下中国女性微创业制度环境评价与分析

4.1 中国女性创业制度环境的发展

4.1.1 GEM 框架下的中国创业环境

2022 年，清华大学中国创业研究中心联合启迪控股及清华大学启迪创新研究院，共同发布了全球创业观察（GEM）中国报告。报告称，在"双创"浪潮下，中国的创业活动在全球效率驱动和创新驱动型经济体中处于活跃状态。从 GEM 的 12 个创业环境框架条件来看，2002～2019 年中 14 年（缺少 2006 年、2008 年、2009 年、2011 年数据）的中国总得分中，物理基础设施（physical and services infrastructure）总得分最高，达到 57.24 分，其次是易于进入市场动态（internal market dynamics）为 55.11 分，以及社会和文化规范（cultural and social norms）为 45.93 分。总得分最低的是学校的创业教育（basic school entrepreneurial education and training），只有 27.33 分。从 14 年间创业环境 GEM 得分来看，中国的各个创业框架条件得分都显著提高，且 2002～2019 年得分增长幅度最大的是后学校的创业教育（post school entrepreneurial education and training），增幅为 1.32 分；其次是创业资金（financing for entrepreneurs），增幅为 1.11 分，以及商业和专业基础设施（commercial and professional infrastructure）；增幅最小的是易于进入市场动态（internal market dynamics），增幅仅为 0.04 分。

在我国的创业环境中，诸如市场机遇、文化及社会规范、政府税收优惠政策、实体基础设施等方面存在一定的优势。然而，在金融支持、研发成果转化、商业环境和创业教育等方面的差距仍然显著，这些因素构成了制约我国创业活动的主要障碍。在金融支持手段上，例如创业投资、IPO 以及权益资金、债务资金和政府补贴等方面，我国仍处于相对较低的水平，因此有必要进一步拓宽创业金融支持的途径。此外，在商业环境方面，与亚洲其他 GEM 参与国家和地区相比存在明显的差距，需要进一步营造有利于创业的商业环境，为创业企业提供更优质的信息咨询、法律和会计服务。在研发领域，亚洲各国相对于 GEM 其他发达国家都有显著的差距，因此，应注重研发成果的转化以及加强知识产权保护。

4.1.1.1 金融支持

从 GEM 参与国家和地区的情形来看，创业公司的资金主要来源于以下三种方式：一是私人权益资本，涵盖了创始团队的自有资金、亲朋好友的借款，以及吸引的私人股权投资；二是创业资本融资；三是二板市场上市融资。通常，创业公司在初期阶段主要依赖私人权益资本和创业资本两种途径。全球视角下，创业的主要金融支持来自私人权益资本，以色列是个例外。在我国，创业资本融资的部分并不明显，我国创业公司最主要的资金来源是创始团队的自有资金、亲朋好友的投资或其他私人股权投资。

4.1.1.2 政府政策

政府推动创业的政策涵盖了激励创业的各种措施，如对创业活动和成长企业的管理、就业环境和安全的规定、企业组织形式的规范以及税收政策等。这些政策不仅包括中央政府的措施，还包括地方政府的配套政策。在我国，政府在创业政策方面与 GEM 其他成员国相比既有优势，也存在不足。我国地方政府在制定政策时，倾向于优先考虑新成立和成长型企业，然而中央政府并未显现出同样的倾向。相较于其他 GEM 成员国，我国的创业企业税务负担较低，且面临的税务和其他管制相对稳定。我国地方政府对新成立企业给予优先支持，并且在税收政策方面明显比其他国家的新创企业更优惠。然而，政府政策的不足之处也很明显：首先，政府在直接扶持创业方面的效果低于平均水平，未能对新公司成长产生积极作用；其次，新公司的审批成本较高，评价值已经接近平均水平。因此，在政府直接扶持、中央政府政策制定以及新企业审批效率方面，我国与发达国家相比仍有提升空间。

4.1.1.3　教育和培训

教育和培训是创业活动顺利进行的关键，也是创业者将潜在商业机遇转化为现实成果的基础。相较于其他 GEM 参与国家和地区，我国在教育和培训方面存在一定的差距。在创业教育领域，我国的水平普遍低于 GEM 参与国家和地区的平均水平。虽然在中小学教育方面的差距不大，但在培养创新精神、自主性和个人主动性方面，我国中小学教育与一些在国际上表现优秀的国家和地区相比仍有一定差距。然而，总体而言，我国中小学教育在这方面仍处于中等水平。在商业和管理教育方面，以及创业课程和项目方面，我国与其他国家和地区之间存在着明显的差距。

4.1.2　中国女性创业环境

在女性平等参与经济活动方面，中国长期以来走在世界前列。国际劳工组织的数据显示，2019 年中国妇女劳动参与率就已经达到 60.57%，这一数值高于美、日、德等世界其他主要经济体。根据世界经济论坛在 2022 年 7 月发布的《2022 年全球性别差距报告》，2022 年中国在性别平等指数中的整体排名相比 2021 年提高了 5 位，在 143 个经济体中排名第 102 名，在女性的经济活动参与度和健康生存状况两个维度方面得到了改善[1]。

从世界部分国家女性企业家占企业家总数比例来看，根据育娲人口 2021 年的研究数据，俄罗斯、美国和瑞典的女性企业家占企业家总数比例超过了

---

[1]　育娲人口研究. 中国女性职业发展报告 2023 版 [EB/OL]. [2023 - 03 - 09]. https://news.ifeng.com/c/8OOOM9k7Iz8.

40%，名列前三。中国女性企业家占企业家总数的比例为29.7%，位列第13名，低于俄罗斯、美国、加拿大、英国、法国等欧美国家，但高于日本、韩国、印度、土耳其等亚洲国家（见表4.1）。

表4.1　　　　　　　　2021年部分国家女性企业家比例

国家	女性企业家比例（%）
俄罗斯	44.9
美国	41.0
瑞典	40.9
澳大利亚	37.8
巴西	37.3
英国	37.2
加拿大	37.1
法国	34.6
墨西哥	34.4
西班牙	33.3
印度尼西亚	30.4
德国	29.7
中国	29.7
意大利	27.9
土耳其	17.3
韩国	14.7
日本	14.3
印度	12.4

资料来源：育娲人口. Mastercard Index of Women Entrepreneurs［R］. 2021.

女性创业是女性参与经济的重要形式，支持和促进女性创业，不仅有助于促进女性的全面发展，还会带来巨大的性别红利，使经济增长更加具有可持续性和包容性。在经济新常态背景下，考虑到中国人口老龄化和劳动力供给下滑等因素，推动女性创业对于中国更好地兼顾稳增长和调结构意义尤其重大。[1]因此，《中国妇女发展纲要（2021～2030年）》主要目标指出，要"鼓励支持

---

[1]　中国发展研究基金会. 中国女性创业：释放增长新机遇［R］. 中国发展高层论坛峰会，2015.

妇女为推动经济高质量发展贡献力量，妇女平等参与经济发展的权利和机会得到保障"，"促进平等就业，消除就业性别歧视。就业人员中的女性比例保持在45%左右。促进女大学生充分就业"。另外，要"优化妇女就业结构，城镇单位就业人员中的女性比例达到40%左右"，"促进女性人才发展，促进女性劳动者提升职业技能水平"，"保障妇女获得公平的劳动报酬，男女收入差距明显缩小"。此外，还要"保障女性劳动者劳动安全和健康"，"巩固拓展脱贫攻坚成果，增强农村低收入妇女群体的可持续发展能力"，"充分发挥妇女在实施乡村振兴战略中的作用"。①

早在2009年，由中华妇女联合会积极推动，我国发布了《关于完善小额担保贷款财政贴息政策 推动妇女创业就业工作通知》，这份文件首次提出明确将女性作为政策受益的主体、财政部门给予全额贴息、金融部门实行市场化运作的创业扶持政策。2016年又继续下发了《关于实施创业担保贷款支持创业就业工作的通知》，明确提出，小额贷款政策调整为创业担保贷款政策。其中，创业担保贷款的对象范围为：城镇登记失业人员、就业困难人员（含残疾人）、复原转业退役军人、刑满释放人员、高校毕业生（含大学生村官和留学回国学生）、化解过剩产能企业职工和失业人员、返乡创业农民工、网络商户、建档立卡贫困户人口。在上述群体中的妇女被纳入了重点对象范围。

"十四五"期间，我国继续促进妇女平等依法行使权利、参与经济社会发展、共享发展成果，保障妇女平等享有经济权益，消除就业性别歧视等，这是落实《中华人民共和国国民经济和社会发展第十四个五年规划和2035年远景目标纲要》的必然要求。在数字经济已经成为经济发展主要推动力的今天，在数字经济发展的政策制定、组织建设、主体行动中，引入男女平等、保障微创业女性合法权益精神，促进培育女性企业家精神并平等参与数字经济，平等享受数字经济发展成果，对于全面建设社会主义现代化国家新征程上，发扬女性在数字经济中建设者、倡导者、奋斗者的角色、作用和贡献以及促进相关制度机制建立具有重要意义。

国务院新闻办2019年发布的《平等 发展 共享：新中国70年妇女事业的

---

① 国务院. 中国妇女发展纲要（2021~2030年）［EB/OL］. (2021 – 09 – 27) ［2023 – 08 – 23］. https：//www. gov. cn/xinwen/2021 – 09/27/content_5639545. htm.

发展与进步》白皮书显示，改革开放 40 多年来，我国女性创业之路更加宽广，创业人数大幅增加。电商所属的互联网领域是女性创业比较集中的领域之一①。根据白皮书，互联网行业创业者中，女性占比已经达到 55%。中国妇联组织已经培育了超过 10 万名巾帼电商带头人，形成了初始的"互联网 + 女性创业"服务体系。2017 年，全国女性就业人数达到 3.4 亿人，相较于 1978 年翻了一番。我国政府实行鼓励妇女就业创业的小额担保贷款财政贴息政策，2009～2018 年，全国累计发放金额达到 3837.7 亿元，中央和地方政府落实的财政贴息资金为 408.6 亿元，受益妇女达到 656.9 万人次，为妇女就业创业提供了有力支持。2017 年全国妇联举办了中国妇女创业创新大赛，吸引了 56 万名妇女参与，激发了妇女的创业精神和创新活力。妇女成为"大众创业、万众创新"的重要力量。全国妇联强调，我国还建立了支持女性创业创新的服务平台。自 2009 年以来，全国妇联等共同开展了全国女大学生创业导师行动，设立了"巾帼创业创新示范基地"，通过聘请创业导师、提供免息贷款等多项措施，推动女大学生创业。"截至 2018 年，各级妇联累计建立了女大学生创业实践基地近万个，开展女性创业培训 552 万余人次，创建女性众创空间、'双创'孵化器等服务平台 3800 多个，带动了 64 万妇女实现了创业梦想"②。可见，在高速发展的数字时代，我国女性正成为"大众创业、万众创新"的重要力量。

除此之外，社会各界也从多方面支持女性创业。由中华全国总工会、中央网信办、教育部、人力资源和社会保障部、全国妇联等部门于 2021 年 3 月 8 日共同发起了"数字木兰"计划，该计划旨在促进女性就业创业和职业发展，提高女性数字技能。由于受新冠疫情影响，全球经济形势严峻，女性就业和职业发展面临更大的挑战。很多学者认为，疫情对于女性群体的打击可能会比对男性更大，因为疫情会造成更多的家庭成员需要看护，而从性别分工的角度看，这些任务天然会被安排给女性。因此，在政策上也应该给予女性更多扶

---

① 国务院新闻办公室. 新中国 70 年妇女事业的发展与进步［EB/OL］.（2019 – 09 – 19）［2023 – 08 – 23］. http：//www. gov. cn/xinwen/2019 – 09/19/content_5431327. htm.

② 央广网. 我国互联网领域女性创业者比例已达 55%［EB/OL］.（2019 – 09 – 20）. https：//bai-jiahao. baidu. com/s？id = 1645162848492628105&wfr = spider&for = pc.

持（Batu and Seo，2022）。与此同时，随着数字经济的快速发展，女性数字技能日益成为就业和职业发展的重要能力要求。因此，"数字木兰"计划的发布旨在通过提高女性数字技能，促进女性就业创业和职业发展，推动数字经济发展，实现经济和社会发展的双赢。该计划的主要内容包括：建立数字技能培训体系，提高女性数字技能，推进数字经济发展，促进女性就业创业，加强政策支持，提高女性职业发展机会和待遇，以及建立"数字木兰"品牌，树立女性数字技能的典范形象。

"数字木兰"计划是一项旨在支持女性在数字时代发展的项目，涵盖三大类别共 11 项措施。这些措施分别是：支持女性小微创业者，提升女性数字化技能，以及帮助贫困女性获得更多平等发展机会。项目名为"她向未来·数字木兰创业计划"，其目标是缩小数字时代的性别差距，并支持女性的数字赋能。项目将通过培训、提供市场机会和资源（如资金支持）、促进交流等方式，支持女性中小微企业主在数字时代发展业务。通过数字化的手段，项目旨在提升女性在数字经济领域的参与度和竞争力。

企业和金融机构也积极推动"数字木兰"计划的实施。"数字木兰"计划是在发起"魔豆爱心工程"14 年后，阿里巴巴集团与蚂蚁集团对所有女性数字化赋能相关项目进行的一次全面升级，目的是能够整合内部资源，让女性数字化赋能成为一项常态化、规模化、全球化的项目，更好地帮助全球女性在数字经济中提升参与度和竞争力。在兼顾家庭生活的同时，一批中国女性创业者在商业浪潮中崭露头角、大放异彩。

作为一家专门服务小微用户的互联网银行，网商银行大力升级了"数字木兰创业计划"。在网商银行与北京大学的联合调研中发现，在发展中经济体和转型经济体中，女性领导的企业仍以小型居多，且往往都在非正规经济中运作；女性创业者在进入市场和获得融资方面比男性面临更多困难，需要得到支持和帮助。据网商银行统计，其 47% 的女性小微用户，使用信贷服务超过 5 次。结合自身数字化资源优势，网商银行于 2020 年 7 月开始发起了"数字木兰创业计划"，目的是为女性经营者提供金融支持和经营助力。此外，网商银行计划在同期推出 100 堂"木兰创业课"，以增强女性创业者的分享、交流和创业机会发现能力，进一步提升其经营技能。自 2015 年 6 月成立以来，网商银行已累计为超过 1700 万名女性用户提供服务，占总服务用户数的 30% 以上。每年，超过 500 万名女性小微经营者受益于网商银行的存款、理财、贷款等普惠金融服务。2022 年，在网商银行新增的女性小微用户中，85% 为经营性首贷户。自开业至今，超过 1200 万名女性小微经营者已进入央行授信系统，从而摆脱了信用空白。2023 年，网商银行"数字木兰创业计划"再度升级，项目计划为 100 万名女性提供贷款减免息服务、每年提供 100 个女性全年贷款减免息名额、开展 100 堂木兰创业课等。网商银行通过普惠金融惠及女性创业经营，尤其在电商、直播等新兴领域更好地帮助女性提升在数字经济中的参与度和竞争力。

4.2 正式制度创业环境演变

正式制度创业环境是指由政府和其他相关机构所建立的法律、政策、规章制度等，以支持和促进创业活动的整体环境。这些制度包括但不限于创业法律法规、税收政策、融资机制、知识产权保护等（Acs et al, 2014）。政府和相关机构的政策制定和调整是为了适应和引导创业环境的变化，以促进经济发展和创新创业的繁荣。政策文本的制定和实施会直接影响创业者的行为和决策，进而影响整个创业环境的发展和演变。例如，一项鼓励创新的知识产权保护政策可以吸引更多的创新型企业和创业者，推动创业环境向更加创新友好的方向发展。因此，政策文本是构建和塑造正式的创业制度环境的基础，而正式的创业制度环境则反过来影响着创业者的行为和创业活动。

政策文本是指因政策活动产生的记录文献，通常情况下包括国家政权机关以文件形式颁布的法律法规、规章制度等权威性文献，也包括政策的制定者在制定政策的过程中形成的研究、决议或听证等公文档案，以及因报道、评论而在政策活动过程中形成的政策舆情文本（裴雷等，2016）。政策文本作为政策存在的载体，是政府记录政策意图和政策实施过程的重要凭证，也反映了政府的政策实施行为（李钢，2007）。

创新创业政策是对一系列关于政治、经济、科技与社会如何发展的公共话语的统称，在内容上，通常可以细分为科技规划、创业就业、税收优惠等具体措施。创业政策的目的是促进创新和创造，是政府实施的一种支持措施。国家发出"双创"号召后，"双创"政策集密出台，国内有关创新创业政策的研究也逐渐丰富，目前国内对中国创新创业政策的研究多由高校、科研机构以及政府机构展开，一般可分为定性研究和定量研究。定性研究一般关注中国创新创业政策的主体、政策体系及效果评估等，定量研究则以大量文本为样本，侧重研究创新创业政策主体、创新创业政策的外在环境等（黄萃，2016）。但相关研究主要针对"双创"活动的某个方面进行，如贺跻等（2016）对"双创"政策如何促进经济增长进行了分析，瞿晓理（2016）对"双创"人才政策进行了分析，而针对"双创"政策本身的研究却很少。

创新创业政策文本是指政府制定的有关创新创业的方针、政策、法规、规划等文本，它是创新创业制度的重要组成部分。创新创业政策文本可以促进创业环境的优化，例如政策文本可以规定创业的税收政策、贷款政策、人才引进政策等，这些政策措施可以为创业者创造优良的创业制度环境。同时，政策文本可以宣传鼓励创业、表彰优秀创业者等，这些政策措施可以为创业者创造积极向上的创业制度环境。

因此，创新创业政策的制定和实施需要有良好的创业制度环境来支撑，而创业制度环境的良好与否也需要政策文本的引导和规范。通过对我国创新创业政策文本的分析，可以帮助我们更好地理解和观察创新创业正式制度环境的演变。

政策文本量化研究是政策研究的重要手段之一，近几年在科技金融政策（崔璐等，2020）、养老产业政策（李晓娣，2021）、扶贫政策（王高玲，2019）等方面得到了广泛应用。当下对创新创业政策的相关研究主要是运用政策工具对政策文本进行量化分析，如李桃和徐刚（2018）依据政策工具理论对创新创业政策进行文本分析，赵峰等（2022）从政策工具视角分析了创新创业人才政策并给出了相应的对策。这些国内学者的研究成果对创新创业政策的研究具有一定的参考价值。但随着"双创"政策的逐渐丰富和"双创"活动的日趋成熟，需要加强对近年来"双创"政策本身的研究，以此反映我国创新创业制度环境的发展演变。

　　基于此，本章在借鉴现有政策分析文献的基础上，根据"双创"政策文本的特点，从国务院"双创"政策库中收集了中国 2019～2023 年共 60 份创新创业政策文本，从政策发布时间、政策措施等角度，探究政策主题词，利用网络关系图描绘政策之间的交互作用，并识别哪些政策占据核心地位。通过本章研究，可以帮助人们更好地了解"双创"政策中所包含的重要信息，也可以为相关部门在"双创"政策的科学制定和有效实施，以及创新创业制度环境的优化方面提供借鉴。

4.2.1　研究方法和样本选择

　　在一篇政策文件中，用一些频率较高的词语来表述政策的核心内容，这些频率较高的词语就是"主题词"。当两个主题词在同一篇文章中同时出现时，就表明它们是相互关联的。以主题词间的关联度为基础，建立主题词网络关系，可以对政策内容进行深度解析，从而刻画政策的发展过程。

　　本章选取 2013～2022 年国家层面出台的与大众创新创业政策相关的政策文本作为研究样本。主要通过国务院"双创"政策库收集，得到有效政策样本 60 份，构建包含国务院及国务院办公厅发布的"双创"政策共 294661 字的语料库（见表 4.2）。

表 4.2　　　　　　　　　　　创新创业政策样本

序号	标题
1	国务院办公厅关于进一步做好高校毕业生等青年就业创业工作的通知
2	国务院办公厅关于进一步支持大学生创新创业的指导意见
3	国务院办公厅关于建设第三批大众创业万众创新示范基地的通知
4	国务院办公厅关于支持多渠道灵活就业的意见
5	国务院办公厅关于提升大众创业万众创新示范基地带动作用进一步促改革稳就业强动能的实施意见
6	国务院关于促进国家高新技术产业开发区高质量发展的若干意见
7	国务院办公厅关于应对新冠肺炎疫情影响强化稳就业举措的实施意见
8	国务院办公厅关于推广第三批支持创新相关改革举措的通知
9	国务院关于进一步做好稳就业工作的意见

续表

序号	标题
10	国务院办公厅关于印发职业技能提升行动方案（2019～2021年）的通知
11	国务院办公厅关于推广第二批支持创新相关改革举措的通知
12	国务院关于做好当前和今后一个时期促进就业工作的若干意见
13	国务院关于推动创新创业高质量发展打造"双创"升级版的意见
14	国务院关于优化科研管理提升科研绩效若干措施的通知
15	国务院关于推行终身职业技能培训制度的意见
16	国务院办公厅转发证监会关于开展创新企业境内发行股票或存托凭证试点若干意见的通知
17	国务院关于印发积极牵头组织国际大科学计划和大科学工程方案的通知
18	国务院关于全面加强基础科学研究的若干意见
19	国务院办公厅关于推广支持创新相关改革举措的通知
20	国务院关于强化实施创新驱动发展战略进一步推进大众创业万众创新深入发展的意见
21	国务院办公厅关于建设第二批大众创业万众创新示范基地的实施意见
22	国务院办公厅关于支持返乡下乡人员创业创新促进农村一二三产业融合发展的意见
23	国务院办公厅关于建设大众创业万众创新示范基地的实施意见
24	国务院关于取消13项国务院部门行政许可事项的决定
25	国务院关于第二批取消152项中央指定地方实施行政审批事项的决定
26	国务院办公厅关于加快众创空间发展服务实体经济转型升级的指导意见
27	国务院关于印发推进普惠金融发展规划（2016～2020年）的通知
28	国务院关于同意在天津等12个城市设立跨境电子商务综合试验区的批复
29	国务院关于新形势下加快知识产权强国建设的若干意见
30	国务院办公厅关于促进农村电子商务加快发展的指导意见
31	国务院关于"先照后证"改革后加强事中事后监管的意见
32	国务院办公厅关于推进线上线下互动加快商贸流通创新发展转型升级的意见
33	国务院关于加快构建大众创业万众创新支撑平台的指导意见
34	国务院办公厅关于同意建立推进大众创业万众创新部际联席会议制度的函
35	国务院关于促进融资担保行业加快发展的意见
36	国务院关于取消一批职业资格许可和认定事项的决定
37	国务院关于积极推进"互联网＋"行动的指导意见
38	国务院办公厅关于加快推进"三证合一"登记制度改革的意见
39	国务院办公厅关于支持农民工等人员返乡创业的意见
40	国务院办公厅关于促进跨境电子商务健康快速发展的指导意见

序号	标题
41	国务院关于大力推进大众创业万众创新若干政策措施的意见
42	国务院办公厅关于加快高速宽带网络建设推进网络提速降费的指导意见
43	国务院办公厅关于深化高等学校创新创业教育改革的实施意见
44	国务院关于大力发展电子商务加快培育经济新动力的意见
45	国务院关于进一步做好新形势下就业创业工作的意见
46	国务院办公厅关于创新投资管理方式建立协同监管机制的若干意见
47	国务院关于取消和调整一批行政审批项目等事项的决定
48	国务院办公厅关于发展众创空间推进大众创新创业的指导意见
49	国务院关于促进云计算创新发展培育信息产业新业态的意见
50	国务院关于进一步做好新形势下就业创业工作的意见
51	国务院关于创新重点领域投融资机制鼓励社会投资的指导意见
52	国务院办公厅关于促进国家级经济技术开发区转型升级创新发展的若干意见
53	国务院关于扶持小型微型企业健康发展的意见
54	国务院关于加快科技服务业发展的若干意见
55	国务院关于加快发展生产性服务业促进产业结构调整升级的指导意见
56	国务院办公厅关于做好2014年全国普通高等学校毕业生就业创业工作的通知
57	国务院关于印发注册资本登记制度改革方案的通知
58	国务院关于开展优先股试点的指导意见
59	国务院关于全国中小企业股份转让系统有关问题的决定
60	国务院办公厅关于强化企业技术创新主体地位全面提升企业创新能力的意见

4.2.2　创新创业政策文本分析

4.2.2.1　政策发布时间

政策发布时间反映了中国创新创业政策的发展历程，通过分析不同时段的政策关注点，针对不同群体的变化等，可以了解不同时间创新创业政策的特点。本章将政策发布时间的分析设定为 2013~2014 年、2015~2016 年、2017~2018 年、2019~2020 年和 2021~2022 年五个阶段。根据划分时间，本章将 2013 ~ 2022 年国务院"双创"政策库中共 60 个文件汇编成主语料库，共 294661 个字，再将主语料库分成 5 个子语料库。每个时间段的主题词网络关系如图 4.1 ~ 图 4.5 所示。表 4.3 列示了上述网络关系图的特征。

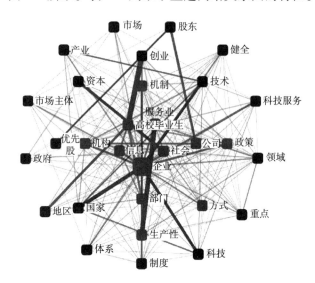

图 4.1 创新创业政策主题词网络关系（2013 ~ 2014 年）

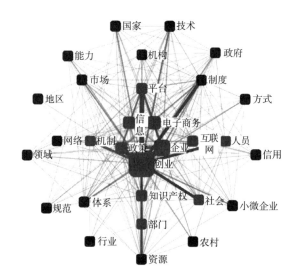

图 4.2 创新创业政策主题词网络关系（2015 ~ 2016 年）

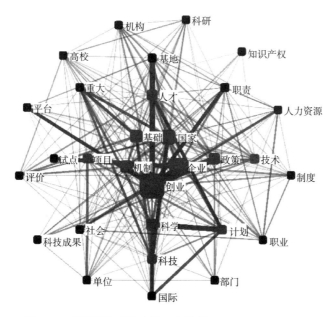

图 4.3　创新创业政策主题词网络关系（2017～2018 年）

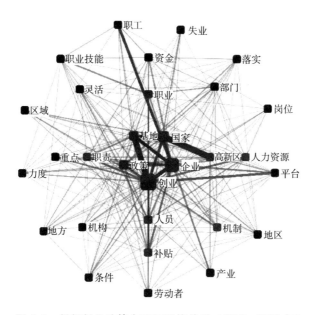

图 4.4　创新创业政策主题词网络关系（2019～2020 年）

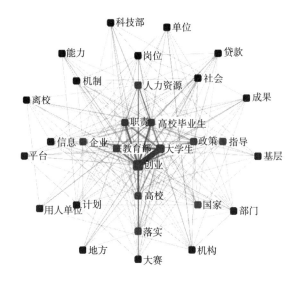

图 4.5   创新创业政策主题词网络关系（2021～2022 年）

表 4.3   创新创业政策体系主题词网络关系分析

阶段（年）	整体网络		
	节点数	关系数	密度
2013～2014	30	380	0.1764
2015～2016	30	435	0.1043
2017～2018	30	420	0.1554
2019～2020	30	415	0.2009
2021～2022	30	387	0.3004

4.2.2.2   特征词分析

设置单词长度＞＝2，单词长度小于2的词将会被去除。通过"微词云"的分词功能，依据词频－逆文档频率值（term frequency-inverse document fre-quency，TF-IDF）得到创新创业政策文本特征词表。TF-IDF值是一种用于信息检索与文本挖掘的常用加权技术，用以评估一字词对于一个文件集或一个语料库中的其中一份文件的重要程度。字词的重要性随着它在文件中出现的次数成正比增加，但同时会随着它在语料库中出现的频率成反比下降。如表4.4所示，在 2013～2022 年的"双创"政策文本中，排在前三位的特征词为"创业"（TF-IDF 值为 0.012261227）、"就业"（TF-IDF 值为 0.009615137）和"创新"（TF-IDF 值为 0.009357754），说明近十年间，创业、就业和创新对于"双创"政策的意义最重要，其次是"企业""发展""服务""支持""建设""加强""电子商务"等特征词。

表 4.4　　　　　　基于 TF-IDF 值的创新创业政策文本特征词

单词	数量	条数	TF-IDF 值
创业	1618	507	0.012261227
就业	929	281	0.009615137
创新	1341	576	0.009357754
企业	1054	495	0.008105893
发展	1330	718	0.007902834
服务	927	486	0.007209133
支持	864	519	0.006452401
建设	655	399	0.005700922
加强	682	483	0.005323654
电子商务	356	114	0.005188491
鼓励	611	418	0.00518442
政策	553	351	0.005146077
知识产权	349	119	0.005016516
培训	341	113	0.004983901

由此可知，创业、就业和创新是相互关联、相互促进的。创业可以带来就业机会，促进经济发展，同时也需要创新，以创造新的市场、新的产品和服务。就业是创业和创新的重要结果，为经济发展提供了稳定的人力资源。创新则是推动创业和就业的重要动力，创新可以带来新的商业模式、新的产品和服务，提高企业竞争力，促进创业和就业的发展。因此，创业、就业和创新是相互关联、相互促进的，三者之间的良性互动能够推动经济的可持续发展。

其中，"创业"一词一共出现了 1618 次，TF-IDF 值为 0.012261227，共现词数 3501 个词。根据共现值，"创业"的共现词列表排在前十位的词分别为创新、发展、支持、就业、服务、企业、政策、鼓励、加强和建设。相关性用来衡

量单词 A 与单词 B 的关系情况，公式为：1/2 ×（P（A|B）＋ P（B|A）），计算的数值越大，则相关度越大。不平衡比衡量单词 A 与单词 B 的关系的平衡情况，公式为：P（B|A）/P（A|B），计算的数值越大，则越不平衡，说明 A 与 B 之间的关系不平衡，并不相互依赖；值越小，则越平衡，说明 A 与 B 之间的关系平衡，相互依赖。

由表4.5可知，创新、发展、支持、就业、服务、企业、政策都是创业所需的关键要素，它们共同出现是为了创造一个良性的创业生态系统。

表4.5　　　　　　　　　　　　　　"创业"的共现词

单词	共同次数	共现值	次数	总次数	条数	TF-IDF	相关性	不平衡比	平均距离
创新	821	6434	946	1341	337	0.0049	0.6249	1.1361	4.73
发展	423	3493	537	1330	257	0.0046	0.4324	1.4162	18.62
支持	359	2555	407	864	224	0.0042	0.4367	1.0237	15.70
就业	304	2085	570	929	164	0.0081	0.4536	0.5542	7.96
服务	269	1969	336	927	177	0.0045	0.3567	0.9586	15.71
企业	254	2330	321	1054	160	0.0047	0.3194	0.9763	15.80
政策	248	2379	310	553	166	0.0044	0.4002	0.6923	14.32
鼓励	218	1390	233	611	161	0.0034	0.3514	0.8245	14.43
加强	192	1481	207	682	148	0.0032	0.2992	0.9527	12.75
建设	188	2146	214	655	116	0.0040	0.2598	0.7870	20.19

第一，创新是创业的重要动力，只有不断创新才能满足市场需求，提高企业竞争力。创新与创业的共现值为6434，两者的相关性是最强的，相关性值为0.6249，不平衡比为1.1361，平均距离为4.73，这些结果都说明创新与创业的相关性非常强，两者的平均距离近，两者关系平衡，相互依赖。因此，政策需要支持和鼓励创新，为创新提供资金和技术支持等。

第二，发展是创业的重要目标，创业需要在发展中不断壮大，扩大规模，提高市场占有率。发展与创业的共现值为3493，两者的相关性值为0.4324，不平衡比为1.4162，平均距离为18.62。这些结果说明发展与创业的相关性比较强，但两者的关系不及创新与创业的关系平衡，平均距离较远。因此，政策需要支持和促进创业企业的发展，为创业提供优惠政策和税收减免等。

第三，支持是创业的重要保障，创业需要社会各方面的支持，如投资、人才、技术等。支持与创业的共现值为 2555，两者的相关性值为 0.4367，不平衡比为 1.0237，平均距离为 15.70。这些结果说明支持与创业的相关性较强，但平均距离是创新的 3 倍多。因此，政策需要进一步为创业提供支持，如提供投资和创业孵化器，以及更好的营商环境等。

第四，就业是创业的重要结果，创业可以为社会创造更多的就业机会，缓解就业压力。就业与创业的共现值为 2085，两者的相关性值为 0.4536，不平衡比为 0.5542，平均距离为 7.96。这些结果说明就业与创业的相关性较强，但不平衡比最小，就业与创业的相互依赖程度最强，大大高于其他的特征词，并且两者的平均距离小，仅次于创新。因此，政策需要大力鼓励创业，为创业提供有利的政策，这样能最有效地促进就业。

第五，服务是创业的重要保障，创业需要各种服务支持，如市场分析、营销策划、财务会计等。服务与创业的共现值为 1969，两者的相关性值为 0.3567，不平衡比为 0.9586，平均距离为 15.71。这些结果说明服务与创业的相关性、平衡性与就业相比要弱一些，两者有一定的相互依赖性，但还存在一定的平均距离。因此，政策需要为创业提供服务支持，如提供创业培训和咨询服务等。

第六，企业是创业的主体，政策需要为企业提供支持和保障，如提供优惠税收、融资支持等。企业与创业的共现值为 2330，两者的相关性值为 0.3194，不平衡比为 0.9763，平均距离为 15.80。这些结果说明企业与创业共同出现的概率较大，两者是相互依赖的，但平均距离还较远。因此，政策需要进一步从企业的角度出发，发挥好创业主体的积极性。

此外，鼓励是创业的重要动力，政策需要鼓励创业，鼓励人们创业创新，提高创业的积极性和热情。加强是创业的重要保障，政策需要加强创业的支持和保障，提高创业的成功率和稳定性。建设是创业的重要环节，政策需要建设创业孵化器、创业园区等基础设施，为创业提供良好的环境和条件。其中，建设与创业之间的相关性最低，但两者的平均距离最大，达到了 20.19，加强与创业的共现值最低，说明在鼓励创业的具体实施方面还需要政策进一步明朗和落地。从以上分析可以看出，创新、发展、支持、就业、服务、企业、政策、鼓励、加强和建设都是创业所必需的关键要素，只有它们共同出现，才能够创造一个良性的创业生态系统，促进创业的发展和壮大。

左邻词指的是文本切词筛选后，单词 A 左边的词。右邻词指的是文本切词筛选后，单词 A 右边的词。信息熵越高，就意味着信息含量越大。"创业"的左邻词信息熵为 3.95846278653539，左邻词出现频率最高的是"创新创业"，达到 450 次，其次为"就业创业""大众创业""返乡创业""人员创业""自主创业""大学生创业""开展创业""加强创业""支持创业"。这些左邻词体现了我国政策文本中，创业与创新的关联性强，大众创业、万众创新的趋势比较明显，对于大学生、返乡人员等特殊创业群体的关注也在加强。

"创业"的右邻词信息熵为 4.857362219177093，右邻词出现频率最高的是"创业创新"，达到 150 次，其次为"创业万众""创业教育""创业服务"、"创业培训""创业工作""创业孵化""创业担保""创业就业""创业带动"等。这些右邻词体现了我国政策文本中，创新与创业的关联性强，创业教育与培训、创业孵化与担保等创业服务越来越重要，对于创业带动就业的作用也在文本中有所体现。

4.2.2.3 情感分析

通过对文本进行情感分析，我们发现创新创业文本正面词占 71.73%，负面词仅占 4.45%，中性词占 23.82%。根据 TF-IDF 值排序，最重要的正面词包括创业、创新、发展、服务、支持、建设、鼓励、改革等；最主要的负面词包括活动、意见、失业、困难、降低、取消、不断、不得、限制、违法等。包含"创业"的出现条数为 507 条，其中正面情绪占 94.28%，中性占 4.9%。根据情绪词进行负面分析，最主要出现的是失业、疫情、侵权三个词。可见，创新创业政策文本以积极的正面情绪词为主，主要通过支持、鼓励、服务等方式正向激励创新创业，为我国创新创业制度环境营造良好的政策氛围。负面词反映了失业、疫情和侵权对创业的影响引起了政府部门的高度重视。

首先，失业会增加人们创业的需求，但也可能会导致创业者面临融资、市场、竞争等方面的困难。其次，2020 年突如其来的新冠疫情导致市场需求的变化，对创业企业的发展产生影响，如一些行业需求下降，另一些行业需求增加。这些影响得到了政策制定者的关注，从政策设计层面及时对这些突发的问题进行了宏观指导。此外，侵权会对创业企业的发展产生负面影响，如知识产权、商标等侵权问题可能导致企业的发展受到阻碍。因此，近年来的政策文本都加强了对于创新创业教育与知识产权保护的重视。

4.2.2.4　中国创新创业政策的主题演进

图4.1～图4.5是结合主题词间的共现值生成的网络关系，其中包含出现次数、共现次数、共现值、共现词量以及总共现值，可以反映关键词之间的强弱、亲疏关系，在网络分析中，节点大小通常受到共现单词量以及总共现值的影响，通过这种方法可以衡量主题词的影响程度。具体而言，节点越大，意味着共现数以及总共现值越大，这通常表明该节点所代表的主题词在网络中具有较大的影响力。而关键词线条的粗细则用来衡量关键词之间的共现次数，共现次数越大，线条就越粗。此外，线条的远近也可以反映出关键词之间的关系疏密程度，一般来说，线条越远，代表关键词之间的关系越疏远，反之则越亲密。

为了落实创新驱动发展战略，自2013年起，国家开始全面推进"大众创业、万众创新"政策措施。如图4.1所示，从文本内容看，这一时期的主题词为"企业""社会""高校毕业生"。这一时期，国家对自主创业高校毕业生进一步放宽准入条件，降低准入门槛。同时，对自主创业和灵活就业的高校毕业生，各级公共就业和人才服务机构按规定提供人事劳动保障服务，这些措施很大程度上解决了高校毕业生的就业问题，同时创业也提供了更多的就业岗位，这些措施对于提升就业率是非常有效的。

为加快实施创新驱动发展战略，适应和引领经济发展新常态，顺应网络时代"大众创业、万众创新"的新趋势，加快发展众创空间等新型创业服务平台，营造良好的创新创业生态环境，激发亿万群众创造活力，打造经济发展新引擎。如图4.2所示，从文本内容来看，这一时期的主题词为"政策""企业""创业"。这一时期，面对就业压力加大形势，必须着力培育大众创业、万众创新的新引擎，实施更加积极的就业政策，把创业和就业结合起来，以创业创新带动就业，为社会经济发展带来新的动力，为民生改善、经济结构调整和社会和谐稳定提供新的动能。

根据 2017 年《政府工作报告》部署要求，要在更大范围、更高层次、更深程度上推进"大众创业、万众创新"，持续打造发展新引擎，如图 4.3 所示，该时期的关键词为"机制""创业""国家"。这一时期，我国经济已由高速增长阶段转向高质量发展阶段，这对推动"大众创业、万众创新"提出了新的更高要求。为深入实施创新驱动发展战略，进一步激发市场活力和社会创造力，推动创新创业高质量发展、打造"双创"升级版提出了总体要求。

为贯彻落实党中央、国务院决策部署，实施职业技能提升行动，自 2019 年起，国家持续开展职业技能提升行动，提高培训针对性实效性，全面提升劳动者职业技能水平和就业创业能力。如图 4.4 所示，从文本内容看，这一时期的主题词为"国家""基地""政策""就业""企业"。这一时期，国家对职工等重点群体开展有针对性的职业技能培训，激发培训主体积极性，有效增加培训供给，完善职业培训补贴政策，加强政府引导激励，营造了技能成才良好环境。

为提升大学生创新创业能力、增强创新活力，进一步支持大学生创新创业，自 2021 年起，国家全面推进进一步支持大学生创新创业的政策措施。如图 4.5 所示，从文本内容看，这一时期的主题词为"创业""教育部""高校毕业生"。这一时期，国家将创新创业教育贯穿人才培养全过程，优化大学生创新创业环境，加强大学生创新创业服务平台建设，推动落实大学生创新创业财税扶持政策，坚持创新引领创业、创业带动就业，支持在校大学生提升创新创业能力，提升了人力资源素质，促进了大学生的全面发展，为实现大学生更加充分更高质量的就业创造了条件。

4.2.2.5 政策发展历程与演变特征

从我国创新创业政策发展历程来看，创业政策全面推进阶段经过了前两轮的创业政策萌芽阶段、优化发展阶段。2009 年之后的创业政策在经过了与市场经济的不断磨合之后，加之我国各级政府的不断完善支持，在良好创业环境建设、创业税收减免、资金担保机制、创业教育政策体系等方面实施了有效措施。

为了激励大学生创业就业，我国政府在 2009 年 1 月颁布了《关于加强普通高等学校毕业生就业工作的通知》，以加强创业教育，并力争鼓励高校毕业生自主创业。同年 11 月,教育部进一步颁布了《关于做好 2010 年普通高等学校毕业生就业工作的通知》,以推动高校毕业生就业工作的顺利进行。2011 年 1 月,财政部与国家税务总局联合发布了《关于支持和促进就业有关税收政策的通知》,明确规定自毕业年度起,自主创业的毕业生可以享受为期三年的税收减免优惠政策。这一政策旨在降低创业门槛,鼓励更多的毕业生投身创业。2013 年,在党的十八届三中全会上,我国进一步强调要健全促进就业创业的体制机制。这一系列政策表明,我国政府高度重视大学生创业就业问题,并采取了一系列措施来推动高校毕业生创业就业。

在 2014 年夏季达沃斯论坛上,时任总理李克强发出了"大众创业、万众创新"的号召,自此,"大众创业、万众创新"成为该届政府创业政策中出现频率最高的热词。同年 11 月,国务院发布了《关于扶持小型微型企业健康发展的意见》。2015 年 3 月,国务院办公厅发布了《关于发展众创空间推进大众创新创业的指导意见》,2015 年 6 月,国务院发布了《关于大力推进大众创业万众创新若干政策措施的意见》,从九个方面整体部署了"大众创业、万众创新"的推进方向和内容。

2016 年,国务院办公厅发布了《关于加快众创空间发展服务实体经济转型升级的指导意见》。2017 年 9 月,国家税务总局实施了针对从事个体经营和持《就业创业证》重点群体创业税收扣减(重点群体创业就业税收优惠)政策。2018 年 10 月,农业农村部办公厅发布了《关于举办全国新农民新技术创业创新论坛的通知》。

2018 年 11 月 6 日,为了进一步推动创新和创业,财政部、国家税务总局等多部门联合发布了《关于科技企业孵化器、大学科技园和众创空间税收政策的通知》,以优化税收环境。2018 年 11 月 5 日,在首届中国国际进口博览会上,习近平总书记阐述了激发进口潜力、营造国际一流的营商环境、打造对外开放新高地、持续放宽市场准入、推动多边和双边合作深入发展等观点。

2019 年,全国范围内的大众创业万众创新活动周在 6 月 5 日至 11 日举行。政府出台了一系列具体措施,包括推动全面创新改革试验、深化商事制度改革、完善财税和投融资政策支持、建设创新创业支撑平台、构建创新创业文化生态等,以促进创新创业创造的政策氛围和社会氛围逐步形成。

2020 年，国务院办公厅发布了《国务院办公厅关于提升大众创业万众创新示范基地带动作用进一步促改革稳就业强动能的实施意见》，旨在进一步推动双创蓬勃发展，更大程度激发市场活力和社会创造力。

2021 年，《国务院办公厅关于进一步支持大学生创新创业的指导意见》强调创新引领创业、创业带动就业的重要性，支持在校大学生提升创新创业能力，支持高校毕业生创业就业，提升人力资源素质，促进大学生全面发展，以实现大学生更加充分更高质量就业。

2022 年的《国务院办公厅关于进一步做好高校毕业生等青年就业创业工作的通知》提出，扩大企业就业规模，拓宽基层就业空间。这无疑更强烈地激励了国内人民的创业热情和自信心。

通过分析十多年来中国创新创业政策，可以发现以下四点。

第一，创业服务从政府为主到市场发力。此特点主要体现在 2017 年的国家创新创业政策中，市场化、专业化的新型创业孵化机构（例如金斗科技园孵化器）如雨后春笋般涌现，为创新创业提供了投资路演、交流推介、培训辅导、技术转移等增值服务。天使投资、创业投资、互联网金融等投融资服务迅速发展，为创新创业注入了强大的资本动力。

第二，创业主体从"小众"到"大众"。2013～2022 年的国家创新创业词云图中高校毕业生、农民工等词都是高频词汇，可见创新创业的主体正在大众化。随着科技进步和市场环境的日益开放，创业创新已从精英阶层逐渐扩散至广大公众。以大学生等"90 后"青年创业者、企业管理层及连续创业者、科技领域创业者、海归创业者等为代表的创业"新四军"应运而生。越来越多的草根阶层纷纷投入创业大军，创业创新已逐步演变为一种价值观、生活态度和时代特征。

第三，创业支持从侧重"硬件设施"转变为更加关注"软性服务"。创业服务提供者从仅提供场地租赁、公司注册等基本服务，转变为投资演示、创业交流、创业媒体、创业培训、技术转让、法律咨询等新兴业态，如创业大街等集成各类创新元素的创业生态平台。

第四，我国的创新创业发展总体上呈现积极态势。2013～2022 年，我国持续推出创新创业政策，以此不断优化创新创业环境。商业环境逐渐得到改善，创新能力保持稳步提升，载体平台建设成果显著，创业生态持续优化，创业投资结构得到进一步优化，创业对就业的拉动作用明显增强，示范基地的引领作用持续加强，"双创"舆论氛围日益浓厚，为推进创新创业走向高质量发展路径提供了有力保障。

通过构建的政策主题词关系网络，我们得到如下结论：总体而言，我国的"双创"政策不断成熟和完善，并形成了丰富的政策体系。中国的创新创业政策通过不断改革科技体制，引进先进技术，鼓励技术创新，提高企业自主创新能力，并以此促进经济和社会的发展。而伴随着新技术发展和创新环境的不断友好，创新创业的主体从精英走向大众，出现了大学生等"90后"年轻创业者、大企业高管及连续创业者、科技人员创业者。越来越多草根群体投身创业，特别是高校毕业生的自主创新创业问题是近些年创新创业活动关注的重心，为了解决这一问题，国家也出台了相关政策进行鼓励支持。从政策措施的角度而言，政府使用较多的有减税降费政策、人才激励政策、基础设施建设、保障措施和加大公共服务投入力度等，并且通过降低创新创业门槛，放宽市场行业准入标准等措施来激发"双创"活力和潜力。

就业是最大的民生，为实现更高质量和更充分的就业需要坚持就业优先战略和积极的就业政策。鼓励创业带动就业，重点解决结构性就业的问题。新的时代、新的状态，创新创业是关键，必将大有可为。因此，未来的创业应更关注其政策的可持续性和有效性。为更好实现创新、创业、创富的目标，需要不断探寻下一轮的创富机会，不断设计新型的商业模式，不断组建新型的产业联盟，不断创新金融工具，进行要素的全球配置。无论是政府、公司还是创新团队都需要设置透明高效的治理架构。我国的创业政策也应实现生存型创业向机遇型创业转变，更有效地促进我国经济从高速度增长向高质量发展迈进。

从研究内容来看，本章的政策文本研究为全面了解我国近十年来的创新创业政策提供了知识图谱，但数据来源上仅从国务院"双创"政策库中选取了2013～2022年国务院及国务院办公厅发布的60项政策，未涉及各部委文件政策和最新的"双创"政策，研究范围有待进一步扩充；从研究方法来看，未来研究还可以针对政策绩效进行评价，细化政策的实施效果和作用，并对政策进行进一步分类，探究不同类型政策之间的区别。

4.3 非正式制度创业环境演变

非正式制度创业环境是指与正式制度（如法律、政策）相对应的一种由社会习俗、文化、价值观念等因素构成的创业环境。它包括人们在创业过程中遵循的非正式规则、行为准则和社会网络等。首先，不同的文化和社会价值观念对创业环境的演变有重要影响。例如，一些文化中鼓励创业，而另一些文化中可能存在对创业的负面态度。其次，社会网络对创业环境的演变起着重要作用，通过社会网络创业者可以获取资源、信息和合作机会（Zimmer，1986）。另外，经济因素对非正式制度创业环境的演变具有重要影响，包括经济发展水平、市场机会和资源分配等（Audretsch and Thurik，2001）。

非正式制度创业环境的演变是一个复杂的过程，受到许多因素的影响。其中，公共媒体在构建创业非正式制度环境方面发挥着重要作用，可以对创业环境产生积极或消极的影响，从而影响创业者的创业意愿和创业成功率。具体来说，公共媒体可以通过以下方面影响创业环境。首先，宣传创业成功案例。公共媒体可以报道成功的创业案例，激励更多人创业，增强创业者的信心和创业意愿。其次，报道创业困难和挑战。公共媒体可以揭示创业过程中的困难和挑战，让创业者更加清醒地认识到创业的风险和挑战，从而更加谨慎地创业。再次，传递创业政策和创业环境信息。公共媒体可以通过各种形式传递创业政策和信息，帮助创业者更好地了解创业环境和政策，为创业提供便利和支持。最后，影响公众对创业的认知和态度。公共媒体可以通过报道和评论影响公众对创业的认知和态度，从而对创业环境产生积极或消极的影响。因此，公共媒体在创业环境中起着重要的作用，可以为创业者提供信息和支持，促进创业的发展。

4.3.1 研究方法和样本选择

本章使用文本分析方法，借助 ROST-CM6 软件和"微词云"平台，通过特征词分析、网络分析、情感分析等方式对文本进行内容分析。基于中国政府

网（www. gov. cn）"双创"政策库中的资料数据，收集整理了 2018～2023 年
的 689 篇有关创新创业政策的权威新闻报道，建立 632429 字中国创业相关新
闻报道的文本语料库。其中，44.85% 的新闻报道来源于新华社，5.37% 来源
于中国政府网，3.34% 来源于《人民日报》，其余来源于《河北日报》、《经济
日报》、人力资源社会保障部网站、《福建日报》等权威媒体。

4.3.2 创新创业新闻报道文本分析

4.3.2.1 特征词分析

借助 ROST-CM6 软件对有效评论文本进行词频分析，最终得到高频词。由
于高频词汇篇幅巨大，本章通过筛选掉无意义的高频词汇后，最终选取前 80
个高频词汇（见表 4.6）。从表 4.6 中可以看到，排名最高的词为"创业"，出
现次数为 502 次，其次为"就业""创新""高校"等词。归纳分类后发现，
主流媒体对创业活动的报道比就业和创新更多。同时，在报道中也涉及了政
策、服务、科技等方面的内容。创业制度环境越来越规范化且得到了更多支
持，政策、贷款、担保等方面得到了改善。退役军人创业也受到了特别的关注
和帮助。同时，大众对创业者的尊重和支持也在不断提升。根据近年来的社会
趋势，女性创业受到了广泛关注和支持。虽然在给出的词频分析结果中没有直
接涉及女性创业的词汇，但是可以通过阅读媒体报道得知，媒体对于女性创业
的宣传和报道是比较多的，而且具有模范作用的女性创业者也受到了特别的宣
传和关注。因此，在这个背景下，可以推断主流媒体在近年来的报道中对于女
性创业有一定的关注和宣传。不过，这个结论仍需要更多的文本数据或其他研
究方法的支持来得到准确证明。

表 4.6   **新闻报道文本高频词统计**

特征词	词频	次序	特征词	词频	次序
创业	502	1	高校	99	4
就业	230	2	毕业生	97	5
创新	225	3	全国	64	6

续表

特征词	词频	次序	特征词	词频	次序
大赛	64	7	带动	19	38
青年	54	8	担保	19	39
启动	50	9	北京	18	40
企业	47	10	国家	18	41
促进	39	11	人才	18	42
出台	35	12	升级	17	43
政策	35	13	召开	16	44
中国	35	14	举办	16	44
基地	35	15	活力	16	46
发展	34	16	孵化	15	47
服务	32	17	扶持	15	48
行动	31	18	补贴	15	49
举措	30	19	江苏	15	50
措施	30	20	推出	15	51
科技	30	21	教育部	15	52
退役	29	22	印发	14	53
李克强	28	23	项目	14	54
助力	27	24	推动	14	55
军人	27	25	打造	14	55
部门	27	26	意见	14	57
互联网	26	27	计划	14	58
返乡	25	28	常务会	13	59
贷款	24	29	最高	13	60
农村	21	30	万人	13	61
大众	21	31	发放	13	62
活动周	20	32	河北省	13	63
推进	20	33	重点	13	64
国务院	20	34	农民工	13	65
人员	20	35	陕西	12	66
万众	20	36	我国	12	66
示范	19	37	主持	12	68

特征词	词频	次序	特征词	词频	次序
重庆	12	69	湖北	11	75
天津	12	70	进一步	11	76
港澳台	12	71	广西	11	77
平台	11	72	税收	11	77
通知	11	73	成果	11	79
山西	11	74	两岸	11	80

通过"微词云"的中文分词功能，设置单词长度＞＝2，依据出现的频次，得到创新创业新闻报道文本特征词表。如表4.7所示，在2018～2023年689篇632429字的"双创"新闻报道语料库中，排在前五位的特征词分别为"创新创业"（频次为534）、"就业创业"（频次为369）、"创业创新"（频次为207）、"示范基地"（频次为125）、"生活"（频次为109），然后是"创业孵化""就业服务""众创空间""重点群体""乡村振兴""新冠疫情""城乡社区""创业服务""疫情防控""科技成果转化""新业态""职业技能培训"等特征词（见图4.6）。

表4.7　　　　　　　　中文分词新闻报道高频词

单词	频次
创新创业	534
就业创业	369
创业创新	207
示范基地	125
生活	109
创业孵化	92
就业服务	73
众创空间	70
重点群体	49
乡村振兴	48
新冠疫情	46
城乡社区	42
创业服务	40

单词	频次
疫情防控	40
科技成果转化	38
新业态	37
职业技能培训	35

图4.6 "双创"新闻报道高频词词云

这些高频词都与创业和就业有关，主要是指政府、社会组织、企业等机构在促进创业和就业方面所采取的措施和政策。具体来说，创新创业是指鼓励和支持创新型企业的发展，推动创新创业的发展；就业创业是指通过各种渠道，促进就业和创业的发展；创业创新则是指在创业过程中，不断创新和改进，提高企业的竞争力；示范基地是指在某一领域或地区建立的示范性创业基地，以吸引和支持更多的创业者；生活则是指创业者在创业过程中所面临的生活问题；创业孵化是指为创业者提供所需的资源和支持，孵化创业企业；就业服务则是指提供就业相关的服务，帮助求职者找到合适的工作；众创空间则是指为创业者提供所需的场地和资源，促进创业者之间的交流和合作；乡村振兴则是指通过创业和就业等方式，促进农村经济的发展和振兴。

新冠疫情对全球经济和就业产生了巨大的影响。政府和社会组织在疫情防控过程中，也采取了各种措施，支持企业和就业者渡过难关。城乡社区则是指城市和农村中的社区，政府和社会组织通过在社区中建立创业孵化、就业服务等机构，促进创业和就业的发展。创业服务是指提供各种与创业相关的服务，例如创业咨询、市场调研、法律咨询等。科技成果转化则是指将科技成果转化为商业价值，促进科技创新和创业的发展。

这些高频词都与创业、就业和经济发展密切相关。首先，创新创业、创业孵化、众创空间、科技成果转化这些词语都与推动创业发展、提升创新能力有关。政府和社会组织在这些方面采取措施，为创业者提供资源和支持。其次，就业创业、就业服务、重点群体、乡村振兴这些词语都与促进就业和提高就业质量有关。政府和社会组织在这些方面采取措施，帮助求职者找到合适的工作，促进乡村经济发展，关注重点群体的就业问题。再次，创业创新、示范基地、城乡社区、创业服务这些词语都与推动创业发展、提升创新能力有关。政府和社会组织在这些方面采取措施，为创业者提供资源和支持，建立示范基地和创业服务机构，促进城乡社区经济发展。最后，新冠疫情、疫情防控、生活这些词语都与疫情对经济和就业产生的影响有关。政府和社会组织在这些方面采取措施，支持企业和就业者渡过难关，关注疫情防控对人们的生活带来的影响。

其中，"双创"新闻报道中多次出现了对重点群体的报道，重点群体是指政府和社会所关注的特殊群体，例如残疾人、退役军人、女性等。值得注意的是，在语料库中搜索"女性"共出现了4次，搜索"妇女"共出现了41次，"农村妇女"出现了2次，"家庭妇女"出现了1次（见表4.8）。

表4.8	有关女性创业的新闻报道频次		
词语	数量	条数	TF-IDF
妇女	41	19	0.000566079
女性	4	4	0.0000689574
农村妇女	2	2	0.0000370083
家庭妇女	1	1	0.0000195081

第一次出现有关妇女创业的权威报道来自2021年12月26日新华社的报道《就业机会多 创业环境好——新疆基层群众讲述就业创业故事》，报道了哈玛古丽·吐尔汗和几名爱好哈萨克族传统刺绣的妇女一起开办非遗刺绣工坊创

业的故事，她们"把传统民族刺绣融入现代饰品、服装中，绣品图案美丽灵动，产品销往全国各地"。哈玛古丽·吐尔汗表示，她以后想带动更多乡村妇女创业。2021年3月16日《人民日报》的报道《去年返乡入乡创业创新人员达1010万 比2019年增加160万》，指出"返乡入乡创业就业规模扩大。2020年，全国各类返乡入乡创业创新人员达到1010万人，比2019年增加160万人，同比增长19%，是近年来增加最多、增长最快的一年"，报道强调了"返乡创业人员形成了农民工、大学生、退役军人、妇女4支创业队伍"，突出了对这4类特殊群体的关注。其他的相关报道也都是围绕妇女创业故事、创新创业大赛、巾帼脱贫行动等展开。可见，近五年来，权威媒体对于女性创业并带动就业的故事，以及促进女性创新创业的活动给予了充分的肯定和正面的宣传报道。

词语"妇女"的详细数据显示，其TF-IDF值为0.000566079，共现词数为338，左邻词信息熵为2.918658200370266，右邻词信息熵为3.004936479243827。从"妇女"的左邻词可以看出，"贫困妇女"和"中国妇女"出现了6次。"贫困妇女"主要是关于各地创业项目和培训促进贫困妇女实现增收的报道，"中国妇女"主要是关于中国妇女手工创业创新大赛的报道。"助力妇女"和"广大妇女"出现了4次，"助力妇女"主要是关于助力妇女脱贫的项目报道，"广大妇女"主要是关于报道的活动或项目激励广大妇女释放创新活力和创造潜能、搭建开放大平台等社会效益。"刺绣妇女""乡村妇女""退役军人妇女""大学生妇女"等词也各出现了1次，主要是关于哈萨克族传统刺绣的妇女创业项目和内蒙古王府刺绣参赛项目带动更多乡村妇女创业的报道，以及我国新闻报道中对于贫困妇女、乡村妇女、退役军人妇女、大学生妇女等特殊群体给予的特别关注。

从"妇女"的右邻词可以看出，"妇女手工"出现了7次，主要是对各地妇女手工创业创新大赛的报道。"妇女创业""妇女脱贫"出现了3次，"妇女创业"主要是针对大学生、乡村妇女、退役军人等特殊群体的创业项目的报道，"妇女脱贫"主要是对全国妇联实施"巾帼脱贫行动"的报道。"妇女就业""妇女群众""妇女创业创新""妇女参加"等出现了2次，主要是对于各地创业项目和创业大赛吸纳与助力妇女就业的报道。"妇女开办"和"妇女增收"出现了 1 次，主要针对开办非遗刺绣工坊、妇女特色手工企业和专业合作社等帮助妇女实现增收的报道。这些右邻词体现了我国新闻报道文本中，对于女性创业大赛、创业项目、培训项目等活动的特别关注。

　　从"妇女"的共现词可以看出（见表 4.9），根据 TF-IDF 值排序，"创业"一词与"妇女"的共现值为 21，相关性为 0.159258。"就业"一词与"妇女"的共现值为 21，相关性为 0.08，然后为"返乡""大赛""手工""创业创新""分赛区""贫困""中国""全国妇联"。其中，共现值和相关性最高的都是"手工"，说明新闻报道中女性创业的领域主要集中在低附加值的手工作坊。同时也反映了媒体对于女大学生、乡村妇女、返乡女性等特殊群体创业行为的关注，以及对其创业带动就业、助力女性增收脱贫等社会效应的充分肯定。

表 4.9　　　　　　　　　　　　"妇女"的共现词

词语	共同次数	共现值	次数	总次数	条数	TF-IDF	相关性	不平衡比	平均距离
创业	6	21	12	5311	6	0.009003	0.159258	115.7895	5.50
就业	4	21	6	3548	3	0.007025	0.08	75	5.00
返乡	3	6	6	448	3	0.007025	0.085828	11.47368	6.33
大赛	10	36	12	674	8	0.006737	0.219916	22.42105	4.00
手工	15	62	15	28	10	0.00616	0.513158	1.052632	6.70
创业创新	8	29	8	207	6	0.006002	0.182485	6.421053	3.67
分赛区	3	5	5	8	3	0.005854	0.328947	0.315789	10.00
贫困	6	12	6	68	5	0.005197	0.179656	2.736842	0.00
中国	6	25	6	582	5	0.005197	0.138106	20.15789	0.00
全国妇联	5	18	6	10	5	0.005197	0.444079	0.421053	4.40

4.3.2.2　情感分析

　　基于 ROST-CM6 软件的情感分析结果（见表 4.10）可见，积极情感占比最高，为 65.06%。在对积极情感的分段统计中，一般积极情感占比 42.84%，中度积极情感占比 13.79%，高度积极情感占比 8.43%，其中，一般积极情感占比最高，其次是中度积极情感。积极情感占比最高，说明在创业制度环境中，主流媒体报道更多的是积极、正面的内容，例如政策支持、创业成功案例等。同时，一般积极情感占比最高，说明大部分文本表达了一定程度的乐观、满意或肯定的情感，但并没有过于强烈。这可能反映了创业制度环境的整体发展趋势相对稳定，但仍有改进空间。

表 4.10 新闻报道文本情感分析结果

情感类型	比例（%）	强度	比例（%）
积极情感	65.06	一般	42.84
		中度	13.79
		高度	8.43
中性情感	29.32		
消极情感	5.62	一般	5.09
		中度	0.40
		高度	0

中性情感占比 29.32%，消极情感占比 5.62%。在对消极情感的分段统计中，一般消极情感占比 5.09%，中度消极情感占比 0.40%，且没有高度的消极情感。根据所提供的情感分析结果，中性情感占比高达 29.32%，这可能反映了在创业制度环境中存在一些普遍的问题或者公众对某些问题保持谨慎、中立的态度。同时，消极情感占比较低，仅为 5.62%，且没有高度的消极情感，这可能说明在主流媒体报道中，针对创业制度环境的负面新闻相对较少。具体来看，一般消极情感占比最高，为 5.09%，这表明在创业制度环境中，存在着一定的问题和困难，但是并没有引起过于强烈的不满和愤怒情绪。中度消极情感占比很低，只有 0.40%，这也说明创业制度环境整体上相对稳定，针对消极情感的改进措施可以适度调整，而不需要采取过于激进的手段。

通过"微词云"平台对"双创"新闻报道语料库进行情感分析，我们发现新闻报道文本正面词占比 74.33%，负面词占比 7.33%，中性词占比 18.34%。根据 TF-IDF 值排序，最重要的正面词包括创业、创新、服务、支持、发展、人才等；最主要的负面词包括活动、超过、疫情、要求、意见、不断、问题、困难、失业等。包含"创业"的出现条数为 2599 条，总量占比 49.02%。其中正面情感占比 86.94%，中性情感占比 9.31%。根据情绪词进行正面分析，最主要出现的是创业、创新和服务。根据情绪词进行负面分析，最主要出现的是疫情、超过、活动、困难，尤其关注了疫情对创业就业带来的负面影响。

可见，近五年"双创"新闻报道文本以积极的正面情绪词为主，主要通过鼓励创新创业营造良好的社会环境，对于创业者尤其是女性给予了积极的评价。权威媒体对女性创业的正面报道可以产生诸多影响。首先，有利于激励女性创业者，让她们意识到自己也可以在创业领域有所作为，并能够克服创业中的一系列困难。其次，有助于提高女性创业者的自信心。女性创业者可能会面临性别歧视和其他障碍，这会影响她们的自信心。权威媒体的正面报道可以让女性创业者感受到肯定，并提高她们的自信心。另外，有利于增强公众对女性创业的认知。权威媒体的正面报道可以让公众更多地了解女性创业者的努力和成就，从而改变一些人对女性创业的刻板印象，促进社会对女性创业的认知和支持。此外，有助于推动政策和资源的转变。权威媒体的正面报道可以让政策制定者和资源提供者更加重视女性创业者的需求和贡献，从而为女性创业者提供更多的政策和资源支持，促进创业环境的改善。

4.3.2.3 社会网络和语义网络分析

选择 ROST-CM6 中的功能性分析进行社会网络和语义网络分析，得到高频词之间的关联图。关联图显示其以中间词汇为核心，向外不断扩展、延伸，最后成放射状向外分布。根据其分布规律，将高频词划分为三个等级：第一级为"创业""就业""创新""高校""毕业生"；第二级为"全国""大赛""青年""启动""企业""促进"等；第三级为"万人""发放""河北省""重点""农民工""陕西"等。

第一级高频词是关于创业制度环境和人才培养方面的核心概念，创业、就业和创新是近年来主流媒体关注的焦点，高校和毕业生也受到了较多的报道。同时，可以看出在近年来的报道中，主流媒体对于创业制度环境的规范化和支持力度不断加强，而且对于女性创业者的宣传和报道也有所增加。这可能会有助于引导公众尊重和支持创业者，促进创业和创新活动的健康发展。

第二级高频词进一步解释和补充了前面提到的主题和细节描述，可以看出，主流媒体报道中除了关注创业、就业和创新等内容外，政策、竞赛、年轻人、企业发展等方面也得到了一定程度的关注。近年来，主流媒体对于创业制度环境的规范化和支持力度不断加强，这些报道可能会促进创业和创新活动的健康发展，同时也有助于提升公众对创业者和企业家的尊重与支持。

第三级高频词进一步扩展和解释前面提到的主题和问题。根据对第三级词汇的分析，可以初步得出以下结论：

（1）地域：河北、陕西、重庆、天津、港澳、山西、湖北、广西等地的创业和就业情况受到了关注。

（2）人才流动：农民工是我国劳动力市场中的一大群体，因此他们的创业和就业情况也得到了特别关注。

（3）其他方面：通知、税收、成果、提升等词汇则与政策制定、经济发展、企业提升等方面有关。

综上所述，这些词汇反映了在创业制度环境中，特别是在创业和就业方面，各地区间和不同群体之间的差异性和需求的差异性。对于这些问题的解决可能需要更多的政策和资金支持，以促进创业活动的健康发展。

4.4   城乡女性微创业制度环境比较分析

为了解微创业的女性生存状况，研究团队于 2019～2023 年先后赴安徽省、山东省、湖南省、浙江省、广东省、甘肃省等地进行社会调研，通过问卷调查、深度访谈、焦点小组讨论、参与式观察等方式展开课题研究。通过调研发现，目前我国女性微创业的主要类型包括以下十类：第一，个体工商户类，如开设小型服装店、美容美发店、餐饮店等；第二，网络创业类，如开设淘宝店、微店、网店等；第三，服务类，如提供家政服务、婚庆策划、摄影、翻译等；第四，手工艺品类，如手工饰品、布艺制品、手工皮具制品等；第五，文化创意类，如设计师、创意写手、创意策划等；第六，教育培训类，如家教、课外辅导、语言培训等；第七，健康养生类，如开设瑜伽馆、按摩馆、养生馆等；第八，科技创新类，如开发软件、App、网站等；第九，农业创业类，如开展种植、养殖、农产品销售等；第十，其他类，如开展旅游、咨询、银行理财等。

城市和乡村女性在创业方面存在一定差异。城市和乡村天然地存在着普遍的依存和互动关系，然而由于资源禀赋的不同，我国城乡发展还存在不平衡、不充分的问题，城乡二元结构也带来治理鸿沟（段坤君等，2022）。因此，我国城市和乡村女性创业面临的挑战与创业环境有很大的差异。首先，市场环境不同，城市女性创业者面对的市场环境更加复杂和竞争激烈，而乡村女性创业者的市场相对较小、单一，竞争压力也较小。其次，资源差异，城市女性创业者相对乡村女性创业者拥有更多的资源，包括资金、技术、市场等。乡村女性创业者常常面临资金不足、技术水平低等问题。再次，教育背景不同，城市女性普遍受到较好的教育和培训，而乡村女性的受教育水平相对较低。最后，社会环境不同，城市女性创业者可以更容易获得社会支持和认可，乡村女性创业者则面临着传统观念的束缚和歧视。在生活环境方面，城市女性创业者生活节奏快，时间紧张，而乡村女性创业者则生活节奏较慢，时间相对充裕。本章通过对访谈文本和案例的分析，尝试探究城市里的微创业女性和乡村里的微创业女性在创业活动和创业环境等方面的区别。

4.4.1 城市女性微创业特征分析

通过调研发现，城市微创业女性有以下五个特点：第一，集中于服务业和创意产业。城市微创业女性更倾向于从事服务业和创意产业领域，如餐饮、美容、文化创意、设计、手工艺品等。第二，教育程度较高。城市微创业女性一般受教育水平较高，具有较高的文化素养和专业技能，能够更好地应对市场竞争。第三，独立自主性强。城市微创业女性一般具有较强的独立自主意识和创业精神，更倾向于创立自己的品牌和企业，实现自我价值。第四，网络化经营。城市微创业女性更倾向于利用网络平台进行经营，如微信、淘宝、小红书等，通过社交媒体和电商平台扩大影响力和销售渠道。第五，多元化创业。城市微创业女性往往具有多元化创业特点，同时从事多种不同的创业项目，以降低经营风险和增加收益。

其中，越来越多的城市女性从最开始的个人创业转为依托团队创业。例如，课题组通过参与式观察，加入了三个微商的创业团队。通过参与团队组织的培训、会议、线上线下活动等方式，总结出这类微创业的以下主要特点。第一，低门槛。品牌公司的微商创业相对于传统的实体店铺等创业模式，门槛更低，只需要加入该公司，购买一定的产品即可成为该品牌的代理，开展创业项目。第二，产品质量。品牌公司的产品线和产品质量比较有保证，公司有专业的产品开发团队，通过广告、公关、市场营销等方式树立好口碑和积极正面的品牌形象，然后通过微创业团队进行销售，获得更多的客户信任和口碑。第三，丰富的产品线。品牌公司的产品线比较丰富，涵盖了健康、美容、家居等多个领域，目标客户群体都为女性，为加入项目的女性微创业者提供了更多的销售机会和发展空间。第四，良好的培训体系。母公司为微创业者们提供了完善的培训体系，包括基础培训、产品培训、销售技巧培训等，帮助她们更好地了解产品、掌握销售技巧、提升服务能力。第五，团队合作。参与项目的女性微创业者可以加入不同的团队，与其他人一起合作、学习、分享，形成团队合作的良好氛围，有利于提高工作效率和个人发展。

因此，本章借助 ROST-CM6 软件，对 10 位城市女性微创业者 72536 字的访谈文本进行文本分析，借此探究城市微创业女性的创业特征。这 10 位受访者都受过高等教育，并有自己的职业，其中有大学教师、政府公务员、国企员工，以及外企白领，她们都是"斜杠青年"[①]，出生于 1980～1995 年，在 AX 的团队里从事微创业活动。AX 是国内大健康品牌，低碳饮食倡导者，致力于女性健康领域，在商超、实体店、电子商务、社交电商等渠道全面发展。品牌旗下包括营养体脂管理、女性护理、护肤等系列产品，从内而外全面守护女性健康。之所以选择这 10 名受访者，是因为她们代表城市受过高等教育且处于中产的社会阶层，能较好地反映当下城市女性微创业高知化、专业化和网络化的趋向。

由于高频词汇篇幅巨大，本章通过筛选掉无意义的高频词后，最终选取前100 个高频词（见表 4.11）。从表 4.11 中可以看到，排名最高的词为"减肥"，出现次数为 121 次，其次为"事情""问题""朋友"等词语。归纳分类

---

① "斜杠青年"是指那些不再满足于单一职业身份，而是选择拥有多重职业和身份的年轻人。这个概念最早由《纽约时报》专栏作家麦瑞克·阿尔伯在 2007 年提出。这种生活方式不仅体现了对自我价值的追求，也反映了现代社会对多元化和个性化的需求。

后发现，"女性""家庭""孩子"等与生活有关的词汇频繁出现，这反映了女性创业者面临的挑战，如何在忙碌的工作和家庭之间取得平衡。此外，该列表中还包括一些与营销、销售和利润相关的词汇，这说明女性创业者需要具备一定的商业头脑和市场敏感性，以便更好地推广和推销自己的产品或服务。此外，"健康""减肥""脂肪"和"饮食"等词汇则与女性健康相关，这可能是许多女性创业者从事保健品、健身房和美容院等行业的原因。

表 4.11　　　　　　　　　女性访谈文本高频词统计

特征词	词频	次序	特征词	词频	次序
减肥	121	1	就是说	34	24
事情	104	2	后来	33	25
问题	103	3	刚刚	29	26
朋友	97	4	饮食	29	27
时间	84	5	老板	29	28
团队	77	6	我一	28	29
代理	64	7	经常	28	30
能够	60	8	模式	28	31
为我	56	9	项目	28	32
以我	53	10	怎么样	27	33
过程	50	11	赚钱	27	34
服务	49	12	管理	26	35
孩子	44	13	脂肪	26	36
安心	44	14	简单	26	37
零售	43	15	阶段	25	38
下来	41	16	妈妈	25	39
女性	40	17	三个	24	40
家庭	40	18	蛋白质	24	41
对不对	39	19	做到	24	42
百分之	37	20	遇到	24	43
小伙伴	36	21	顾客	24	44
健康	34	22	每个	23	45
选择	34	23	改变	23	46

特征词	词频	次序	特征词	词频	次序
手机	23	47	明白	18	74
晚上	22	48	大概	18	75
官方	22	49	消耗	18	76
咨询	22	50	认识	18	77
老公	21	51	成长	18	78
职业	21	52	体重	18	79
社会	21	53	原理	18	80
成交	21	54	渠道	18	81
知识	21	55	努力	18	82
能力	21	56	商业	18	83
销售	21	57	教育	18	84
老大	20	58	影响	17	85
老师	20	59	坚持	17	86
反弹	20	60	加入	17	87
满意	20	61	经济	17	88
收入	19	62	关系	17	89
任何	19	63	企业	16	90
会议	19	64	家里	16	91
小米	19	65	吃饭	16	92
方法	19	66	怎么办	16	93
效果	19	67	一百	16	94
身体	19	68	下面	16	95
正常	19	69	属于	16	96
利润	19	70	每天	16	97
数据	19	71	剪纸	16	98
回答	19	72	愿意	16	99
肌肉	19	73	沟通	16	100

选择 ROST-CM6 中的功能性分析进行社会网络和语义网络分析，得到高频词之间的关联图。关联图显示，其以中间词汇为核心，向外不断扩展、延伸，最后成放射状向外分布。根据其分布规律，将高频词划分为三个等级：第一级

为"朋友""事情""问题""减肥";第二级为"时间""代理""简单""孩子""健康""为我"等;第三级为"团队""遇到""晚上""后来""零售""安心"等。

第一级高频词可能反映了女性创业者在创业过程中所面临的基本问题和挑战。例如,"问题"常涉及创业初期遭遇的各种难题,而"减肥"则可能代表女性创业者所处行业领域,如保健品、健身房和美容护理等。此外,"朋友"和"事情"也反映了女性创业者在社交网络和人际关系方面的重要性,她们需要建立良好的社交圈子和团队,以更好地推广和营销自己的产品或服务。

第二级高频词进一步解释和补充了前面提到的主题和细节描述。例如,"时间"可能指女性创业者需要合理规划时间,平衡家庭和职业之间的关系;"代理"则可能代表女性创业者选择的销售渠道和模式,如线上代理和线下实体店等;"健康"则可能是女性创业者在某些行业中需要关注的主题,例如保健品、健身房和美容护理等。此外,"孩子""为我""以我"也反映了女性创业者在家庭和职业之间角色转换和平衡的需求,她们需要找到适当的时间和方式来兼顾两方面的需求。

第三级高频词进一步扩展和解释前面提到的主题和问题。例如,"团队"可能指女性创业者需要建立和管理一个合适的团队,以便更好地完成各种任务和项目;"零售"则可能是女性创业者的销售渠道之一,需要制定合适的营销策略和销售模式;"安心"和"官方"也反映了女性创业者需要保障自己的利益和权益,同时遵守相关法规和政策。此外,"大概""任何""经常""选择"等词汇也反映了女性创业者需要不断适应和调整自己的经营策略和决策,以便更好地开拓市场和发展事业。

在情感分析结果(见表4.12)中,女性微创业者的正面情感比例最高,达到85.86%。在统计积极情感的分级分布时,一般积极情感占比14.14%,中度积极情感占比11.11%,高度积极情感占比60.61%,其中高度积极情感比例最高,紧随其后的是轻度积极情感。女性创业的积极情感较高,说明了女性创业者在受众中具有广泛的认可度和影响力,其经营策略和成果受到大部分评论者的积极评价和支持。这表明女性创业者具有很高的吸引力和竞争力,在市场上具有一定的优势和潜力。

表 4. 12　　　　　　　　　　访谈文本情感分析结果

情感类型	比例（%）	强度	比例（%）
积极情感	85. 86	一般	14. 14
		中度	11. 11
		高度	60. 61
中性情感	2. 02		
消极情感	12. 12	一般	8. 08
		中度	2. 02
		高度	0

中性情感占比 2.02%，消极情感占比 12.12%。在对消极情感的分段统计中，一般消极情感占比 8.08%，中度消极情感占比 2.02%，且没有高度的消极情感。其中，一般消极情感占比较大，中度消极情感占比较少，没有高度的消极情感。这可能表明女性在创业过程中面临一些挑战和难题，但是大部分问题并不是非常严重或无法解决的，因此女性的消极情感整体上属于中等水平。女性创业者在面对挑战和压力时能够较好地应对和调整，具有一定的韧性和适应能力。

通过对访谈文本的分析，可见城市女性在社会上普遍还被认为应该多回归家庭，并且女性因生育导致在职场上的不便，使得女性在劳动市场中处于相对劣势地位。微创业则提供了一个没有时间、地点限制的工作环境。这样方便女性在工作之余照顾家庭，不仅在工作中获得了成就感，同时也解决了许多女性因为困于家务琐事而放弃事业的问题，提升了收入水平、增加了就业率。

微创业增加了女性在创业市场上的价值。在数字经济时代，女性可以更好地发挥出"情感"上的优势。例如，女性拥有更好的"细心、敏感等细节处理能力""同理心、理解力等人际沟通能力""责任感、忠诚度"等软技能。[①]在微创业市场上，女性创业者能更好地把握与顾客交流的分寸和对顾客的耐心，在商品更新换代如此高速的今天，女性更容易洞察市场流行的变化，作出策略的转变。

---

① 阿里研究院与中国就业形态研究中心课题组. 数字经济与中国妇女就业创业研究报告［EB/OL］.（2022 – 03 – 04）. https：//baijiahao. baidu. com/s？id = 1726348147567870834&wfr = spider&for = pc.

微创业也为女性拓展出了新的创业空间。信息、资源、资金和风险是传统创业模式下，制约女性创业、创造个人价值的主要障碍。相比于实体经济的营业成本，微创业省去了店铺租金、装修及水电等硬性开销，创业的门槛和风险大大降低。同时微创业的出现，很大程度上减少了性别带给女性的职场歧视。从智联招聘发布的《2022 中国女性职场现状调查报告》① 中可以看到，2022年职场女性平均月薪为 8545 元，低于男性的 9776 元，相差约 12.6%。而女性微创业活动中，个体营业者或有公司的营业者工作地点分散，不存在多人职场环境。微创业通过平台对客源进行了筛选分类，减少顾客主观偏好的影响。微创业的出现缓解了女性面临的创业歧视，提高了创业率。

总而言之，在数字经济时代，通过数字技术、平台组织和创业模式的创新，减少了女性在创业市场上的弱势，增加了女性创业的市场价值，拓展了女性创业的空间。具体而言，数字经济下的女性微创业有利于打破空间和时间的限制，增加家庭收入、社会资本和人力资源，减少工作场所歧视，以及降低创业风险。从劳动力市场结果来看，女性微创业有助于增加就业规模、提升家庭和个人收入水平、减少失业率、缩小性别待遇差异和职业性别隔离，以及提升女性创业率和职业发展空间。

4.4.2　乡村女性微创业特征分析

为研究乡村女性微创业的情况，课题组前往甘肃兰州、天水、陇南成县等地就电商创业问题进行实地调研，了解乡村女性电商创业的情况。并且实地调研走访了安徽省安庆市太湖县大塘村、池州市七都镇新棚村、巢湖市三瓜公社的冬瓜村、南瓜村和西瓜村，以及合肥市长丰县杨庙镇马郢村等。基于调研走访，依据女性微创业的特征，目前我国乡村女性微创业可以分为以下四种类型。

第一，农业经济型乡村。这类乡村以农业为主导经济活动，女性创业更多地涉及"传统＋电商"的农业生产、加工和销售等领域，例如甘肃成县电商村。

---

① 智联招聘. 2022 中国女性职场现状调查报告 [EB/OL]. (2022 - 03 - 09). https：// baijiahao. baidu. com/s？id＝1726781600417352182&wfr＝spider&for＝pc.

电子商务在甘肃省近年来得到了高度重视，该省积极寻找"政府＋高校＋平台＋企业＋个体"的协同发展路径，创新性地利用电子商务这个"新杠杆"来破解精准扶贫这个"硬骨头"问题。电子商务的发展促进了个体创业、推动了农产品上行、增加了农民收入，在扩大就业等方面发挥了积极作用。通过实地调研与访谈，我们进一步了解了当地的创业政策如何发挥作用。曾经，因成县地处大山，交通不便，出产的核桃、山野菜等农特产品都无法运出大山，但在政府的政策引导、高校的智库支撑、创业者的企业家精神的共同作用下，电商创业冲破了大山深沟的阻隔，连接起乡村和城市，让成县优质的农产品走向市场，实现了它应有的价值，打赢了精准脱贫攻坚战。

成县紧盯内容电商、体验电商和媒体电商等电商发展新趋势，聚力打好电商发展整体战、融合战、质量战和全域战，至 2019 年 12 月末，全县共开设各类网络商店 1127 家，成立电商公司 38 家，物流快递企业 42 家，构建电商平台 9 个，县、乡两级网络商品供应平台 26 家，电商累计销售额达到22.47 亿元，进行各类电商培训 181 期，共计 23732 人次参与，电子商务全产业链直接或间接创造了 2 万余个就业机会。① 在推动电商发展过程中，成县注重妇女电商工作的开展，坚持把妇女发展电商创业致富作为精准扶贫工作的主要抓手，成立全县电商妇联组织，以开展"巾帼脱贫行动"为重点，以培育"新型女农民"为依托，积极引导、动员、扶持、指导城乡妇女参与创办网店，助推巾帼创业就业增收脱贫致富。全县 1127 家网店中妇女开办 395 家，55 个农村淘宝"村小二"中女性有 16 个；42 家快递物流企业中有 11 家为女性创办。②

通过充分发挥妇女代表大会的作用，成县扶持带动妇女创办各类合作社60 多家，在以土鸡散养、土猪散养等为主的养殖业，以水果蔬菜、苗木花卉、中药材等为主的种植业发展中，充分发挥出"半边天"助推特色产业发展作用，开发出枣夹核桃、琥珀核桃、桔梗菜、蒲公英茶、飘子酒等系列网红产品，调整了传统的农业产业结构，提高了农产品附加值。通过倒逼产业发展，

---

①② 新华网.【再"瞰"陇之南】甘肃成县："互联网＋农业"拓宽农产品销路［EB/OL］.（2024 - 12 - 06）［2024 - 12 - 12］. http：//gs. news. cn/20241206/1b8f73da026a4d4b83a080452825bff7/c. html.

延长产业链条，新建妇女扶贫车间2处，就地就近增加就业岗位，带动妇女依托电商就业5000多人次，优先吸纳800多名贫困妇女实现就业增收脱贫①。通过电子商务，留守妇女、返乡创业妇女在家门口实现了创业就业，转变了传统的生产生活方式，促进了农村和谐，营造了讲文明树新风的社会氛围和健康向上的社会风气。

第二，生态旅游型乡村。这类乡村以生态旅游业为主导经济活动，女性创业更多地涉及民宿、餐饮、手工艺品等领域，例如安徽省池州市七都镇新棚村。

新棚村坐落在安徽省石台、黟县两县交界之处，整个村落依山傍水，拥有秀美绮丽的山岳风光，森林覆盖率达到94%，是石台县唯一没有一亩稻田和麦地的行政村，生态环境极佳。但蜿蜒的山路和不便的交通严重制约了新棚村的发展。面临传统种植业无法发展和青年人才流失的双重困境，新棚村的驻村工作队和村"两委"基于现有的自然生态资源，遵循"生态立村、红色兴村、旅游活村、养生富村"的工作方向，探索出"红色旅游＋茶旅结合＋民宿农家乐"的休闲康养发展模式，为巩固和扩大脱贫攻坚成果，以及实现乡村振兴的有效衔接，为乡村全面振兴奠定了坚实的基础。

新棚村依靠其优良的生态环境资源、独特的红色文化资源和丰富的原生态硒茶资源，致力于构建"红色旅游结合体"和"茶旅结合体"两个驱动引擎，以推动乡村振兴。面临乡村旅游行业竞争激化和同质化严重的现状，新棚村集中力量改善山村人居环境，实施中心村河道治理工程，升级改造村庄亮化工程。依托红色、绿色资源，大力发展乡村旅游，新棚村与周边景区结成共建单位，打造缅怀革命先烈红色之旅，形成柯村、新棚、仙寓山一带皖南苏维埃政府及各部旧址、方志敏柯村办公旧址、红军行营、皖南红军总医院旧址、石台县红色文化展示馆、仙寓山古徽道景区（红军战壕）等景点连成一片，精心打造2~3天的红色遗存文化旅游环线。在乡村振兴的发展过程中，新棚村女性创业者多以留守女性为主，经营项目以农家乐、民宿、野生蜂蜜、富硒茶等农产品为主。

---

① 新华网.【再"瞰"陇之南】甘肃成县："互联网＋农业"拓宽农产品销路［EB/OL］.（2024 - 12 - 06）［2024 - 12 - 12］. http：// gs. news. cn/20241206/1b8f73da026a4d4b83a080452825bff7/c. html.

第三，文化创意型乡村。这类乡村以文化创意产业为主导经济活动，女性创业更多地涉及手工艺品、文化产品、教育培训等领域，例如合肥市长丰县杨庙镇马郢村。

位于长丰县杨庙镇的马郢村，以前曾是严重人口外流和土地抛荒、缺乏山水和产业的"省级贫困村"。为了摆脱贫困，2015 年由镇党委政府领导，社区"两委"、扶贫工作队与爱心机构和个人联手，共同发起了以扶贫富农为核心的"马郢计划"。"马郢计划"通过实施"助学、助农、助村"的行动，逐渐走出了一条以"乡村体验游"为主导产业的乡村振兴发展道路。为扩大影响力，实现可持续发展，马郢社区通过不断完善基础设施、出台土地、房屋、交通补助等配套政策，以及发挥志愿者"传帮带"作用，在短短几年间，"乡村体验游"产业如雨后春笋般快速成长，吸引了一批有识之士来到马郢社区实现创业梦想。目前，马郢创客园共集聚了农业、服务业、手工业产业链上 33 家"创客"，年产值超 4000 万元，带动贫困户以及周边村民 183 人就业，村集体收入从 2.15 万元跃升到 101 万元，有力推动了乡村振兴事业的发展。①

马郢村"红莓姐姐乡村女性成长计划"项目由长丰县妇联主导，为留守家中的乡村女性提供通识、才艺、技能等三大课程体系、九个兴趣小组的赋能课程，全面提升乡村女性综合素养，助力她们成长为乡村振兴的主力军。"红莓姐姐"以长丰县杨庙镇马郢社区为试点，围绕社区近 400 名留守女性的需求，制定了一套涵盖通识、才艺和技能的课程体系。通识课程以工作坊的方式，帮助长期自我封闭的女性们打开自己，向外界表达自己的需求；才艺课程通过戏曲、高跷等兴趣小组，赋予女性们能歌善舞的才艺，增强她们的自信心；技能课程有女红、摄影、美食和园艺小组，满足女性们生产生活的需求，同时引导和支持她们居家创业，带来身心和经济的双重效益。通过试点，复制推广到长丰县义井、庄墓、吴山等乡镇，每年有 2000 余名乡村女性参与学习、提升素养，累计开展各类赋能课程和活动 200 余场。

"红莓姐姐"计划实施中，围绕"谁来赋能"，通过志愿云、志愿汇平台广泛招募全市乃至全省的志愿者作为赋能人，赋予乡村女性才艺与技能；解决

---

① 安徽新闻网. 马郢蝶变的"最强力量"［EB/OL］.（2024 - 07 - 20）［2024 - 12 - 12］. http：//www.ahnews.com.cn/yaowen1/pc/con/2024 - 07/20/496_1189357.html.

"在哪赋能"，争取党委政府支持，在各地美丽乡村点、新时代文明实践中心、妇女之家等场所开展，并提供基本资金保障；明确"赋能谁"，招募村（社区）的女能人、女贤人为召集人，连接巾帼志愿者与乡村女性，通过她们招募更多乡村女性参与其中。在项目实施过程中，不断规范志愿服务流程，通过数字化平台记录服务时长、为志愿者提供保险、建立爱心银行积分激励机制等方式，为志愿者保驾护航。截至 2022 年 5 月 27 日，"红莓姐姐"有 20 多名赋能人、在册巾帼志愿者 80 人。①

自项目启动以来，女性参与者从小我实现的自我提升梦想，转变为服务乡村发展的大视野；从满足家庭和睦的小期望，转变为助力邻里和谐的宏大行动；从自我致富的小确幸，转变为投身乡村振兴的大情怀。在赋能后的女红小组和美食小组，实现了自主创业，成立了手工作坊，开设了巾帼农家乐，月收入平均增加了数千元，自我造血功能得以实现，成为乡村产业振兴的典范；文艺小组受邀参加省级电视台节目录制，积极参与县乡村各类节日庆典和演出，弘扬和传播了乡村文化。赋能后的女性们化身为乡村游的解说员、三点半课堂的老师、农耕体验指导师、矛盾纠纷调解员、敬老助老志愿者等，成为马郢社区的一道亮丽风景线。因成本低（多方资源整合）、需求高（乡村女性渴望成长）和成效明显（乡村女性改变明显）具有可推广和复制性，目前，"红莓姐姐"在全县掀起了助力乡村女性就业创业的浪潮，让更多乡村女性成长为内心丰盈充满力量的新时代、新乡村、新思想、新生活的"四新"女性，实现从乡村留守大军到乡村振兴生力军的华丽转身。

第四，新型农村示范型乡村。这类乡村以新型农村建设为主导经济活动，女性创业更多地涉及农业生产、电商销售、家政服务等领域，例如安徽省安庆市太湖县江塘乡大塘村。

近年来，大塘村致力于增强村级集体经济实力，农业、林业、牧业、副业和渔业都取得了显著的产业规模。大塘村持续巩固现有产业发展，确保日兴菌业基地、来星湖综合种植养殖基地等特色产业产量和收益保持稳定增长。同时，大塘村积极推广新产品新业态，尝试种植附加值较高的农副产品。例如，

---

① 安徽文明网．"红莓姐姐"：赋能女性成长 助力乡村振兴［EB/OL］．（2022 - 05 - 27）．http：//ah. wenming. cn/zthd/2019/wmsj/wmsjbb/202205/t20220527_6389709. shtml.

与安徽省徽黔红农业发展有限公司合作种植了 110 亩辣椒，这一举措带动了 100 多名村民实现就业，增加集体经济收入 8 万～10 万元；积极推进数字化农业建设，做好 1000 余亩订单农业试种工作，利用现有资源优势，采取"村集体＋能人"模式，发展陆基循环水养殖项目。2022 年村集体经济收入 125.16 万元，2023 年村集体经济收入预计突破 160 万元。[①] 大塘村的女性微创业主要依托日益壮大的集体经济，从事农产品种植与加工，以及零售服务业等。例如，日兴菌业发展有限公司采用"三统一分"的方式，即统一提供菌棒、统一提供技术、统一回收鲜菇，分户种植采摘的方式，鼓励当地村民灵活就业和自主创业，为女性提供学习和增收机会。

以上是乡村女性创业的一些常见类型，不同的地区和人群也可能会出现不同的特征。总结来看，乡村女性微创业有以下四个特点。第一，低启动资金。相对于城市创业者，乡村女性的微创业启动资金较少，更容易通过简单的手工制作、生产农副产品等方式创业。第二，地域性强。乡村女性微创业通常与当地的特色产业或资源相关，例如种植、养殖、手工艺品等，具有较强的地域性。第三，家庭角色突出。乡村女性通常需要照顾家庭、照顾子女，微创业可以更好地平衡家庭和事业，发挥家庭角色的优势。第四，社会网络有限。大部分乡村女性的社交网络都局限在乡村内部，需要通过村集体来扩大社会网络和对接社会资源，他们往往通过当地妇联、村委会或社会组织与当地政府、产业协会、社团等建立合作关系和开拓市场。

4.4.3　城乡女性微创业制度环境差异分析

城乡女性微创业的优良制度环境主要包括市场环境、制度环境和社会文化环境。一个优质的市场环境应具备统一、公平、开放、竞争和有序的特点。制度环境主要涉及创新主体所面临的法律制度、政府管理体制和政府政策等条件。而社会文化环境则是指与文化建设有关的社会创新氛围，以及社会公众对创新的态度。从调研中得出我国城乡女性微创业还存在显著差异，如环境差

---

① 太湖县江塘乡大塘村先锋网．江塘乡大塘村："辣"出产业路，"椒"出致富花 [EB/OL]. (2024-04-04) [2024-12-12]．http：//www.thxf.gov.cn/news/11276/112821.html.

异、资源差异、产品差异、市场差异和教育差异等。

第一，环境差异。城市的经济环境、人文环境、社会文化等都比农村更加发达，这使得城市女性创业面临的竞争更加激烈，但同时也能够获得更多的资源和支持。同时，城市女性受到更加开放和多元化的社会环境影响，对创业更加积极和敢于尝试，而农村女性则受到传统观念和家庭压力的影响，对创业的认知和态度存在一定的局限性。在调研中，城市微创业女性受到家庭支持的比例更高，城市的人文环境和社会文化也更支持女性就业创业，实现经济独立和人格独立。而乡村女性更多受到家庭的影响，尤其是已婚已育的女性承担更多家庭照料的工作，就业创业面临更多家庭的阻力，这在我们对马郢村"红莓姐姐"的采访中也有明显体现。

第二，资源差异。城市资源丰富，包括人才、资金、技术等，而农村资源相对匮乏，缺乏创业所需的各种资源。尤其在创业的启动资金上，城市女性创业所需的启动资金较高，且融资渠道更加多样化，而农村女性创业所需的资金相对较少，但融资渠道较为有限。在调研中，有的村庄也通过党建引领信用村建设，针对村民和创客的贷款需求，积极争取扩大贷款面，将信用主体从农业经营主体扩大到在乡村创业的创客主体，与金融机构协商为信用户贷款提供合适的贷款产品和贷款利息，但由于人才、技术、市场等其他资源的匮乏，创业活动的规模也受到了限制。

第三，产品差异。城市女性创业的产品更加多元化、高档化，农村女性创业的产品则更加注重实用性和本土化。城市和农村在经济发展、市场需求、文化背景、人口结构等方面存在较大的差异，因此，城市和农村创业所面临的市场环境和商业机会也是不同的，这也导致了城市和农村创业产品的差异。在调研中，城市女性微创业选择最多的产品是诸如美妆、护肤、减肥、保健、服饰等领域的产品或服务，但农村女性微创业更多选择农家乐、民宿、农产品、手工制作品等领域的产品或服务。

第四，市场差异。城市和农村的经济发展水平、人口结构、文化背景等不同，导致城乡女性微创业的市场也不同。城市的经济发展水平相对较高，人均收入较高，消费水平也较高，因此，城市的市场需求也相对较大。而农村的经济发展水平相对较低，消费水平较低，市场需求也相对较小。同时，城市和农村的人口结构也存在差异，城市人口居住密度大，消费主体以年轻人为主，消费需求多元化。而农村人口居住分散，消费主体以中老年人为主，消费需求相对单一。因此，城市女性创业所面临的市场规模更大，市场需求更加多元化，市场竞争更加激烈。而农村女性创业所面临的市场相对较小，但市场需求也更加集中和相对单一。城市和农村的消费需求也存在显著差异，城市消费者对于时尚、品牌、个性化等更加注重，而农村消费者则更加注重实用性和价格因素。

第五，教育差异。城市女性受到更好的教育和培训，更加注重创新和市场营销，而农村女性的教育程度普遍较低，对市场营销和品牌建设的认识和需求也较为有限。在调研中，已经建立起品牌的企业更倾向于在城市为微创业者提供品牌授权、产品支持和资源共享，因为城市微创业女性的平均受教育水平更高，接触新兴信息更多，更容易掌握网络营销、管理沟通、数字技术应用等微创业必需的技能。乡村女性中，受教育程度较高的女性大部分都迁至城市工作，留守乡村的女性平均受教育水平较低，学习专业的商业知识、沟通技能等难度相对较大，她们大部分通过村委会和当地妇联的帮助，从事手工制作方面的低成本微创业活动。

以上差异都会影响到女性微创业者的思维方式、创业模式、市场定位和经营策略等方面。在城市，女性微创业者可以通过网络营销、线上销售等方式拓展市场，同时可以利用城市丰富的人力和技术资源，提高产品或服务的质量和效益。而在农村，女性微创业者则需要充分利用当地资源，寻找适合的市场和销售渠道，同时需要克服基础设施和交通等方面的困难。此外，农村女性由于教育和社会环境等因素的限制，创业意识和创新能力也相对较弱，需要更多的政策和社会支持、更好的制度环境来帮助她们实现创业梦想。

4.5 中国女性微创业生态环境分析

4.5.1 中国女性微创业生态环境

微创业生态环境和制度环境是创业者在创业过程中所面临的两个重要方

面，它们有着密切的关联。微创业生态环境主要是指创业者在创业过程中所面临的外部环境，包括市场环境、资源环境、技术环境、社会文化环境等，它主要关注创业者获得资源和支持的情况，以及创业者所处的市场竞争环境和社会文化认同等。创业制度环境则更强调创业者在创业过程中所遵循的法律法规、政策措施和规章制度等，它主要关注创业者在法律保护、政策支持和金融服务等方面的情况。微创业生态环境可以通过政策措施和制度安排来优化，以提供更好的环境来支持创业者获得资源和发展，因此微创业制度环境的优化需要充分考虑微创业生态环境的需要和创业者的实际情况。

基于文本分析与文献研究，本章对中国女性微创业生态系统进行初步分析。

微创业生态环境是由政策、法律、市场、资源等多个方面构成的创业环境。女性微创业生态系统则是由政策、法律、社会文化、市场和资源等多个方面构成的女性创业环境，它涉及女性创业者、政府、企业、投资机构、社会组织等多个主体，是一个相互作用、相互依存的生态系统。在女性微创业生态系统中，政策为女性创业提供了基本保障和政策支持，如女性创业支持政策、女性就业创业培训等；法律为女性创业提供了法律保障和规范，如劳动法、商标法、知识产权法等；社会文化为女性创业提供了社会环境和文化支持，如公平、公正、尊重、包容的社会文化氛围；市场为女性创业提供了商机和机会，如女性市场和女性消费群体；资源为女性创业提供了必要的支持和保障，如资金、技术、人才、信息等。女性微创业生态系统的重要性在于，它为女性创业提供了一个全面、多方位的发展环境，为女性创业者提供了更多的机遇和支持，促进了女性创业的发展。

中国女性微创业生态系统主要包含监管机构、电商平台、社交生态平台、品牌方、第三方服务商、支付支持方，以及消费者这7个主要参与者（见图4.7）。其中，监管机构是指对微创业活动进行监督和管理的政府机构。在中国，中央和地方各级政府都设有相关的监管机构，如国家市场监督管理总局、省市市场监督管理局、税务局、人力资源和社会保障局等。这些机构负责对微创业活动进行监管和管理，保障创业者的合法权益和社会公共利益。同时，监管机构也会发布相关政策和法规，引导和规范微创业活动的发展。在女性微创业生态系统中，监管机构包括国家市场监督管理总局、中国消费者协会、中国互联网协会、国家知识产权局等，对微创业市场进行规范化管理。2021 年 12 月 20 日，国家市场监管总局发布《法治市场监管建设实施纲要（2021～2025 年）》，将加大打击传销力度，借助技术手段辨别新形势下以电商、微商、消费返利等名义开展的不法行为。

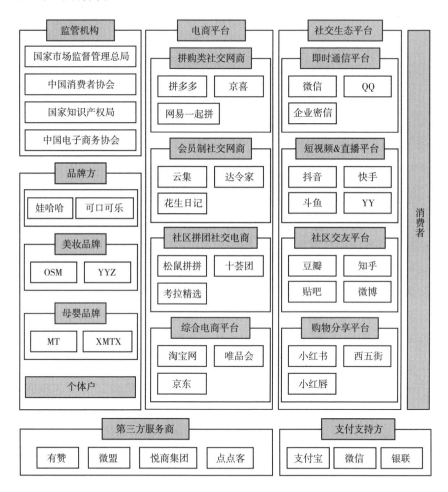

图 4.7　微创业生态环境示意

资料来源：艾瑞咨询研究院《2021 年中国微商市场研究白皮书》。

微创业生态系统中的品牌方是已经建立起品牌的企业，在微创业生态系统中为微创业者提供品牌授权、产品支持和资源共享的企业。品牌方通过自身的品牌影响力和专业能力，为微创业者提供品牌建设、产品设计、制造代工、销售渠道等一系列的服务和支持，帮助微创业者快速打造自己的品牌和产品，提高市场竞争力。

微创业生态系统中的电商平台是为微创业者提供线上销售渠道的电子商务平台。电商平台通过线上销售商品和服务，为微创业者提供了一个低成本、高效率的销售渠道，帮助他们拓展市场和提高销售额。目前，国内外有许多知名的电商平台，如阿里巴巴、京东、拼多多、淘宝等。这些电商平台提供了各种销售工具和服务，如店铺建设、商品上架、营销推广、物流配送、支付结算等，帮助微创业者快速进入电商市场并获取更多的客户和订单。通过电商平台，微创业者可以利用互联网和数字技术，扩大销售范围，降低营销成本，提高销售效率和盈利能力。同时，电商平台也为消费者提供了更多的选择和便利，促进了消费市场的发展和升级。

微创业生态系统中的社交生态平台是为微创业者提供社交和交流平台的数字化平台。这些平台通过社交化的方式，为微创业者提供互动、交流、合作、学习和分享的机会，促进微创业者之间的交流和合作，提升微创业者的创新能力和竞争力。目前，国内外有许多知名的社交生态平台，如微信、微博、领英、脸书（Facebook）等。这些平台提供了各种社交工具和服务，如个人资料、社交关系、话题讨论、群组聊天、文章分享等，帮助微创业者快速构建社交网络和拓展人脉。通过社交生态平台，微创业者可以与同行、专家、投资人、客户等建立联系和交流，获取行业信息、市场机会和创新思路，寻找合作伙伴、获得资源支持和开拓新市场。同时，社交生态平台也为企业提供了更多的品牌曝光和客户互动机会，促进了企业的品牌建设和营销推广。

第三方服务商是为微创业者提供各种专业服务的数字化平台。这些平台聚集了众多的专业服务提供商，如法律顾问、财务会计、人力资源、市场营销、电商运营等，为微创业者提供全方位、多领域的专业服务支持。第三方服务平台通过数字化技术和互联网平台，为微创业者提供高效、低成本的专业服务，帮助他们解决各种创业难题和瓶颈，提升企业效率和竞争力。同时，第三方服务平台也为专业服务提供商提供更广阔的市场和商业机会，促进了专业服务产业的发展和升级。

微创业生态系统中的支付支持方是为微创业者提供支付服务和支持的数字化平台。这些平台通过数字化技术和互联网支付系统，为微创业者提供快捷、安全、便利的支付服务，支持各种支付方式，如在线支付、移动支付、银行卡支付等。支付支持方在微创业生态系统中扮演着重要的角色，它们为微创业者提供了支付接口、支付通道、支付结算等一系列的服务和支持，帮助微创业者实现在线销售、支付收款、资金管理等业务功能。同时，支付支持方也为企业提供了更安全、高效、稳定的支付服务，减少了支付风险和成本，促进了企业的发展和壮大。目前，国内外有许多知名的支付支持方，如支付宝、微信支付、PayPal、Visa、Mastercard 等。这些支付支持方通过数字化技术和金融创新，不断提升支付服务的质量和效率，为微创业者提供更优质的支付支持服务。

微创业生态系统中的消费者是购买和使用微创业者产品或服务的个人或机构。消费者作为微创业生态系统中的核心参与者之一，对于微创业生态系统的发展和壮大起着至关重要的作用。消费者通过购买和使用微创业者的产品或服务，为微创业者带来了销售收入和利润，同时也为微创业者提供了市场反馈和用户需求的参考。消费者的满意度和口碑评价，直接影响着微创业者的品牌形象和市场竞争力，对于微创业者的长期发展具有重要的影响。在微创业生态系统中，微创业者通过与消费者的沟通和互动，了解市场需求和用户反馈，不断改进和优化产品或服务的质量和性能，提高用户体验和满意度。同时，微创业者还通过各种渠道和方式，积极宣传和推广自己的产品或服务，吸引更多的消费者参与到微创业生态系统中来，促进微创业生态系统的发展和壮大。

如图 4.7 所示，电商平台如淘宝、京东、拼多多等行业龙头以及专注于美妆、零食等的一系列小众平台，引进了大量大众认可度高的品牌方进驻平台。各类美妆、服饰、日用品、食品品牌方通过社交生态平台，例如微信、抖音、微博、小红书等社交、视频、交友、分享平台宣传产品，使用请关键意见领袖（KOL）为其打广告、在不同平台享受商品折扣等营销手段吸引大量的消费者。第三方服务商设计程序，利用微信公众平台经过后期的开发，形成一套功能相对完善的系统。支付支持方则为消费者与商家提供便利的支付、提现等交易手段。因为有比较完善的微创业生态系统存在，中国女性才能在科技发展和社会变革中抓住微创业的机会。

从商业链来看（见图4.8），中国微创业市场主要依赖于社交生态平台对供应链上下游的整合。在微创业模式下，商业链主要分为三个部分。首先，从上游来看，大型品牌方、个体户和电商平台等主要负责提供商品来源。其中，大型品牌方和个体户可以直接与社交生态平台合作，也可以通过电商平台和社交生态平台进行连接。其次，从中游来看，社交生态平台，如即时通信、短视频、直播、社区交友和购物分享等平台，负责整合供应链的上下游。这些平台不仅为货源方提供流量支持，还为消费者提供了更加便利的社交消费渠道。最后，在下游环节，包括大型品牌方营销人员、普通用户和个体户经营者在内的众多微创业从业人员，通过社交生态平台对消费信息进行分发和传播，从而进一步扩大消费的流动和裂变。

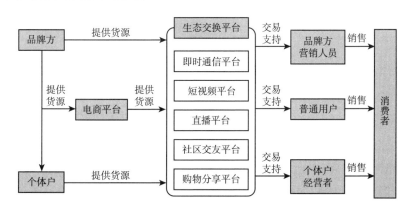

图4.8 微创业商业链示意

资料来源：艾瑞咨询研究院《2021年中国微商市场研究白皮书》。

由于新冠疫情的影响，各行各业企业的销售渠道和营销环境迎来了巨大的变化，"在线""数字""社交"等关键词成为目前讨论和探索的突破口。无论是头部品牌，还是小微企业，都布局了微信商业体系，通过线上社会生态，打造销售渠道，拓展商机。越来越多的个人参与其中，以便在不稳定的环境中争取更多的就业机会和收入来源。未来，一方面，随着社会生态平台电子商务布局的进一步发展，人们越来越依赖线上交易；另一方面，消费者需求日益多元化，也越来越愿意通过社交渠道来了解更多的品牌和商家。未来微信商务市场的交易规模也将继续增长，将会成为日常生活中的主流销售模式和渠道。

从行业角度来看，社会生态下微创业市场的快速发展，不仅会给社会生态平台、品牌商家和消费者带来更多的商业价值，还会催生更多的创新机会，尤其是提供第三方服务的相关企业。随着微信等社交媒体业务的市场容量不断增加，以尚月、有赞为代表的服务提供商也将迎来更多的发展机遇。

从企业和从业者角度来看，政府的政策倾向于给予企业和从业者更多的赋权和支持，帮助其快速熟悉微信商业模式，实现更高效、更规范的销售和交易。平台方面，需要大量第三方服务商帮助其探索创新的模式，加快布局推进和生态成熟。运营企业也可以提供专业团队，帮助从业者建立朋友圈、品牌形象和个人形象。

从品牌方角度来看，随着品牌化和标准化的发展，顺应市场才能立足于市场。在移动互联网时代，头部社交平台聚集了大量消费者的目光，品牌方需要从蓬勃发展的社交工具入手，关注到社交电子商务的价值，在服务中创造价值，同时获利。

从微创业从业者群体画像来看，由于年轻女性对美的追求、家庭照顾以及个人价值实现的渴望，推动了美妆、保健、服装、生活以及母婴等商品的销售。以女性和年轻人为主的用户结构影响了微创业行业主要经营的商品品类，进一步凸显了女性消费特征，从而形成了微创业领域以美妆和生活产品为主导的销售格局。

女性微创业集合了社交属性、移动属性和自媒体属性。首先，社交属性方面，与传统电商相比，微创业更依赖于社交平台的分享和传播，侧重于"熟人经济"，以粉丝驱动和口碑推荐为主要方式，购买沟通更为直接，具有较强的社交属性。其次，移动属性方面，随着移动互联网的快速发展，用户购物的时间和场景日益碎片化，移动购物更为自由，为微创业活动提供了推动力。最后，自媒体属性方面，在自媒体大众化时代，微创业宣传可以采用更多新颖的方式，尤其是自我体验分享的影响力不可小觑。通过社交渠道的分享、扩散和转发，扩大了微创业的宣传范围，有利于实现微创业目标客户的精准营销。然而，由于微创业参与者众多，市场竞争日趋激烈，活跃渠道分布呈现多样化特点。社交平台主要依赖于微信、微博、QQ等主流社交平台。近年来，第三方微创业平台如雨后春笋般涌现，为女性微创业提供了更多发展机会。值得注意的是，不同女性对于活跃平台有所侧重，个人微创业更多活跃在微信平台，而品牌型微创业则更多依托于第三方平台，或者通过微信公众号或小程序端进行微店运营。

然而，从事微创业活动的女性大多为个体工商户或小微企业，产品质量参差不齐，品牌知名度较低，甚至存在伪劣产品。在价格方面，微创业商品价格通常较低，因为消费者信任度不高，大部分是大众消费品，高品质和大品牌商品较少，消费结构层次较低。在渠道方面，线上线下整合不足，小商户缺乏实体店铺，或者网点不普及，渠道单一，售后及维权难度较大。在促销方面，过度依赖广告投放，广告质量不高，容易引发消费者抵触情绪；频繁使用价格策略，刺激效果逐渐减弱，强势推销，难以形成良好口碑。

从总体上来看，微创业领域的从业者专业素养普遍较低。优质产品、互联网技术、营销与传播专业技能以及人际关系都是微创业成功的重要因素，除了优质产品外，其他几个因素都与微创业者的专业素养密切相关。在我国，女性微创业发展迅速，对从业人员的专业知识、学历、经验等没有明确要求，且资本准入门槛较低。这导致许多缺乏专业知识和经验的人员涌入该行业，其中以无业、学生、家庭妇女等无商业经验者为主。她们缺乏商业专业知识和营销推广技能，主要通过简单地复制信息、在朋友圈中大量发布广告来推销商品。因此，微创业群体专业素质偏低，这也是制约微创业进一步健康发展的重要原因。

4.5.2　中国女性微创业的商业模式

目前，代理、分销模式是女性微创业最常用的模式，原因在于：一方面，门槛低，因此吸引了一大批的女性加入；另一方面，网上转账方式的便利。简单来讲，代理模式就是通过各种渠道发展线下代理，从总代、一级代理、二级代理，层层环绕，每一个代理还可以发展自己的下级代理，这样就形成了树状结构的代理模式。很多人认为微信营销就是另类的传销，天天被朋友圈刷爆屏，外加一大堆"煽动"你加入微商代理的豪言壮语。其实不然，朋友圈代理与传销还是有着本质区别的，它不会像传销一样层层发展下去。当然，代理模式也是最集中、最有效的模式，每级代理从上级代理拿货，然后再卖给朋友圈的顾客，这样的经营模式给商家带来了巨大的利润。

微创业的另一种销售模式就是加盟商模式，可以通过销售提成的方式赚取利润。加盟的前提是需要缴纳一定的加盟费，之后就有资格销售这个产品。更重要的是，微创业从业者无须进货，只需要在朋友圈发布产品信息，由总部发货，创业者就可以直接赚取差价或者提成。

此外，个人品牌模式近年来也逐渐兴起。此种模式一般是在淘宝、微博等社交媒体上经营自己的网店，并拥有一批"真爱粉"和不错的绩效，再通过朋友圈营销的模式，选择优秀的团队合作来发展扩大自己的品牌影响力与知名度。通过朋友圈营销，让更多的人了解自己的品牌，扩大潜在客户群，同时拥有一批固定的顾客群。但是这个模式不是那么容易就能达成的，这对经营者本身有很高的要求，重点需要关注品牌形象的建设等，相对代理模式来说，这算是进入门槛比较高的一种模式。

最后，服务模式也是女性微创业活动的常见方式。这种模式主要针对一些有专业技能或有实体店的店主借助微信这样的社交平台来提供相应的服务，比如一些餐饮、甜品店，这些店一般会开通一个微信服务号或小程序，消费者可以提前预订商品、配送服务等。

4.5.3 中国女性微创业存在的问题

育娲人口研究智库发布的《中国女性职业发展报告 2023》指出，当前我国女性在职业发展过程中仍存在婚育方面的歧视。子女数量与女性就业机会呈负相关，而生育对男性就业机会的影响则不明显。职场中的女性也面临"母职惩罚"的问题，每多一个子女可能导致女性工资率下降约 10%。微创业作为近年来蓬勃发展的新兴力量，在政策和社会资本分配上都或多或少地得到国家和学术界的青睐。新时代下女性出于独立和生存的需要，也部分投入微创业大军，且近年来数量不断增长。万事有利有弊，女性微创业的发展虽然符合社会发展的必然趋势，但仍然存在着一些问题。根据对部分资料的总结和思考，本章把女性微创业可能存在的问题分为个体层面和制度层面，总结如下。

4.5.3.1 个人层面存在的问题

（1）女性微创业从业者素质参差不齐。

从我们的调查可知，女性微创业存在"三多三少"现象，即：个体工商户多，自主办企业少；服务行业创业多，科技行业涉足少；管理创新的多，技术创新的少。女性创业以个体经营形式为主，相对集中于零售、批发、贸易、餐饮、社会服务、农产品加工等。她们依靠吃苦耐劳、勤奋学习完成了初创活动，但大多数女性受到所从事行业、自身知识见识等局限，在当今市场的瞬息万变中难以做大做强，在市场机制中，女性创新创业的竞争优势不明显。

根据平安普惠2020年5月至2021年1月的小微企业主和个体工商户客户相关数据统计分析，女性小微经营者占比接近40%。不同于传统的上班下班回归家庭相夫教子，生活中她们是妻子，是女儿，又是母亲。工作里当后勤，做财务，跑销售，当"老板"。有的女性是兼职创业，她们身兼数职，还有更多社会角色，例如大学教师、外企白领、医生等。就像任何一种职业一样，女性微创业从业者的素质也是参差不齐的。有些女性微创业从业者的素质相当高，她们创业之前有的是外企高管，有的是研究生，她们具有良好的创业意识和创新能力，拥有坚定的信念和不屈不挠的毅力；有的拥有良好的家庭背景和坚实的后盾，她们能够在市场上发掘商机，不断创新，推出具有市场竞争力的产品，能够利用自身的优势，积极开拓市场，不断提升自己的品牌形象和市场认知度。同时，她们具有较好的人脉和文化水平，具有优秀的团队管理能力，能够带领团队一起发展壮大。然而，也有一部分女性微创业从业者的素质较为欠缺。她们可能只是迫于生计而选择创业，缺乏创业的意识和动力，仅仅为了解决自己的就业问题。她们可能没有对市场进行充分的调研，没有准确地了解自己的产品和市场竞争情况，缺乏创新和竞争意识。有的文化水平偏低，缺乏社会资源和管理能力。由于缺乏经验和技能，她们可能会面临更多的困难和挑战，如资金短缺、市场萎缩、人才流失等。

此外，大部分微创业女性仍受到传统观念和时间精力的束缚。在很多家庭中，女性仍然承担着家庭中大部分老人的照料和孩子的教育工作，使她们投入创业的时间和精力有限，限制了事业的发展。部分女性对自主创业存在着畏难情绪，思想保守，满足现状，害怕失败，创业的主动性和客观条件的不足，限制了女性坚持创业的积极性，这个现象在城市和乡村中都比较普遍。例如，在我们对城市微创业女性的访谈中，受访者表示："我家庭对我从小的教育就是，一个女孩子嘛，不需要什么大富大贵的，只要有一个稳定的工作能照顾到家庭就可以。"在对长丰县马郢村"红莓姐姐"的访谈中，受访者也多次强调，"平时都不怎么离开村子，因为要照顾家庭，很多创业的事情都做不了，有时候家人也表示反对"。

另外，在家庭内部，女性的文化程度相对于男性仍然偏低，由于缺少专业技能培训和教育，很多女性没有创业所需的一技之长和相关创业知识，这些都进一步局限了女性在经济发展中的潜力和作用，阻碍了女性创业发展。因此，在我们的调研中发现，城市女性微创业者很多都"抱团取暖"，通过团队作业获得创业所需的技能，提供微创业项目的母公司或互联网平台也会提供一些培训和交流的机会。而在乡村，当地妇联、村委会等组织会通过"巾帼创业创新技能培训""女性成长计划"等项目为乡村女性赋能，帮助她们学习创业或就业的技能。但是，由于区域差异和社会环境不同，仍有很多地方的女性得不到这样的培训和受教育机会，造成了一定程度上的群体间差异、城市间差异、乡村间差异，以及城乡间差异。

（2）社会网络单一限制创业发展。

个体社会网络既包括周围的小关系网络，也包括基于整个国家和社会不同机构的大关系网络。针对女性微创业者这一群体，关系网络主要分布在朋友、家庭和亲人之间，而与政府部门、社会企业、教育机构、中介机构等辐射范围大的实体互动很少。由于女性在传统社会中社交圈子相对较小，所以女性微创业者的社会网络往往相对单一。

此外，女性在微创业过程中也容易受到性别歧视和传统观念的影响，导致其难以进入男性主导的商业圈子，进而限制了其社交范围。这种社会网络单一的情况会对女性微创业者的发展带来很大的影响。首先，由于社交圈子较小，女性微创业者难以接触到更多的资源和机会，比如投资人、合作伙伴、供应商等，这会限制其创业项目的发展和壮大。其次，由于社交圈子较小，女性微创业者的信息来源也相对有限，容易出现信息不对称的情况，因此可能作出不符合市场需求的决策，这会影响到企业的竞争力。女性微创业者的社会网络单一，同质性强，这也缘于女性在人际交往中更倾向于与同性交往，且在职业选择上也更倾向于传统女性职业。这种同质性强的社交圈子会限制女性微创业者的多元化思维和创新能力，使其缺乏不同行业、不同领域的信息和资源，容易出现盲目跟风，限制事业发展。例如，在我们对城市女性微创业者的访谈中，受访者表示："我的社交圈很窄，客户群以宝妈为主，因为她们缺钱，有强需求，能建立强关系。但是我也有长达两个月零业绩，没有零售，没有代理，连个咨询的也没有……所以我每天发圈 5 条以上，几乎没有断更过。"

由此可知，女性微创业者关系网络较为单一，同质性强，进而导致获取社会资源能力较弱，使得创业发展受限。同时因为关系网的重叠，朋友圈大多是同一个圈子同一批人，依托朋友圈的销售方式过于单一，不利于推动微创业活动的长久发展。

（3）信任危机与创业风险并存。

互联网经济的迅速发展既给女性微创业提供了更多平台和机会，但也让女性微创业者面临诸多信任危机，包括数据安全、产品和服务质量、网络诈骗等。首先，在互联网时代，数据安全和技术风险成为一个重要的话题。随着新的技术更新换代、层出不穷，女性微创业者需要不断地跟进技术发展，否则就会被淘汰。女性微创业者需要依赖互联网和数字化技术来管理创业项目，但如果她们无法保护客户和企业的隐私和数据，就会失去客户的信任，从而影响到企业的声誉和发展。其次，产品和服务质量保障。在互联网时代，消费者可以通过各种渠道获取产品和服务的信息，包括社交媒体、在线评论和评分平台等。如果女性微创业者的产品和服务质量不好，就会在这些渠道上被曝光，从而影响到企业的信誉度和声誉。最后，在互联网时代，很容易出现诈骗和欺诈行为。女性微创业者如果不善于分辨创业风险，可能会成为诈骗和欺诈的受害者。如果女性微创业者在交易中出现了诈骗和欺诈行为，就会失去客户的信任，从而影响到企业的发展。

这些信任危机对女性微创业者的创业活动产生了许多负面影响。例如，大部分女性对技术层面的知识相对匮乏，如果女性微创业者无法证明自己对市场脉搏的把握，以及对技术风险、数据安全的关注，那么她们就可能面临融资困难。投资者不会愿意投资一个无法在互联网时代控制技术风险、保护自己和客户数据、规避市场风险的企业。同时，如果女性微创业者的产品和服务质量不好，或者出现了欺诈和诈骗行为，就会失去客户的信任和忠诚度，这会导致客户流失、销售下降以及品牌形象受损，进而影响到企业的发展和利润，更加无法吸引到合作伙伴一起做大做强。在我们的深度访谈中，大部分女性都尝试过多个创业项目，甚至有过多次失败的创业经验，不但面临经济损失，更让创业行为受到来自家庭和社会的质疑。

在互联网时代，信任危机下女性微创业者除了面临技术风险，还面临着竞争风险、资金风险、法律风险和市场风险。首先，由于市场竞争激烈，女性微创业者需要和其他企业竞争。如果女性微创业者无法在市场上获得竞争优势，她们就可能面临市场份额下降，甚至被迫退出市场的风险。其次，女性微创业者需要投入一定数量的资金来开展业务，如果资金不足或管理不当，就会面临资金风险，甚至导致创业失败。再次，在法律风险方面，近年来国家关于规范互联网应用与电子商务市场、规范创业行为等方面的法律法规更新快，女性微创业者需要遵守各种法律法规，否则就会面临法律风险和处罚。例如，2018年8月31日第十三届全国人民代表大会常务委员会第五次会议通过的《中华人民共和国电子商务法》对电子商务平台经营者不按规定核验登记信息、保存交易记录的处罚进行了详细规定。最后，由于市场需求和趋势随时会改变，女性微创业者需要灵活调整自己的产品和服务，否则还会面临市场风险。

女性微创业者面临的这些信任危机和创业风险主要是由互联网时代的市场环境、技术变革和法律法规的更新等因素引起的。在互联网时代，市场变化快、竞争激烈，女性微创业者需要不断学习和适应新的市场环境和技术趋势，以保持竞争优势和创新能力。同时，女性微创业者也需要遵守各种法律法规，以避免法律风险和处罚。

（4）社会资源受限导致发展瓶颈。

女性微创业所需要的社会资源包括资金、技术知识、市场信息、商业网络以及人脉资源等方面。第一，资金是女性微创业者最需要的资源之一。她们需要资金来租赁场地、采购产品、进行市场宣传等。然而，由于传统社会和文化观念的影响，女性在获得贷款和投资方面相对困难。一些传统观念认为女性创业风险大，不如男性稳妥，因此在银行和投资机构中，女性往往面临着更高的门槛和更严格的审核标准。第二，技术知识也是女性微创业者所需要的资源之一。在互联网时代，很多创业领域需要创新的思维和技术能力。然而，由于历史原因，女性在科技领域的参与度较低，很难获得相关的技术知识和资源，这使得她们难以在这些领域中发挥出自己的潜力。第三，市场信息和商业网络也是女性微创业者所需要的资源之一。了解市场的需求和趋势，建立商业网络和合作伙伴关系，对于创业者来说都是非常重要的。然而，由于女性在商业领域中的地位和声誉很难得到充分的认可和尊重，她们在获取市场信息和建立商业网络方面往往面临一定的难度。即使是受过高等教育和有良好工作经验的女性，在结婚生子之后的商业网络也会大受影响。第四，社会网络中的人脉资源也是女性微创业者所需要的重要资源之一。建立人脉关系对于创业者来说非常重要，可以为她们带来更多的商业机会和资源。然而，由于历史原因和社会观念的影响，女性在以男性为中心的商业社交场合中往往面临一定的歧视和排斥，这使得她们的社会网络单一，难以建立更为广泛的人脉关系。

相对于男性，女性的社会资源更匮乏的原因是多方面的，其中一个重要原因是传统社会和文化观念的影响。在传统社会中，女性被认为是家庭的主要照顾者，被期望花费更多的时间在家庭和子女的照顾上，这使得她们在商业领域中的机会相对较少，通常没有足够的时间和空间来寻找资金来源。此外，由于传统观念的影响，在银行和投资机构中，女性很难获得与男性同等的贷款和投资机会，这也限制了她们的资金来源。并且，由于历史原因，女性在教育和职业发展方面也面临着很多的限制，女性在科技领域的参与度较低，很难获得相关的技术知识和资源，这使得她们难以在这些领域中发挥出自己的潜力。在传统观念的影响下，女性在商业领域中的地位和声誉也很难得到充分的认可和尊重，这使得她们在获取技术知识和商业资源方面处于劣势地位。在互联网时代，尽管女性微创业者在商业领域中占据着越来越重要的位置，但是她们在创业资金来源和社会资源方面仍然存在较大的限制，这在我们的调研和其他机构的研究中都有例证。除了创业资金主要来源于自己的积蓄或家庭支持，女性微创业的销售渠道、市场份额也都局限在个人的熟人网络，创业规模难以扩大。

综上所述，虽然女性微创业快速发展，但从个体层面仍然面临从业者素质参差不齐、社会网络单一限制创业发展、信任危机与创业风险同时并存等问题，在互联网时代女性微创业仍然面临一定的资金来源和社会资源的限制。但是，随着互联网的普及和社会观念的转变，女性微创业者的情况正在发生变化。越来越多的女性创业者开始通过互联网平台来寻找资金和资源，这为她们提供了更多的机会。政府和商业组织也开始关注女性创业者的情况，提出了一系列的政策和措施来支持她们。例如，一些银行和投资机构开始提供专门的贷款和投资服务，通过普惠金融支持女性创业者。同时，一些商业组织也开始提供创业培训和咨询服务，以帮助女性创业者更好地开展自己的业务。除了政策和商业组织的支持外，社会观念的转变也是推动女性微创业者发展的关键因素。越来越多的人开始认识到女性在商业领域中的重要性，并且开始鼓励和支持她们的创业活动。一些成功的女性创业者的例子也鼓舞了更多的女性加入创业的行列。因此，政府、商业组织和社会各界应该共同努力，不断优化女性微创业环境，为女性创业者提供更好的支持和机会，让她们在商业领域中获得更多的成功和发展。

4.5.3.2 制度层面存在的问题

（1）税收制度方面。

社会主义市场经济环境下的税收制度对于维护经济秩序，推动市场经济发展至关重要。我国有关微创业的税收制度经历了多次调整和改革，演变过程可以总结为以下四个阶段：第一，20 世纪 80 年代末至 90 年代初，开始探索税收优惠政策，对于小微企业提供一些税收优惠，比如免征企业所得税。第二，20 世纪 90 年代中期至 21 世纪初期，进一步规范税收优惠政策，出台了《中华人民共和国企业所得税法》和《中华人民共和国个人所得税法》（以下简称《个人所得税法》）等相关法规，对小微企业享受税收优惠进行了明确规定。第三，2008～2013 年，我国出台了一系列税收优惠政策，比如免征小型微利企业所得税，增加了企业所得税起征点等。这些政策对于小微企业起到了较好的支持作用，但是，优惠政策逐渐复杂化，执行难度加大。第四，2014 年至今，进一步推出税收优惠政策，比如减免增值税、降低个人所得税税率等。同时，也加强了税收管理，规范了税收征管工作，提高了税收征收的效率和精度。但是，一些小微企业仍然面临税收负担重、税收优惠政策难以落实等问题。

新冠疫情期间，我国为鼓励微创业实施了一系列税收政策，例如对于疫情防控期间从事生产、销售一次性防护用品的小微企业，免征增值税；对于疫情防控期间复工的小微企业，可以申请减免社保费用；对于疫情防控期间遭受重大损失的小微企业，可以获得财政补贴；对于疫情防控期间受到影响的小微企业，可以申请延期缴纳税款；对于疫情防控期间经营困难的小微企业，可以申请减免租金等。这些税收政策的出台，有效减轻了小微企业的负担，为微创业提供了更加良好的税收环境和政策支持。

总的来说，我国对于微创业的税收制度经历了不断改革和完善的过程，税收优惠政策也日益趋于明确和规范。但是，仍然存在一些问题，比如税收负担重、优惠政策难以落实等，需要进一步加强管理和提高政策的实效性，为女性微企业提供更好的税收环境和支持。针对微创业，中国的税收政策和措施目前主要有以下五个方面。

第一，个人所得税。根据《个人所得税法》的规定，个人从微创业中获得的收入需要缴纳个人所得税。对于个人从微创业中获得的收入，应当按照适用税率计算个人所得税。对于小微企业主，可以根据《个人所得税法》规定的相关政策，享受税前扣除、专项附加扣除等税收优惠政策。第二，增值税。微创业者如果从事销售商品或者提供劳务，根据《中华人民共和国增值税法》的规定，需要缴纳增值税。对于小规模纳税人，可以按照简化征收办法征收增值税。第三，营业税。根据《中华人民共和国营业税暂行条例》的规定，微创业者从事的一些特定行业可能需要缴纳营业税。比如，餐饮业、旅游业、房地产业等。第四，社会保险费。根据《中华人民共和国社会保险法》的规定，微创业者如果雇用员工，需要为员工缴纳社保费。包括养老保险、医疗保险、失业保险、工伤保险和生育保险等。第五，其他税费。微创业者还需要关注其他的税费问题，比如房产税、城镇土地使用税、资源税等。这些税费依微创业者所从事的行业、业务和地区等因素而异。

因此，微创业者需要了解和遵守相关的税收法规和政策，及时申报和缴纳税费，同时也可以利用各种税收优惠政策和减免措施，减轻税负，提高经营效益。然而，女性微创业虽然拥有了大量的消费群体、交易量和交易额，但相当多从业者并不了解相关的税收征管和明确的规章流程。与传统的经营模式相比，微创业行业多采取零售的方式，支付方式一般不直接经由银行，具有数字化、信息化等特点（刘尚矗等，2019），且存在伪造等行为，使得相关部门无法直接通过银行对账户开展监管工作，无法精确捕捉到税款的流失，也给传统的账目梳理带来困难。

由于微创业具有门槛低的特点，多以个体经营者为主，缺少公司实体，很多微创业者没有注册商家或市场主体，主要通过网络进行商品交易，难以确定纳税主体。交易活动大多没有固定的交易场所，同时交易涉及服务器、买卖方的所在地，可能都处于不同的位置。这也使得税务部门难以确定纳税人的服务地点和税收的管辖权，难以实行有效监管（黄菁雯，2021）。更有征税税目不明确的问题存在，交易商品包括有形商品如衣物、食物，无形商品如付费知识、跑腿服务等，因此难以确定税种。网上交易有的并不会出具相关发票，使得交易数量、金额等情况更加难以掌握，导致税收流失严重。同时，对朋友圈微商征税的法律规定不完善，没有明确的法律规定的缴税注册流程。微创业的成本低，交易方式便捷，如果不及时进行税务监管和缴纳，不仅会从国家层面缺失大量税收，造成国家公共财产的损失，更会使市场经济下其他商品交易形式出现失衡发展。此外，女性微创业者与税务部门和专业机构联系较少，难以共同推动税收政策和标准的创新和完善，为改善我国税收制度和创业环境带来一定困扰。

（2）市场监管方面。

20世纪90年代中期至21世纪初期，我国市场经济逐步发展壮大，市场竞争加剧，市场监管逐渐向市场化、法治化转型，建立了一系列法律法规和监管机构。至今，我国市场监管逐步实现现代化，建立了全国性的市场监管体系，加强了对市场的监管和执法力度，提高了市场透明度和公正性。我国微创业市场正在快速发展，越来越多的人选择微创业，但是市场监管却仍存在混乱、不规范的问题。这种情况严重影响了市场竞争的公平性和透明度，也影响了微创业者的创业环境和创新能力。

加强对女性微创业市场的监管，包括要加强产品质量监管、加强知识产权保护、加强价格垄断和欺诈行为监督、加强信息透明度等。首先，女性微创业往往从事的是小型、个性化的创业项目，可能会涉及自制产品或者代理销售产品。这些产品的质量安全问题需要得到监管部门的监督和管理，以保证消费者权益和公共安全。其次，知识产权保护。女性微创业可能会有意无意地面临着知识产权侵权的问题。例如，一些创业者可能会抄袭他人的创意或者商标，这会对原创者造成不公平的竞争和经济损失。因此，监管部门需要加强对知识产权的保护和监管，维护市场公平竞争的环境。再次，女性微创业在市场竞争中可能会面临价格垄断和欺诈行为。比如，一些创业者可能会通过不正当手段提高产品价格，或者虚假宣传来吸引消费者。监管部门需要加强价格监管，打击价格垄断和欺诈行为，以保护消费者权益。最后，女性微创业往往缺乏资金和资源，难以进行大规模的市场推广和宣传。监管部门需要加强对市场信息的监管，提高市场的透明度，为消费者提供更加公正和客观的市场环境。

以上问题的出现主要是由于女性微创业者经验和资源相对较少，缺乏市场经验和法律知识，同时也面临着市场竞争的压力。因此，加强市场监管，提高市场透明度，维护消费者权益，对于女性微创业的可持续发展具有重要意义。

目前，我国女性微创业市场监管还存在监管体系不完善、执行力度相对较弱等问题。首先，微创业市场监管体系不完善。虽然我国已经建立了一套完整的市场监管制度，但是在微创业市场方面，监管部门的力度和执行力度相对较弱，监管制度也不完善。这导致了一些微创业者在市场上存在侥幸心理，不遵守规定，不尊重竞争对手。同时，监管部门的执法也存在疏漏和不公平问题，导致了市场的混乱和不规范。例如，有些微信公众号运营者在推广过程中，采用虚假宣传、恶意攻击等手段，误导消费者，扰乱市场秩序。国家市场监督管理总局在2020年1月14日发布的《2019年全国市场监管工作综述》中对全年市场监管工作进行了总结和分析，数据显示，2019年，全国市场监管部门共查处微信公众号违法违规案件1.3万件，罚款金额超过1亿元。

其次，由于微创业者往往缺乏市场经验和信息渠道，很难了解市场信息和竞争环境。而一些不法商家则利用这种信息不对称的情况，采取欺诈、虚假宣传等手段，从而误导消费者，扰乱市场秩序。同时，微创业市场存在不合理的价格竞争。一些微创业者在追求市场份额的同时，采用低价竞争的方式来吸引消费者。但是这种低价竞争往往会带来不合理的价格战，导致市场价格水平不稳定，同时也降低了微创业者的生存空间和利润空间。例如，有些电商平台为了吸引消费者，采用低价竞争的方式，导致一些微创业者无法承受成本压力，最终被迫退出市场。数据显示，2018 年、2019 年，平均每年全国市场监管部门共查处电商平台违法违规案件超过 3 万件。①

最后，微创业市场的监管信息公开度不高，导致微创业者难以了解监管部门的具体执行情况和执法标准。例如，一些微创业者在被罚款或处罚时，往往不了解具体的执法标准和程序，也无法及时了解自己的权利和义务，这种情况也影响了监管部门的执行效率和公信力。

女性微创业市场监管体制不完善会带来诸多负面影响。例如，如果市场监管不到位，女性创业者可能面临更多的挑战和风险，如假冒伪劣产品、侵犯知识产权等问题。女性在创业市场上可能会面临更多的不公平待遇，如果监管不到位，这种不公平待遇将更加严重，也会导致市场上的不公平竞争，这将对女性创业者造成更大的打击，使得她们难以在市场上生存和发展，使投资环境变差，进一步限制女性微创业者的发展。

加强女性微创业市场监管非常重要，这不仅有利于女性创业者的发展，也有利于整个市场的健康发展。导致女性微创业市场监管难的原因有很多。例如，女性微创业者往往缺乏资金和资源，难以进行大规模的市场推广和宣传，这会影响到市场透明度和信息公开度。同时，女性微创业者往往缺乏知识产权保护意识和法律知识，容易遭受侵权和欺诈，这需要监管部门加强知识产权保护和执法力度。并且，由于女性微创业者往往缺少市场经验和信息渠道，难以了解市场信息和竞争环境。同时，女性微创业者往往缺乏法律意识和知识，容易违法违规，这需要监管部门加强对市场法律法规的宣传和教育。

为了解决微创业市场监管混乱、不规范的问题，我们需要加强监管部门的执法力度和监管力度，完善微创业市场监管制度，加强对微创业者的宣传和教育，提高微创业者的市场意识和法律意识。同时，我们也需要加强市场信息公开度，促进市场的透明度和公平竞争。只有这样，才能够为微创业市场的健康

---

① 市场监管总局. 市场监管总局公布 2018 年和 2019 年全国市场监管部门查处电商平台违法违规案件数据［EB/OL］. (2024 – 01 – 14)［2024 – 04 – 14］. http：// www.samr.gov.cn/.

发展提供保障，推动整个经济的稳定和持续发展。

（3）劳动关系与劳动保障面临的挑战。

互联网平台的发展催生出微创业等新型就业形式，这种形式突破了传统劳动模式，使得劳动者对用人单位的依附性更弱，自主性和弹性更强，也推动了自主创业或自主就业的迅速扩张。但是，由于传统劳动认定标准与新型用工形式出现一定程度上的不适配，使得微创业行业快速扩张的背后也隐藏着诸多矛盾和利益冲突。

劳动关系是劳动者与用人单位之间在实现劳动过程中发生的社会关系，反映了雇佣双方在集体谈判中的相对地位，主要包括是否依法签订劳动合同、劳资双方是否平等、劳动者是否有表达自己意见的渠道、劳动者是否能参与自己有关问题的决策等（梁海艳，2019）。社会保险是国家依法对遭遇劳动风险的职业劳动者提供一定物质补偿和帮助的社会保障法律制度，是否享受企业应该提供的福利和保障，是判断就业质量的一个重要维度，显示了劳动者抵御风险的能力。然而，大部分女性微创业者属于自主创业，她们与供货商之间并没有签订正式的劳动合同，劳动关系难以鉴定。这种"去劳动关系化"不仅增加了职业的不稳定性，而且使部分女性微创业者在福利保障和劳资冲突中处于相对劣势地位。

作为自主创业者，女性微创业通常会面临诸多劳动保障问题。首先，社会保障缺乏。自主创业者通常没有固定的工作单位，也不会获得雇主提供的社会保障，如医疗保险、退休金、失业救济等，缺乏劳动法律保护，例如劳动合同、工资保障、工作时间限制等都没有明确规定。由于通常没有固定的雇主，因此她们也无法享受雇主提供的福利，如带薪假期、职业培训等。

从本书的实地调研发现，微创业平台或母企业的管理层次往往很清晰，为了扩大微商团队，它们会成立专门的推广宣传部门和运营团队，有的还建立了产品研发团队。市场部门负责设计、文案和宣传推广等，微创业者们则负责终端零售。网络推广是微创业的基础工作，除了产品培训，微商企业和平台还会通过线上和线下各种形式提供培训机会，例如通过线上课程教授如何进行软文营销、新媒体营销、招商引资、网络引流，通过线下会议和社交活动吸引更多新的代理。从微商企业或平台的角度来看，这只是为了开拓市场的必要运营。

但大部分微创业受访者认为，这是学习销售技能和提高沟通能力的机会，并可以通过层级制使职业向上发展。然而，值得注意的是，有的微商企业代理级别较多，通过各种"培训"活动，产品大多数囤在微商代理，即微创业者手中，到达终端消费者手中的其实很少，甚至有的"培训"活动对参与项目的微创业者还收费，极大模糊了"培训"与"会议营销"的界限。培训和会议营销既有相似之处，又有本质区别。培训是给有经验或无经验的受训者传授其完成某种行为必需的思维认知、基本知识和技能的过程，也是通过培养加训练使受训者掌握某种技能的方式。会议营销是对目标顾客的锁定和开发，对顾客全方位输出企业形象和产品知识，以专家顾问的身份对意向顾客进行关怀和隐藏式销售。从微创业"培训"项目的结果来看，每一次"培训"都让受训者进一步认识产品，了解品牌和信任团队，最后让微创业者出资囤货，实现了企业的隐藏式销售。然而，这个被"会议营销"的过程却很难让受训者觉察，大大削弱了微创业者本应享有的福利。

其次，风险责任自负。女性微创业者需要承担自己的经济风险，包括投资、债务、经营风险等，一旦经济失衡，可能会面临严重的财务风险。微创业者在经营过程中，很难通过外部支持获得职业发展机会和晋升机会，这可能会限制她们的职业成长和提高。

在劳动时间和劳动强度方面，依据《劳动法》第36条，劳动者每日工作时间不超过8小时，每周工作时间不超过44小时，且应保证劳动者每周至少休息1天，延长工时需按规定支付加班费。然而，女性微创业者的工作时间灵活，工作时间和强度很难依据劳动法来衡量。就像许多平台女性劳动者那样，如果真的要从这份工作中挣到钱，必须时时刻刻守在电脑或手机屏幕前看有没有合适的订单。这样的工作看似时间、场地灵活，但往往模糊了工作和生活的界限，给工作和家庭的平衡带来了挑战。在本书的调研中，大部分受访者难以区分微创业工作与生活的时间比例，因为微创业的销售模式主要为把熟人转化为客户，所以日常的生活问候与人际交往也成为引流或拓客的途径，每周工作时间的超额或节假日的加班都无法履行《劳动法》的规定。

从以上分析可见，女性微创业通常面临着不稳定的工作机会和不确定的收入来源，这使得她们难以获得稳定的收入和就业保障。她们往往缺乏社会保障，如退休金、医疗保险和失业救济等，这使得她们在面临意外风险时难以获得保障。另外，女性微创业者在劳动权益保障方面存在很大的问题。例如，她们可能面临着工作时间过长、工资低、劳动强度大等问题，这使得她们很难在工作中获得成长和提高。此外，女性微创业者在面对社会歧视和性别不平等时也面临很大的挑战。例如，她们可能面临着工作机会不足、工资低、职位低、晋升机会少等问题。这些问题对于自主创业、平台就业、灵活就业等新就业形态都带来了挑战，导致就业者的生活不稳定，从而导致社会不稳定，可能会出现社会矛盾和冲突。同时，如果自主创业或自主就业者的劳动关系和劳动保障缺失，意味着社会保障责任将更多地落到国家和社会身上，增加社会保障的负担和压力，并可能导致就业者的收入和福利水平较低，加剧贫富分化，形成社会不公平现象。

4.6　本章小结

　　本章首先回顾了中国女性创业制度环境的发展演变，通过对国务院"双创"政策库 2013～2022 年创新创业政策文本和 2018～2023 年新闻报道文本的内容分析，分别对正式制度创业环境演变与非正式制度创业环境演变进行了探索。其次，基于实地调研，对城乡女性微创业制度环境从环境差异、资金差异、市场差异和教育差异等方面进行了比较分析。通过分析中国女性微创业生态环境、商业模式，从个人层面和制度层面总结了中国女性微创业存在的问题。

第5章

性别视角下中国女性微创业
制度环境评价与分析

中国的制度变迁促进了微创业的兴起。一方面，制度环境逐年改善，男女平等，女性机会越来越多。另一方面，在很多男性主导的传统行业，女性开始在电子商务中占有一席之地，并呈现出更好的创业表现。在互联网技术广泛应用的背景下，中国进入了一个新的"她时代"，赋予了女性越来越多的权利。实证研究表明，与男性相比，女性更依赖于非正式网络，她们使用外部机构资源的能力较弱，因此她们更有可能通过"难民效应"开办自己的企业以求生存（肖薇等，2019）。因此，如何从性别视角对制度环境进行不同的评价，对于创新创业政策的完善具有重要意义。首先，在中国社会语境下，女性和男性对制度环境的感知是否相同？本章提出了微创业制度环境的管制、规范和认知维度，并实证研究了这三个维度在衡量女性和男性微创业制度环境中的差异。本章利用中国微创业 689 名女性和 357 名男性的调查问卷数据，采用探索性因素分析（EFA）从性别视角对制度环境各维度进行检验。其次，从社会资本角度，结合制度理论，引入信义社会资本和互惠社会资本，从微创业个体主观感受与态度对微创业制度环境进行测评，有助于为进一步优化微创业制度环境提供政策参考。

5.1 微创业制度环境评价指标体系构建

微创业既是数字经济下出现的创业新形态、新模式，也是自主就业、灵活就业的主要形式（李福华，2000）。2020 年，国家发展改革委、人力资源和社会保障部等十三部门发布《关于支持新业态新模式健康发展　激活消费市场带动扩大就业的意见》（以下简称《意见》）。《意见》提出，营造鼓励就业模式创新的政策氛围，支持大众基于互联网平台开展微创新，探索对创造性劳动给予合理分成，降低创业风险，激活全社会创新创业创富积极性。《意见》的出台从制度上对微创业作为自主就业、兼职就业、副业创业、灵活就业给予了充分重视和鼓励。在强调去中心化和以情感体验为核心的互联网时代，嵌于社会网络的信义互助，以及平台与个人之间的互惠关系成为互联网微创业的优势。然而，由于平台用工在法律规制、社会保障、税收监管等方面的争议，基于互联网平台的微创业在制度环境的构建上还处于不明晰的状态。一方面，微创业有助于创造更多就业机会，其灵活的工作方式、一定的经济收入吸引着不同社会群体的加入。另一方面，平台创业的劳动关系确定、税收监管、市场规范等问题也为社会各界所诟病。因此，如何对微创业制度环境进行有效的测评，成为学术界争论的焦点。

对微创业制度环境的测评既可以从客观层面使用宏观的统计数据、用客观指标进行，也可以从个体对微创业制度环境的主观感受和态度进行测量。由于各地的微创业制度环境存在较大差异，政策法规也未统一与落地，对微创业个体主观感受和态度的研究是对现阶段中国微创业制度环境全面认识的基础。此外，由于互联网微创业在时间和地点上具有灵活性，个体在创业活动中能依托不同的互联网平台、结合线上和线下的方式进行营销和交易，其创业活动具有较大流动性与不确定性，会同时受到不同地域客观制度环境的影响。个体也有可能会随着不同地域创业政策的变化而调整自己的创业活动范围。因此，用一个地区的客观指标并不能全面测评创业制度环境对个体的影响。虽然个体某时某刻的想法或感受可能不稳定，但在汇总层次上大量观察到的集体态度则具有普遍性、社会性和稳定性。

在制度理论中，制度可以被描述为社会交往中传播相对广泛的实践、技术或规则，它包括正式的规则、法律和法规，以及以习俗、规范和文化形式存在的非正式规则。人们普遍认为，个人和组织的行为植根于更广泛的环境中并受其影响，该环境由各种组织组成并受规则和规范约束。这些约束要么由政府以法律和法规的形式明确执行，要么深深嵌入社会文化的规范当中。

创业制度环境是创业者与外部环境的联系，它是影响创业全过程的一系列内外部因素。文献中有很多关于制度环境及其测量方法的研究，应用最广泛的测量方法是将制度环境分为三个维度，即管制（regulatory）、规范（normative）和认知（cognitive）制度环境（陈成梦等，2022）。管制制度环境被定义为约束或促进创业行为的规则、法律和法规的正式体系。规范制度环境是指一个国家的居民对创业思维和创新活动的欣赏和重视程度。认知制度环境与塑造创业行为的文化建构规则和意义有关。创业制度环境的管制、规范和认知三大维度通过创业者的认知和态度以及他们对资源的获取来影响其创业行为。从效率的角度来看，由管制和规范的制度要素引发的制度变迁往往更正式，更容易导致集体行为，这使得创业者采取权宜之计来获得合法性。根据克鲁格等（Krueger et al，2018）的观点，认知制度环境为创业者进行决策提供了外部条件，创业者对合法性、风险承担和市场信息的认知与敏锐的洞察力有利于创业成功。

在中国的社会背景下，互联网经济的蓬勃发展带来了快速的制度变革，为女性提供了创业机会。然而，在传统文化中，现代社会女性的双重性别角色期望对女性创业影响较大。在男性主导的话语中，仍然强调女性的服从和牺牲，阻碍了女性的独立人格和创业能力。以往的研究发现，制度环境既可能是女性创业的障碍，也可能为女性创业提供机会（赵荔等，2017）。一方面，有效的制度环境可以促进创业者在复杂的创业生态系统中形成社会网络，从而提高创业绩效。另一方面，不完善的制度环境可能会成为制约女性取得商业成功的瓶颈。

近年来，许多学者对于如何在实践中改善制度环境以支持新兴创新创业领域的发展进行了探讨（Shane and Venkataraman，2000）（王转弟和马红玉，2020）。本章在前人研究的基础上，进一步从性别角度衡量制度环境的差异，有助于为改善创新创业制度环境提供政策参考和实证依据。

5.1.1 数据收集和变量测量

根据中国国家统计局发布的《国民经济行业分类》（GB/T 4754—2017），

零售业小微企业符合以下条件：从业人员少于 10 人，平均月收入不到 100 万元人民币。本章以中国女性微创业者为研究样本，样本选择的标准如下。一是通过微信、淘宝等互联网平台开展微创业活动；二是从事微创业活动三个月以上且年龄在 18 周岁以上的成年女性和男性。2019 年 1~8 月，采用受访者驱动抽样法，通过面对面访谈、邮件发送、微信等社交平台发放问卷后，采集女性样本 689 份，男性样本 357 份。

从受访者特征来看，样本具有多样性，其中年龄、受教育程度、经营微创业时间和销售产品等关键变量存在性别差异。根据描述性统计结果，女性群组平均年龄为 29 岁，60% 以上具有大专以上学历。从事微创业的平均时间为 2 年。超过 80% 的女性受访者都扮演着不同的社会角色，除了从事微创业活动，还有一半以上的女性受访者受雇于企业、政府部门和事业单位，另外没有被雇用的受访者或者是全职妈妈，或者是在校大学生。80% 的女性受访者从事以女性为目标消费群体的行业，如化妆品、护肤品、服装、时装、箱包等。

男性群组的平均年龄为 30 岁，80% 以上具有大专以上学历。平均从事微创业活动的时间略长于女性群体，为 27 个月。74% 的男性受访者全职经营电子商务，很少担任其他社会角色。超过 50% 的男性受访者也从事女性消费品行业，尤其是化妆品和服装。

本章研究采用了哈曼单因素检验来验证探索性因子分析中是否存在共同方法偏差。检验结果表明，第一个主因子的方差解释率在女性群组为 32.801%，在男性群组为 29.074%，说明本章研究的测量过程不存在严重的共同方法偏差。有关制度环境的测量，主要参考来源包括巴塞尼茨等（Busenitz et al，2000）的研究，以及全球创业观察（GEM）的测量。基于制度理论，创业制度环境的测量指标一共包含 15 个题项，其中管制维度 5 个题项、规范维度 4 个题项、认知维度 4 个题项（见表 5.1）。通过对 200 个微创业者样本的预调研，针对微创业者的特点对每个题项进行了修改和完善。每个题项均采用 5 分制李克特量表，计分方法为 1 分代表"完全不同意"，5 分代表"完全同意"。

表5.1   微创业制度环境测评题项

变量	测量项目	参考
管制维度	RE1：总体上，各级政府部门鼓励和支持个人开展微创业。 RE2：政府出台扶持小微创业的专项政策法规。 RE3：各级政府部门对个人微创业给予了专项有效的支持。 RE4：政府支持其他创业孵化组织。 RE5：政府支持创业失败的创业者重新创业。	Busenitz et al（2000），GEM
规范维度	NE1：在中国，微创业是一个不错的职业选择。 NE2：在中国，创新思维是通向成功的积极因素。 NE3：在中国，微创业者享有较高的社会地位。 NE4：在中国，大多数人尊重微创业者。 NE5：公众可以在大众媒体上看到成功的微创业案例。 NE6：中国微创业的整体氛围好。	
认知维度	CE1：微创业者知道如何合法创业并保护自己的成果。 CE2：微创业者知道如何识别各种创业风险。 CE3：微创业者知道如何应对各种创业风险。 CE4：微创业者知道如何找到他们需要的市场信息。	

5.1.2 探索性因子分析

探索性因子分析是一种用于研究多个变量之间关系的统计方法。它旨在确定一组未观测到的构造因子（latent factors），这些因子可以解释数据中变量之间的共同关系。探索性因子分析通常用于降维和数据压缩，以便更好地理解数据集的结构。在探索性因子分析中，首先，通过对数据进行协方差或相关分析，确定变量之间的共同方差。其次，使用因子分析算法来确定潜在的构造因子，并计算每个变量与每个构造因子之间的因子载荷（factor loadings），以此确定构造因子的含义。最后，可以通过解析这些构造因子来理解数据集的结构和变量之间的关系。

通过使用探索性因素分析（EFA），本章研究测度了女性和男性微创业样

本的创业制度环境。这种方法被广泛用于搜索较小的潜在因子集来表示较大的
变量集。在因子分析模型中，$X = (X1, X2, \cdots, Xρ)$ 表示可观测的随机变量，
均值向量 $E(X) = 0$，协方差 $Cov(X)$ 等于相关矩阵。$F = (F1, F2, \cdots, Fm)$
$(m \leqslant p)$ 表示不可观测向量，其均值 $E(F) = 0$，协方差 $Cov(F) = 1$，即向量
的分量是独立的，均值为零 $[E(e) = 0]$ 的随机变量 $e = (e1, e2, \cdots, eρ)$ 独
立于 F。此外，e 的协方差矩阵是对角矩阵，这意味着它的分量 e 彼此独立。
因子模型方程如下：

$$
\begin{cases}
X_1 = a_{11}F_1 + a_{12}F_2 + \cdots + a_{jm}F_m + e_1 \\
X_2 = a_{21}F_1 + a_{22}F_2 + \cdots + a_{2m}F_m + e_2 \\
\qquad\qquad\qquad\vdots \\
X_ρ = a_{ρ1}F_1 + a_{ρ2}F_2 + \cdots + a_{ρm}F_m + e_ρ
\end{cases}
\tag{5-1}
$$

在这项研究中，使用 SPSS22.0 对问卷收集的数据进行信度和效度检验。
巴特利特球形检验用于检验相关阵列中各变量间的相关性，即检验各个变量是
否相互独立。在进行因子分析之前，首先进行 KMO（Kaiser-Meyer-Olkin）检
验和巴特利特球形检验。在因子分析过程中，如果拒绝原假设，则说明可以做
因子分析；如果不能拒绝原假设，则说明这些变量可能独立提供一些信息，不
适合做因子分析。KMO 检验用于检查变量间的相关性和偏相关性，取值范围
为 0 ~ 1。KMO 统计量越接近 1，变量间的相关性越强，偏相关性越弱，因子
分析的效果越好。在实际分析中，当 KMO 统计量在 0.7 以上时，效果较好；
当 KMO 统计量在 0.5 以下时，不适合应用因子分析法，应考虑重新设计变量
结构或采用其他统计分析方法。如果变量间彼此独立，则无法从中提取公因
子，也就无法应用因子分析法。巴特利特球形检验判断如果相关阵是单位阵，
则各变量独立因子分析法无效。由 SPSS 检验结果显示 Sig. < 0.05（即 p 值 <
0.05）时，说明符合标准，数据呈球形分布，各个变量在一定程度上相互独
立。在女性群组中，Bartlett 值（chi = 2658.022，Sig. < 0.005）和 KMO 值
(0.894) 均通过了检验。测量女性创业制度环境的 15 个题项中有 13 项的因子
负载超过 0.5，2 项（"NE1：在中国，微创业是一个很好的职业选择"和
"NE4：在中国，大多数人尊重微创业者"）的因子载荷因低于 0.5 被删除。在

男性群组中，Bartlett 值（chi = 1137.925，Sig. < 0.005）和 KMO 值（0.851）也通过了检验，支持了因子分析的适当性。测量男性创业制度环境的 15 个题项中有 11 项的因子载荷超过 0.5，4 项（"RE1：总体上，各级政府部门鼓励和支持个人开展微创业"，"NE1：在中国，微创业是一个很好的职业选择"，"NE2：在中国，创新思维是通向成功的积极因素"，"NE6：中国微创业的整体氛围好"）的因子载荷因低于 0.5 而被删除。

Cronbach's α 系数是计算各结构内部一致性信度的重要指标。本章研究中各结构的 Cronbach's α 系数均在 0.6 以上，支持结构的可靠性（见表 5.2）。

表 5.2　　　　　　　　　　　信效度检验

女性（N = 689）				男性（N = 357）			
因子	测量项	因子载荷	Cronbach's α	因子	测量项	因子载荷	Cronbach's α
管制维度（RE）	RE3	0.707	0.681	管制维度（RE）	RE2	0.621	0.665
	RE4	0.643			RE3	0.650	
	RE5	0.727			RE4	0.683	
	NE3	0.685			RE5	0.666	
规范维度（CE）	RE1	0.635	0.646	规范维度（CE）	NE3	0.632	0.668
	RE2	0.620			NE4	0.772	
	NE2	0.580			NE5	0.628	
	NE5	0.585		认知维度（CE）	CE1	0.600	0.708
	NE6	0.555			CE2	0.685	
认知维度（CE）	CE1	0.723	0.745		CE3	0.782	
	CE2	0.746			CE4	0.664	
	CE3	0.705					
	CE4	0.651					
KMO = 0.894，Bartlett's test of sphericity approximate chi-sqare = 2658.022；df = 105；significance = 0.000				KMO = 0.851，Bartlett's test of sphericity approximate chi-sqare = 1137.925；df = 105；significance = 0.000			

注：采用因子载荷值为 0.50 及以上的数据。

5.1.3　研究发现

本章研究旨在前人研究的基础上，进一步从性别角度衡量创业制度环境的差异性。首先，对于男性和女性微创业群体，创业制度环境中认知维度的 4 个题项被自动提取并保留在同一个主因素中，这与以往研究中的测量指标一致（Busenitz，2000）。其中，第一项为"CE1：微创业者知道如何合法创业并保护自己的成果"，揭示了个人能够合法开展微创业和保护自己成果的程度。第二项为"CE2：微创业者知道如何识别各种创业风险"，揭示了个体能够识别不同创业风险并保持风险承担意识的程度。剩下的两项分别是"CE3：微创业者知道如何应对各种创业风险"和"CE4：微创业者知道如何找到他们需要的市场信息"，揭示了个体在多大程度上能够应对各种创业面临的风险，并能在多大程度上找到微创业所需的市场信息。

男性和女性个体都必须具备足够的商业知识和社会资源，才能在认知层面找到创业机会。然而，创业制度环境认知维度中的每个题项对女性和男性起着不同的作用。在女性群组中，CE1、CE2、CE3、CE4 的因子载荷分别为 0.723、0.746、0.705 和 0.651，其中，CE2 对认知维度的影响最大。在男性群组中，CE1、CE2、CE3、CE4 的因子载荷分别为 0.600、0.685、0.782 和 0.664，其中，CE3 对认知维度的影响最大。也就是说，在微创业制度环境的认知维度上，女性最重要的是如何识别创业风险，而男性最重要的是如何应对创业风险。

其次，本章研究发现，对于男性群体，即使将测量指标混合在一起，采用探索性因子分析法重新提取，仍然沿用了原来的范畴，各题项恰好被自动提取并落在原来设定的三个主要因子中。但是，对于女性群体而言，将管制性与规范性维度的测量指标混合在一起，重新组合成了两个新的因子，即 NE3、RE3、RE4、RE5 构成了新的调控因子。这表明，对于女性来说，享有更高的社会地位不仅属于社会规范的范畴，更需要被纳入具有更强执行力的管制维度。

同时，RE1、RE2、NE2、NE5、NE6 构成了女性群组的另一个新的规范性因子，区别于以往的研究。例如，巴塞尼茨等（Busenitz et al，2000）基于西方的研究背景指出，规范维度包括"社会对自主创业个人的钦佩，相信创新和创造性思维是好的，相信创业是可以被接受和受尊重的职业道路"。然而，在本章研究中，最终测量删除了男性和女性的 NE1（微创业是良好的职业选择）题项。对于女性群组，NE4（微创业受到社会尊重）也被删除。这表明微创业在中国对于女性可能还不是一个体面的职业选择。正如数据分析所述，中国女性面临更多的角色冲突和创业困难。微创业之所以不受社会尊重，主要是其收入不稳定，劳动关系难以认定，缺乏社会保障。因此，政府必须制定更灵活的政策来帮助重塑新的社会规范，这对促进女性微创业具有重要意义。

此外，在规范维度上，创新思维（NE2）和良好的创业氛围（NE6）也被从男性群组中删除。因为微创业的起步严重依赖电子商务平台，它们控制着商业规则，限制了创业者的自主创新能力。支持女性微创业一直是全球范围内创造就业和消除贫困的重要研究课题，本章研究基于探索性因子分析，发现学者们对于微创业制度环境从管制、规范和认知维度的测量仍然适用于男性。但是，这一测评标准对于女性群组并不适用，必须针对女性微创业群组重新设计有关管制和规范维度的具体测量指标，或者说女性微创业群组更需要从管制制度层面获得更多支持。

虽然本章研究的调查样本主要集中于零售业，样本量与研究目标的总数相比仍有限，但本章研究拓展了制度环境的相关研究，并有助于从性别角度重新考虑女性微创业制度环境的衡量标准。

5.2　社会资本视角下微创业制度环境评价体系构建

社会资本是指个体或团体之间的关联——社会网络、互惠性规范和由此产生的信任，是人们在社会结构中所处的位置给他们带来的资源。社会资本是社会学家首先使用过的一个概念，最早把社会资本概念化的是格兰诺维特（Granovetter），但学术界对究竟何为社会资本尚未形成统一概念，不同的学者从其学科范畴与研究范式出发，对社会资本概念作出了不同的界定。归纳起来，这些概念主要形成了微观、中观和宏观三个研究层面。

社会资本是一个相对于经济资本和人力资本的概念，其基本含义是指社会主体（包括个人、群体、社会甚至国家）之间紧密联系的状态及其特征。它的表现形式包括社会网络、规范、信任、权威、行动的共识以及社会道德等方面。社会资本存在于社会结构之中，是无形的，并通过人与人之间的合作来提高社会的效率和社会整合度。

在微观层面和中观层面的社会资本研究中，主要关注的是个体行动者的关系指向特征及其社会地位状况对其所能获取的社会资本的影响，或者是行动者所在的社会网络整体的结构性特征及网络间的互动、制约对个体社会资源获取能力的影响。由于社会资本是蕴含于社会团体、社会网络之中的，故个人不能直接占有和运用它，只有通过成为该网络的成员或建立起网络连接，才能接近与使用该资本。

社会资本是人与人之间的联系，存在于人际关系的结构之中。与物质资本、人力资本一样，个人与组织内他人之间的联系可以给他个人带来未来的收益。社会资本往往是针对某种组织而言的，他在该组织中社会资本的多少反映了他与组织中其他人之间的人际联系。在长期来看，可以给他带来的额外利益的大小，其外在的指标可以表现为声誉、人缘、口碑等。

宏观层次的社会资本研究主要从区域或国家的角度出发，研究社会资本存量对该地区经济增长的影响。在这个层次上，社会资本是组织内部为了成员间的相互利益而普遍认同和遵守的规范。普特南（Putnam）在对意大利中北部地区的研究中，发现这些地区弥漫着浓厚的信任与合作风气，这种丰富的社会资本能协调人们的行动、提高物质资本和人力资本的投资收益、推动区域经济发展（Cappelli，2017）。而著名学者福山对社会资本的定义是：社会资本是促进两个或更多个人之间的合作的一种非正式规范（弗朗西斯·福山，2009）。一个组织社会资本的多寡反映了该组织内部所共同遵守的规范的强弱和成员之间凝聚力的大小，或者说组织对成员影响力的大小。违背团体准则的个体将遭受处罚，并降低其社会资本；反之，只要遵循准则，其社会资本将持续增长。还有一些学者认为，社会资本的状态取决于社会成员的信任水平、行为规范的特点和连接网络的密切程度。

从社会资本角度，本章结合制度理论，引入信义社会资本、制度社会资本与互惠社会资本，从微创业个体主观感受与态度出发对微创业制度环境进行测评，为进一步优化微创业制度环境提供政策参考。其中，信义社会资本是指一个社会中相互联系、信任与合作的关系网络，这种关系网络包括社会中的各种组织形式，如家庭、社区、组织、政府等。信义社会资本的存在可以促进社会的稳定和发展，增强社会的凝聚力和归属感（Oksanen et al，2010）。它是社会经济发展中不可或缺的一部分，可以提高创业者与政府部门、金融机构、高校研发机构等创业生态网络合作的效率和创新力。因此，本章研究中的信义社会资本包括微创业者与政府部门、高校、金融机构联系的数量、频数、密切度与信任度，以及政府部门、高校、金融机构对微创业者创业活动的支持度等15个测量指标。

基于曾萍、陈书伟等（2017）的研究，制度社会资本主要测量创业者与政府的关系。具体来说，经济转型时期，政府不仅掌握了大量的创新性资源，而且还通过税收优惠、行业准入、直接资金支持等多种手段影响创新创业活动的开展，甚至能以战略规划或产业政策的方式主导很多新兴战略性产业的发展方向。因此，创业者需要与政府建立并保持良好的关系，不断积累制度社会资本，全面深入准确地理解与把握政府相关政策信息，为商业模式创新提供支持。基于此，制度社会资本的测量主要包括"我们会积极参与行业协会的活动"（积极参与行业协会活动）、"我们与政府创新服务机构/部门合作很多且合作深入"（与政府创新服务机构合作）、"我们与政府监管机构/部门合作很多且合作深入"（与政府监管机构合作）等3个题项。

互惠规范是人们在互惠关系中应该遵守的行为准则，要求人们在互助、支持与合作的过程中，不仅要考虑自身利益，还要考虑对方的利益，以及整个社会的利益。互惠规范也强调了义务的承担和履行，即在获得对方帮助的同时，也要尽自己的能力为对方提供帮助。互惠规范是建立在社会信任基础上的，人们遵守互惠规范可以增强彼此的信任感，推动互惠关系的进一步发展。在现代社会中，互惠规范被广泛应用于各种社会关系中，例如商业、政治、教育等领域，成为一种重要的社会规范。互惠社会资本的测评主要来源于文献（Wu and Hom，2006）关于中国情境下的互惠规范的量表，具体题项包括"即使我现在不能作出更多的贡献，公司/平台/团队也会帮助我发展"（平台会帮助我发展）、"公司/平台/团队似乎愿意在我的职业发展上投入，即使这种投入不会直接影响我目前的工作绩效"（平台愿意在我的职业发展上投入）、"公司/

平台/团队会无条件地为我做些事情"（平台会无条件帮助我）、"公司/平台/团队对我的关心超出了我对公司的贡献"（平台对我的关心超过我的贡献）、"公司/平台/团队对我的个人利益和公司利益同样关心"（平台同时关心个人与公司利益）、"如果我尽心尽力并且工作出色，公司/平台/团队就会给我提升的机会"等 5 个观测指标。

社会资本视角下的微创业制度环境评价指标体系的建构过程如下：首先，根据各级指标的内涵，结合巴塞尼茨等（2000）关于创业制度环境的量表，测评微创业制度环境中的管制、规范和认知维度。管制制度环境是指促进或约束特定行为的法律法规和政府政策管制，包括"RE1：总体上，各级政府部门鼓励和支持个人开展微创业"（政府鼓励大众创业）、"RE2：政府出台扶持小微创业的专项政策法规"（政府扶持个体小微创业）、"RE3：各级政府部门对个人微创业给予了专项有效的支持"（政府有专项支持）、"RE4：政府支持其他创业孵化组织"（政府支持其他组织）、"RE5：政府支持创业失败的创业者重新创业"（"政府扶持再次创业"）等 5 个题项。规范制度环境包括"NE1：在中国，微创业是一个不错的职业选择"（不错的职业选择）、"NE2：在中国，创新思维是通向成功的积极因素"（创新思维是积极因素）、"NE3：在中国，微创业者享有较高的社会地位"（创业者社会地位）、"NE4：在中国，大多数人尊重微创业者"（微创业者受尊重）、"NE5：公众可以在大众媒体上看到成功的微创业案例"（创业者媒体关注度）、"NE6：中国微创业的整体氛围好"（创业整体氛围好）等 6 个题项。认知制度环境主要从主观认知的角度来测量，测量题项包括"CE1：微创业者知道如何合法创业并保护自己的成果"（创业者知道如何进行合法创业）、"CE2：微创业者知道如何识别各种创业风险"（创业者知道如何识别创业风险）、"CE3：微创业者知道如何应对各种创业风险"（创业者知道如何处理创业风险）、"CE4：微创业者知道如何找到他们需要的市场信息"（创业者知道如何获得所需市场信息）等 4 个题项。其次，在以上管制、规范与认知制度环境的 15 个观测指标的基础上，再引入 25 个社会资本的测量题项，构成包括 38 个观测指标的微创业制度环境综合评价体系。

5.2.1 基于全样本的微创业制度环境评价

基于前文的所有问卷样本，运用统计软件 SPSSAU，对样本数据进行信度分析，结果表明微创业制度环境测评表的 Cronbach's α 为 0.938，依据四项一级指标而形成的四个分量表的 Cronbach's α 分别为 0.675、0.733、0.947 和 0.789，均高于 0.6，且 25 个题项中的任意项已删除的 Cronbach's α 均小于 0.938，表明创业制度环境测评表具有可靠性。

对创业制度环境测评表进行探索性因子分析，通过 KMO 检验可知，微创业制度环境测评表的 KMO 值为 0.941，4 项公因子构成 4 项一级指标而形成的四个分量表的 KMO 值分别为 0723、0.754、0.936 和 0.818，且 Bartlett 球形度检验对应的 P 值为 0.000，由此可见，该研究数据符合进行探索性因子分析的前提条件（见表 5.3）。

表 5.3 　　　　　　　　　KMO 和 Bartlett 检验 （N = 1055）

KMO 值		0.941
Bartlett 球形度检验	近似卡方	13087.886
	df	300
	p 值	0.000

另外，公因子方差中的题项共同度均接近或超过 0.5，最小值为 0.580，这意味着因子可以有效地提取各题项的信息。在提取了 38 个题项的四个因子后，四个因子的方差解释率分别为 27.12%、11.65%、9.27%、9.11%。旋转后的累积方差解释率达到了 57.145%，超过了 50%，表明研究项目的信息量可以被有效提取。生成的四个因子与题项之间的对应关系中，其对应的因子载荷系数均超过 0.5，并且每个题项仅在其对应的因子中出现一次。总的来说，各个测量项都明确地归属于特定的公共因子，这表明创业制度环境评价表的效度良好。

验证性因子分析（confirmatory factor analysis，CFA）是用于测量因子与测量项（量表题项）之间的对应关系是否与研究者预测保持一致的一种研究方法。与验证性因子分析（CFA）相对应的为探索性因子分析，二者的区别在于，验证性因子分析（CFA）用于验证对应关系，探索性因子分析（EFA）则用于探索因子与测量项（量表题项）之间的对应关系。基于效度分析中的 KMO 检验可知，创业制度环境指标数据适用于因子分析法。先将 38 项指标进行因子分析，分别提取一个因子的解释总方差和成分矩阵。前 4 个因子提取出 25 项的累积信息量为 57.145%。为得到 4 个因子分别的权重，利用归一化进行数据处理，即相当于 4 个因子全部代表了整体 25 项，那么第一个因子的信息量为 9.108%/57.145% = 15.94%；类似地，第二个因子的权重为 9.27%/57.145% = 16.22%；第三个因子的权重为 27.12%/57.145% = 47.46%；第四个因子的权重为 11.65%/57.145% = 20.39%。

二级指标在对应的一级指标上的权重可通过因子得分系数矩阵得到回归方程：

$$Y_1 = 0.360X_{11} + 0.315X_{12} + 0.365X_{13} + 0.356X_{14} \qquad (5-2)$$

$$Y_2 = 0.327X_{21} + 0.337X_{22} + 0.356X_{23} + 0.319X_{24} \qquad (5-3)$$

$$Y_3 = 0.110X_{31} + 0.115X_{32} + 0.113X_{33} + 0.111X_{34} + 0.114X_{35} + 0.114X_{36}$$
$$+ 0.093X_{37} + 0.106X_{38} + 0.105X_{39} + 0.098X_{310} + 0.108X_{311} + 0.109X_{312}$$
$$(5-4)$$

$$Y_4 = 0.268X_{41} + 0.250X_{42} + 0.292X_{43} + 0.289X_{44} + 0.255X_{45} \qquad (5-5)$$

其中，Y_i 为提取的第 i 个主因子，X_{ij} 为主因子 Y_i 包括的第 j 个具体指标。对回归系数进行归一化处理，即可得三级指标在其对应的二级指标上的权重 B_{ij}，所得结果如表 5.4 所示。三级指标对总目标权重的确定，根据三级指标对二级指标的权重以及二级指标对一级指标的权重，可得三级指标对总目标的权重 w_{ij}，计算公式为：$w_{ij} = A_i \cdot B_{ij}$，所得结果如表 5.4 所示。

表 5.4　　　　　微创业制度环境评价指标体系与权重

一级指标	二级指标	权重 A_i	三级指标	权重 B_{ij}	权重 W_{ij}
微创业制度环境（Y）	管制制度环境（Y_1）	0.1594	X_{11}（政府部门鼓励微创业）	0.2581	0.0411
			X_{12}（政策法规鼓励创业）	0.2257	0.0360
			X_{13}（政府部门给予帮助支持）	0.2613	0.0417
			X_{14}（政府支持鼓励创业的组织）	0.2549	0.0406

续表

一级指标	二级指标	权重 A_i	三级指标	权重 B_{ij}	权重 W_{ij}
微创业制度环境（Y）	认知制度环境（Y_2）	0.1622	X_{21}（创业者了解如何合法创业）	0.2441	0.0396
			X_{22}（创业者会识别风险）	0.2520	0.0409
			X_{23}（创业者会处理风险）	0.2657	0.0431
			X_{24}（创业者知道获取信息）	0.2381	0.0386
	信义社会资本（Y_3）	0.4746	X_{31}（与政府联系频繁）	0.0851	0.0421
			X_{32}（与高校联系频繁）	0.0888	0.0472
			X_{33}（与金融机构联系频繁）	0.0873	0.0414
			X_{34}（与政府联系密切）	0.0856	0.0406
			X_{35}（与高校联系密切）	0.0879	0.0417
			X_{36}（与金融机构联系密切）	0.0882	0.0419
			X_{37}（与政府互相信任）	0.0719	0.0341
			X_{38}（与高校互相信任）	0.0814	0.0386
			X_{39}（与金融机构互相信任）	0.0805	0.0360
			X_{310}（政府支持度）	0.0758	0.0360
			X_{311}（高校支持度）	0.0833	0.0395
			X_{312}（金融机构支持度）	0.0843	0.0400
	互惠社会资本（Y_4）	0.2039	X_{41}（平台会帮助我发展）	0.1982	0.0404
			X_{42}（平台愿意在我的职业发展上投入）	0.1847	0.0377
			X_{43}（平台会无条件帮助我）	0.2154	0.0439
			X_{44}（平台对我的关心超过我的贡献）	0.2136	0.0436
			X_{45}（平台同时关心个人与公司利益）	0.1881	0.0384

首先，就管制制度环境维度（Y_1）来看，四项二级指标的算术平均分依次为3.99、3.86、3.67、3.74，整体得分偏高，根据上述权重可得微创业制度环境在管制维度的综合得分为3.81。其次，在认知制度环境维度（Y_2），四项指标的算术平均分依次为3.77、3.55、3.41和3.67，得分依旧不低，创业者对于合法创业、识别创业风险、获得市场信息都比较了解。根据上述权重可得在认知制度环境维度的综合得分为3.59。再次，在信义社会资本维度（Y_3），12项指标的算术平均分依次为3.00、2.86、3.09、3.05、2.85、3.08、3.45、3.28、3.31、3.39、3.10、3.27，得分总体一般，根据上述权重可得在信义社会资本维度的综合得分为3.15。最后，在互惠社会资本维度（Y_4），五

项指标的算术平均分依次为3.79、3.77、3.25、3.30和3.87，依据上述权重可得综合得分为3.58（见表5.5）。依据一级指标的权重分配，计算出微创业制度环境（Y）的综合得分为3.41，处于中等偏上水平。就四个维度的分项得分而言，微创业制度环境在四个主维度的分数排名依次为：管制制度环境（Y_1）>认知制度环境（Y_2）>互惠社会资本（Y_4）>信义社会资本（Y_3）（见表5.6）。

表5.5　　　　　　　　　　三级指标算术平均分

序号	X_{11}	X_{12}	X_{13}	X_{14}	X_{21}	X_{22}	X_{23}
得分	3.99	3.86	3.67	3.74	3.77	3.55	3.41
序号	X_{24}	X_{31}	X_{32}	X_{33}	X_{34}	X_{35}	X_{36}
得分	3.67	3.00	2.86	3.09	3.05	2.85	3.08
序号	X_{37}	X_{38}	X_{39}	X_{310}	X_{311}	X_{312}	X_{41}
得分	3.45	3.28	3.31	3.39	3.10	3.27	3.79
序号	X_{42}	X_{43}	X_{44}	X_{45}			
得分	3.77	3.25	3.30	3.87			

表5.6　　　　　　　　微创业制度环境二级指标综合得分

因子	Y_1	Y_2	Y_3	Y_4	$Y_总$
得分	3.81	3.59	3.15	3.58	3.41
排名	1	2	4	3	

5.2.2 男性微创业制度环境评价

基于前面的357个男性微创业者的问卷样本，运用统计软件SPSSAU，对样本数据进行信度分析，结果表明男性样本的创业制度环境总量表的Cronbach's α为0.930，依据五项二级指标而形成的五个分量表的Cronbach's α分别为0.567、0.708、0.783、0.938和0.755，均接近或高于0.5，表明创业制度环境评价量表具有可靠性。

在对男性样本创业制度环境评价量表进行探索性因子分析的过程中，KMO检验结果显示，环境总量表的KMO值为0.921，而依据五项二级指标形成的五个分量表的 KMO 值分别为 0.630、0.731、0.705、0.926 和 0.780。同时，Bartlett 球形检验对应的 P 值为 0.000，这说明该研究数据满足进行探索性因子分析的前提条件。此外，公因子方差中题项的共同度均接近或高于 0.5，最小值为 0.514，表明因子能够有效地提取各题项的信息。在对 28 个题项提取出五个因子后，累计方差解释率达到 58.485%，这从整体上表明探索性因子分析的质量较高，且每个题项仅在其对应的因子中出现一次。因此，各个测量项明确地归属于特定的公共因子，说明创业制度环境评价量表的效度良好。创业制度环境综合评价体系指标权重的确定如下所述。

（1）二级指标对总目标权重的确定。

本章根据探索性因子分析中各因子的方差贡献率来确定二级指标的权重。在对主因子的贡献率进行归一化处理后，可得 5 个二级指标在总目标上的权重 A_i，分别为 0.1185、0.1335、0.1440、0.4387 和 0.1652。

二级指标在对应的一级指标上的权重可通过因子得分系数矩阵得到回归方程：

$$Y_1 = 0.462X_{11} + 0.445X_{12} + 0.456X_{13} \tag{5-6}$$

$$Y_2 = 0.309X_{21} + 0.339X_{22} + 0.380X_{23} + 0.337X_{24} \tag{5-7}$$

$$Y_3 = 0.400X_{31} + 0.396X_{32} + 0.401X_{33} \tag{5-8}$$

$$Y_4 = 0.104X_{41} + 0.102X_{42} + 0.107X_{43} + 0.110X_{44} + 0.103X_{45} + 0.104X_{46}$$
$$+ 0.108X_{47} + 0.104X_{48} + 0.091X_{49} + 0.095X_{410} + 0.089X_{411} + 0.099X_{412}$$
$$+ 0.098X_{413} \tag{5-9}$$

$$Y_5 = 0.291X_{51} + 0.263X_{52} + 0.296X_{53} + 0.296X_{54} + 0.256X_{55} \tag{5-10}$$

其中，Y_i 为提取的第 i 个主因子，X_{ij} 为主因子 Y_i 包括的第 j 个具体指标。对回归系数进行归一化处理，即可得二级指标在其对应的一级指标上的权重 B_{ij}，所得结果如表 5.7 所示。

表 5.7　　　　男性微创业制度环境评价指标体系与权重（N = 356）

一级指标	二级指标	权重 A_i	三级指标	权重 B_{ij}	权重 W_{ij}
微创业制度环境（Y）	管制制度环境（Y_1）	0.1185	X_{11}（政府部门鼓励创业）	0.3390	0.0402
			X_{12}（政策法规鼓励创业）	0.3263	0.0387
			X_{13}（政府支持鼓励创业的组织）	0.3347	0.0397

续表

一级指标	二级指标	权重 A_i	三级指标	权重 B_{ij}	权重 W_{ij}
微创业制度环境（Y）	认知制度环境（Y_2）	0.1335	X_{21}（创业者了解如何合法创业）	0.2262	0.0302
			X_{22}（创业者会识别风险）	0.2483	0.0331
			X_{23}（创业者会处理风险）	0.2787	0.0372
			X_{24}（创业者知道获取信息）	0.2468	0.0329
	制度社会资本（Y_3）	0.1440	X_{31}（积极参与行业协会活动）	0.3344	0.0481
			X_{32}（与政府创新服务机构合作）	0.3306	0.0476
			X_{33}（与政府监督机构合作）	0.3350	0.0482
	信义社会资本（Y_4）	0.4387	X_{41}（与政府联系数量）	0.0790	0.0347
			X_{42}（与高校科研机构联系数量）	0.0775	0.0340
			X_{43}（与政府联系频繁）	0.0817	0.0358
			X_{44}（与高校联系频繁）	0.0835	0.0366
			X_{45}（与金融机构联系频繁）	0.0782	0.0343
			X_{46}（与政府联系密切）	0.0795	0.0349
			X_{47}（与高校联系密切）	0.0825	0.0362
			X_{48}（与金融机构联系密切）	0.0792	0.0347
			X_{49}（与政府互相信任）	0.0691	0.0303
			X_{410}（与高校互相信任）	0.0719	0.0315
			X_{411}（政府支持度）	0.0676	0.0297
			X_{412}（高校支持度）	0.0756	0.0332
			X_{413}（金融机构支持度）	0.0747	0.0328
	互惠社会资本（Y_5）	0.1652	X_{51}（平台会帮助我发展）	0.2072	0.0342
			X_{52}（平台愿意在我的职业发展上投入）	0.1876	0.0310
			X_{53}（平台会无条件帮助我）	0.2113	0.0350
			X_{54}（平台对我的关心超过我的贡献）	0.2111	0.0349
			X_{55}（平台同时关心个人与公司利益）	0.1828	0.0310

（2）三级指标对总目标权重的确定。

根据一级指标对总目标的权重以及二级指标对一级指标的权重，可得三级指标对总目标的权重 W_{ij}，计算公式为：$W_{ij} = A_i \cdot B_{ij}$，所得结果如表5.7所示。

（3）综合得分。

各三级指标算术平均分如表5.8所示。

表5.8 三级指标算术平均分 （N＝357）

序号	X₁₁	X₁₂	X₁₃	X₂₁	X₂₂	X₂₃	X₂₄
得分	3.99	3.86	3.74	3.77	3.55	3.41	3.67
序号	X₃₁	X₃₂	X₃₃	X₄₁	X₄₂	X₄₃	X₄₄
得分	3.48	3.48	3.38	3.04	2.89	3.00	2.86
序号	X₄₅	X₄₆	X₄₇	X₄₈	X₄₉	X₄₁₀	X₄₁₁
得分	3.09	3.05	2.85	3.45	3.28	3.31	3.39
序号	X₄₁₂	X₄₁₃	X₅₁	X₅₂	X₅₃	X₅₄	X₅₅
得分	3.10	3.27	3.79	3.77	3.25	3.30	3.87

根据上述权重可得微创业制度环境二级指标综合得分如表5.9所示。

表5.9 微创业制度环境二级指标综合得分 （N＝357）

指标	Y₁	Y₂	Y₃	Y₄	Y₅	Y总
得分	3.86	3.59	3.44	3.1	3.6	3.39
排名	1	3	4	5	2	

5.2.3 女性微创业制度环境评价

基于前面的 689 个女性微创业者的问卷样本，运用统计软件 SPSSAU，对女性样本数据进行信度分析，结果表明女性样本的创业制度环境总量表的 Cronbach's α 为 0.930，依据四项二级指标而形成的四个分量表的 Cronbach's α 分别为 0.682、0.745、0.932 和 0.804，均接近或高于 0.6，表明创业制度环境评价量表具有可靠性。

在对女性样本创业制度环境评价量表进行探索性因子分析的过程中，通过 KMO 检验的结果显示，创业制度环境总量表的 KMO 值为 0.938，而依据四项二级指标形成的四个分量表的 KMO 值分别为 0.714、0.759、0.032 和 0.831。同时，Bartlett 球形检验对应的 P 值为 0.000，这说明该研究数据满足进行探索性因子分析的前提条件。此外，公因子方差中题项的共同度均接近或高于 0.5，最小值为 0.554，表明因子能够有效地提取各题项的信息。在对 23 个题项提取出四个因子后，累计方差解释率达到 59.143%，这从整体上表明探索性因子分析的质量较高，且每个题项仅在其对应的因子中出现一次。因此，各个测量项明确地归属于特定的公共因子，说明女性创业制度环境评价量表的效度良好。根据探索性因子分析中各因子的方差贡献率来确定二级指标的权重。在对主因子的贡献率进行归一化处理后，可得 4 个二级指标在总目标上的权重 A_i，分别为 0.1679、0.1750、0.4366 和 0.2207。

二级指标在对应的一级指标上的权重可通过因子得分系数矩阵得到回归方程：

$$Y_1 = 0.360X_{11} + 0.309X_{12} + 0.360X_{13} + 0.356X_{14} \tag{5-11}$$

$$Y_2 = 0.334X_{21} + 0.337X_{22} + 0.344X_{23} + 0.311X_{24} \tag{5-12}$$

$$Y_3 = 0.128X_{31} + 0.135X_{32} + 0.128X_{33} + 0.137X_{34} + 0.130X_{35} + 0.136X_{36}$$
$$+ 0.105X_{37} + 0.122X_{38} + 0.116X_{39} + 0.128X_{310} \tag{5-13}$$

$$Y_4 = 0.259X_{41} + 0.244X_{42} + 0.289X_{43} + 0.285X_{44} + 0.253X_{45} \tag{5-14}$$

其中，Y_i 为提取的第 i 个主因子，X_{ij} 为主因子 Y_i 包括的第 j 个具体指标。对回归系数进行归一化处理，即可得二级指标在其对应的一级指标上的权重 B_{ij}，所得结果如表 5.10 所示。

表 5.10　　　女性微创业制度环境评价指标体系与权重（N = 689）

一级指标	二级指标	权重 A_i	三级指标	权重 B_{ij}	权重 W_{ij}
微创业制度环境（Y）	管制制度（Y_1）	0.1679	X_{11}（政府部门鼓励创业）	0.2598	0.0436
			X_{12}（政策法规鼓励创业）	0.2233	0.0375
			X_{13}（政府部门给予帮助支持）	0.2602	0.0437
			X_{14}（政府支持鼓励创业的组织）	0.2568	0.0431
	认知制度（Y_2）	0.1750	X_{21}（创业者了解如何合法创业）	0.2519	0.0441
			X_{22}（创业者会识别风险）	0.2542	0.0445
			X_{23}（创业者会处理风险）	0.2594	0.0453
			X_{24}（创业者知道获取信息）	0.2346	0.0411
	信义社会资本（Y_3）	0.4366	X_{31}（与政府联系数量）	0.1012	0.0442
			X_{32}（与金融机构联系数量）	0.1065	0.0465
			X_{33}（与政府联系频繁）	0.1013	0.0442
			X_{34}（与金融机构联系频繁）	0.1081	0.0472
			X_{35}（与政府联系密切）	0.1028	0.0449
			X_{36}（与金融机构联系密切）	0.1072	0.0469

续表

一级指标	二级指标	权重 A_i	三级指标	权重 B_{ij}	权重 W_{ij}
微创业制度环境（Y）	信义社会资本（Y_3）	0.4366	X_{37}（与政府互相信任）	0.0827	0.0361
			X_{38}（与金融机构互相信任）	0.0968	0.0423
			X_{39}（政府支持度）	0.0920	0.0402
			X_{310}（金融机构支持度）	0.1014	0.0443
	互惠社会资本（Y_4）	0.2207	X_{41}（平台会帮助我发展）	0.1964	0.0433
			X_{42}（平台愿意在我的职业发展上投入）	0.1837	0.0405
			X_{43}（平台会无条件帮助我）	0.2170	0.0479
			X_{44}（平台对我的关心超过我的贡献）	0.2144	0.0473
			X_{45}（平台同时关心个人与公司利益）	0.1903	0.0420

三级指标对总目标权重的确定。根据一级指标对总目标的权重以及二级指标对一级指标的权重，可得三级指标对总目标的权重 W_{ij}，计算公式为：$W_{ij} = A_i \cdot B_{ij}$，所得结果如表5.11所示。

表5.11　　　女性微创业制度环境三级指标算术平均分（N=689）

因子	X_{11}	X_{12}	X_{13}	X_{14}	X_{21}
得分	3.99	3.86	3.67	3.74	3.77
因子	X_{22}	X_{23}	X_{24}	X_{31}	X_{32}
得分	3.55	3.41	3.67	3.04	3.14
因子	X_{33}	X_{34}	X_{35}	X_{36}	X_{37}
得分	3.00	3.09	3.05	3.08	3.45
因子	X_{38}	X_{39}	X_{310}	X_{41}	X_{42}
得分	3.31	3.39	3.27	3.79	3.77
因子	X_{43}	X_{44}	X_{45}		
得分	3.25	3.30	3.87		

根据上述权重可得女性微创业制度环境二级指标综合得分如表5.12所示。

表5.12　　　女性微创业制度环境二级指标综合得分（N=689）

指标	Y_1	Y_2	Y_3	Y_4	$Y_总$
得分	3.84	3.59	3.16	3.59	3.44
排名	1	2	4	2	

5.3　社会资本视角下微创业制度环境的性别差异

本章分别对男性和女性微创业者样本进行数据分析，可以看出，两者不同之处在于指标筛选后所得的维度不同。在二级指标方面，男性微创业制度环境包含五个维度，比女性多出了一项制度社会资本维度，即男性会与行业协会、政府创新服务机构与监管部门合作更多且更深入。在三级指标方面，男性与女性的区别为男性微创业环境制度会与高校、科研机构有更多联系，而女性更多地与政府部门及金融机构有较多联系。

男性在五个主维度的分数排名依次为：管制制度环境 > 互惠社会资本 > 认知制度环境 > 制度社会资本 > 信义社会资本；女性在四个主维度的分数排名依次为：管制制度环境 > 互惠社会资本 > 认知制度环境 > 信义社会资本。由此可以看出，男性与女性微创业者的创业制度环境中的"管制制度环境"与"互惠社会资本"都排在前两位，一方面，表明政府部门的管制对微创业环境的影响最大；另一方面，也要充分肯定公司或平台对创业者的支持和作用。对于男性和女性微创业者，信义社会资本的得分都相对靠后，大部分创业者与各单位机构之间的来往并不是很多。在这个维度中有一些具体指标，如"与高校联系方面"的平均得分较低，这也暗示出了创业者在微创业环境中存在的一些短板性问题，高校和科研机构在微创业网络生态中的参与不足。

社会资本视角下微创业制度环境的性别差异可能受到多种因素的影响，包括社会、文化、经济和个体差异等。例如，女性"与高校联系方面"的得分较低，这可能暗示出女性创业者在微创业环境中存在的一些问题。

首先，社会角色和性别刻板印象。男性和女性在微创业领域可能面临不同的社会角色期望和性别刻板印象。这些刻板印象对于创业者与高校等机构的联系和合作可能产生影响。社会可能更倾向于将男性与科技和创新联系在一起，而将女性与社会服务、家庭照料和人文领域联系在一起。

其次，社会网络和资源分配。创业者的社会网络对于他们获取资源和支持非常重要。不同情境下的实证研究都表明，男性和女性在社会网络中存在差异，这可能导致他们与创业网络中的利益相关者的联系程度不同。这种差异可能是由于不同的社会化方式、兴趣爱好和社交行为引起的。在社会网络中，男性通常更倾向于建立大型和稠密的网络，他们更容易与各种不同背景和领域的人建立联系。这可能使得男性在创业网络中更容易接触到各种利益相关者，例如投资者、合作伙伴和导师。相反，女性在社会网络中通常更倾向于建立小型而密切的网络，她们更注重亲密关系和情感支持。这可能导致女性在创业网络中与利益相关者的联系相对较少，或者更倾向于与那些能够提供情感支持和共鸣的人建立联系，这从我们对女性参与微商创业的观察中也能表现出来。然而，这并不意味着女性在创业网络中处于劣势。事实上，我们的调研表明，女性在建立深层次关系和建立信任方面可能更有优势，这对于创业过程中的资源获取和支持至关重要。此外，在数字时代随着女性微创业者数量的增加，越来越多的女性专门的创业网络和组织也在兴起，为女性提供了更多的机会与利益相关者建立联系。这一现象在我们对马郢村"红莓姐姐"计划和志愿者项目的调研中也有明显体现。因此，虽然男性和女性在社会网络中存在差异，但这并不意味着其中一方在微创业网络中有着明显的优势或劣势。重要的是要认识到这些差异，并为男性和女性创业者提供平等的机会和资源，以促进创业生态系统的多样性和包容性。

最后，文化和社会习俗。文化和社会习俗对创业者的行为和决策产生重要影响。不同的文化价值观和社会习俗可能导致男性和女性在与创业网络利益相关者的联系方面存在差异。不同的文化价值观和社会习俗对性别角色与期望的定义和限制可能会影响男性和女性在创业网络中的表现与互动方式。在一些文化中，男性被期望承担更多的决策权和领导力角色，而女性被期望扮演更多的支持和合作角色。这可能导致男性在创业网络中更容易与利益相关者建立联系，而女性可能面临更多的障碍和限制。这在我们对马郢村"红莓姐姐"的采访中可以发现，尤其当比较城乡女性的创业态度和创业行为时，发现女性创业明显受到城市和农村不同文化和社会习俗的影响。

5.4 实践启示

通过对微创业制度环境数据的分析可知，微创业制度环境的构建还需从性别视角引起各界关注，以营造更有利于女性的积极的创业氛围。

第一，政府部门要大力加强对女性微创业管制制度环境的建设，即要加强顶层设计和制度制定，实现政府管制的全面支持和法律规范的完善，促进微创业管制环境的进一步优化。

第二，政策对女性微创业初期的发展具有导向性的作用，因此要进一步提升公共政策的供给水平，充分考察女性创业者的成长周期和创业发展需求，及时出台顺应市场发展规律、与平台企业需求相契合的公共政策，增强公共政策的传播，使创业者能够切实享有政策的便利。

第三，女性创业者要加强与提高自身的创业能力。现阶段，随着互联网的不断发展，创业者获取创业信息的途径越来越纷繁复杂，尤其在创业开始阶段需要"擦亮双眼"，加强对创业形势的判断，提高识别和处理创业风险的能力。

第四，要构建更全面的女性微创业网络生态。相较于男性，女性微创业者们与各机构联系交流程度偏低，各机构所能提供的创业支持并没有能很好地应用在女性微创业者身上，在创业网络生态构建方面还有很大的提升空间。首先，政府部门、高校与金融机构可以加强与女性创业者的联系，在鼓励高校科研与金融机构投资业务发展的同时，将专业的知识技能与女性创业者分享，提供适当的资金和技术支持。其次，公司和平台作为微创业的基础，不仅要在技术架构、法律法规、运营执行上提供服务，也要充分支持女性创业者的创业活动，从长远利益出发，从提升女性创业者的人力资本、社会资本与业务发展等方面提供更多的扶持，做女性创业者的坚强与可信赖的后盾，实现共同成长。

5.5 本章小结

本章从性别视角对中国女性微创业制度环境进行了评价与分析。首先，基于制度理论构建了微创业制度环境评价指标体系，通过探索性因子分析发现，学者们对于微创业制度环境从管制、规范和认知维度的测量仍然适用于男性，但是，这一测评标准对于女性群组并不适用，必须针对女性微创业群组重新设计有关管制和规范维度的具体测量指标。其次，从社会资本视角重新构建微创业制度环境评价体系，分别对男性和女性微创业者样本进行因子分析，发现两者在指标筛选后所生成的维度产生了差异。男性在五个主维度的分数排名依次为：管制制度环境 > 互惠社会资本 > 认知制度环境 > 制度社会资本 > 信义社会资本；女性在四个主维度的分数排名依次为：管制制度环境 > 互惠社会资本 > 认知制度环境 > 信义社会资本。一方面，表明政府部门的管制对两者的微创业环境影响最大；另一方面，也表明女性在社会资本方面相比男性还存在明显不足，因此，需要进一步研究制度环境对女性微创业的影响机制，为优化女性微创业制度环境、提高女性创业绩效提供参考。

第6章

制度环境对女性微创业的影响机制

现有的研究指出，女性能够桥接不同的创业网络，促进创业生态系统的沟通协调（Sperber and Linder，2019），但女性创业网络的质量受到性别歧视等社会规范和制度环境影响，公众对创业失败的污名也会加大女性创业失败的可能性（蔡莉等，2019）。不完善的制度环境和相对较低的创业网络质量成为制约女性创业的瓶颈（AHL，2006；Berger and Kuckertz，2016）。一些城镇女性迫于就业压力加入微创业领域，然而作为新的创业模式，针对女性微创业的服务体系还不够完善。在整个创业生态系统中，依托于熟人网络和信任消费的女性微创业想要获取利益相关者的持续认可和支持，更需要通过提高创业网络质量来发挥制度环境的支撑作用。然而，现有研究主要从单一主体的视角研究女性的创业制度环境和创业绩效之间的关系（Robb and Watson，2012），缺乏对女性创业网络质量在这两者之间的作用机制研究。本章利用 698 个中国女性微创业者的问卷调查数据，聚焦于创业制度环境及创业网络质量对女性微创业绩效的作用机制，并探究创业网络质量在创业制度环境与女性微创业绩效的关系中发挥的中介效应，以深化制度理论和社会网络理论，并为完善女性微创业制度环境及创业生态系统提供有价值的借鉴。

6.1 研究假设

对于微创业的概念学界尚无统一界定，总体来说，微创业可以定义为：用微小的成本进行创业，或通过利用微平台或者网络平台进行新项目开发的创业活动。它的外延主要包括创办电商小微企业、利用微平台或网络平台创业、个体经营和兼职经营（吴晓义，2014）。目前有关女性微创业的文献主要从单一主体的视角探讨女性的微创业制度环境和创业绩效之间的关系。众多学者集中研究欠发达国家和地区女性微创业的绩效特征（Chirwa，2009；Julius and Charles，2017）和成功因素（Lee and Yang，2013），将其作为消除贫困、扩大就业的重要途径（Kevane and Wydic，2001）。我国学者对女性微创业的研究起步较晚，主要将微创业作为解决女大学生就业难的关键（周佩等，2017；张军和余江舟，2016），或者从创新创业教育角度强调微创业的时代特征（高凯，2015），以及研究女性微创业者的个人心理特征（李成彦，2013；刘志燕，2017）。这些研究都丰富了女性创业研究的视角，但关注我国女性微创业生态系统，尤其是制度环境和微创业绩效的学者较少，尚缺乏系统的理论分析和实证研究。

创业生态系统是一系列互相联系的创业主体（创业者、投资机构、大学等）和创业环境（政策、文化等），通过正式和非正式的联系来提升绩效的交互群落和有机整体。由于创业生态系统具有网络性，有效的制度环境能够促进主体间社会网络形成的能力（Spigel，2017），从而提升创业绩效。很多学者研究了创业生态系统中社会网络的结构、密度和强度等特性，以及二者的性别差异等问题，但有关女性创业网络质量在制度环境与创业绩效之间作用机制的研究较少。

传统的女性主义理论认为，性别歧视使得女性创业者常被认为能力比男性创业者弱，具有相同能力和偏好的女性创业者和男性创业者在资源获取方面差异较大（Alsos et al，2006）。在我国，工作与家庭角色冲突是女性创业者面临的主要困境（潘燕萍等，2019）。女性可能为解决生存问题而创业，在男性主导的行业里会遇到更多困境，因此，女性进行创业的行业选择范围较窄，主要集中在门槛较低的行业。在这样的背景下，依托于互联网平台的微创业则成了部分女性的最佳选择。同时，男性创业的社会化程度高于女性（Harrison and Mason，2007）。与男性相比，由于女性社交圈子的同质化，缺乏基本商业网络圈积累，她们利用社会资本的能力较男性更低，对非正式制度和创业网络的依赖度更大（Lindvert et al，2017）。

基于以上分析，本章从创业制度环境对女性微创业绩效的影响、创业制度环境对创业网络质量的影响，以及创业网络质量在创业制度环境与女性微创业绩效之间的中介作用三个方面展开论述和提出研究假设。

6.1.1 创业制度环境对女性微创业绩效的影响

制度理论认为，制度是"人类用于结构化人类互动的限制"，包含以法律、规则为表现形式的正式规则和以习俗、规范和文化为表现形式的非正式规则。制度有管制性、规范性和文化认知性三个维度，管制维度主要指促进或约束特定行为的法律法规和政府政策，具有强制性（Scott，1995）。规范维度主要指个人所拥有的关于人类本性和行为的价值观、信念与社会规范（Scott，1995），主要通过社会行动者接受行为的适当性扩散影响。认知维度主要指共享的认知结构和社会知识，包括创业机会、创业技能的认知程度，具有社会行动者接受行为的正统性（斯科特，2010）。在制度变迁中，三个维度的要素发生变化的时间可能并不同步，越是正式的制度越容易通过强制性的执行方式得到扩散（Winter，1982）。中国传统文化强调男尊女卑的性别等级，极大限制了女性从事商业活动。因此，政府通过强制性的政策法规和适当性的社会规范教化，能帮助女性走出家族系统，获得更多权利参与社会事务，从而促进正统性的认知要素发生改变（Whyte，1996，2005）。

创业制度环境是创业者与外界环境的联系，是创业的整个过程中，对创业者产生影响的一系列内部和外部因素及其所组成的有机整体（吴一平和王健，2015）。在互联网经济背景下，管制制度环境主要涉及两方面的内容：一是各级政府部门对微创业的专项政策法规，尤其是对于有创业动机的个人进行创业时的税收优惠与经营合法性的保护，以及创业过程的政策支持，这属于管制维度对微创业者的直接管制。二是各级政府对于支持微创业活动的其他组织给予的政策扶持。如果政府部门具有完善的微创业鼓励政策，并降低个人获得微创业准入资格的难度，这会让微创业者感知到自己的创业行为是受法律保护的，从而能够提高他们创业活动的积极性与创业绩效。在规范维度上，现代社会对女性的双重性别角色期待对其创业及家庭活动的影响大于男性（田莉和朱雨晴，2017）。女性从事微创业活动，不仅出于自身资源和利益的考虑，还受到他人期望的影响。在社会规范层面，大众媒体对女性微创业活动的正面报道、大众对创业女性社会地位的肯定，以及个体对微创业的期望都会激励女性更好地识别和利用创业机会，从而提高微创业绩效。

本章研究将创业制度环境分为管制规范（以下简称管规）和认知两个维度。因为现有研究指出，制度环境是企业创业绩效的决定因素，制度将影响企业家才能在不同类型创业活动中的作用，从而影响创业绩效（于栖梧，2013）。不同类型制度环境之间的交互效应对创业绩效具有显著的预测效果。从效率角度考虑，管制性和规范性制度要素发起的制度变迁往往更正式，容易引起集体行为，使得社会行动者采取权宜举动以获得合法性，具有客观性和易观测性。而创业者对创业合法性、风险性和市场信息等方面的认知具有主观性，认知性制度要素发起的制度变迁不易被直接观测且过程相对漫长，与管制与规范性制度要素有较大区别。

因此，本章提出以下假设。

H6-1：管规制度环境对女性微创业绩效有正向作用。

H6-2：认知制度环境对女性微创业绩效有正向作用。

6.1.2　创业制度环境对创业网络质量的影响

创业网络是指创业主体在创业活动中所嵌入的社会关系网络，可以帮助创业主体实现信息与知识的传递，从而获取不对称信息以及其他创业的关键资源（蔡莉等，2010）。因此，拓展创业网络是女性创业者克服其市场竞争劣势的方式之一。女性微创业网络包括与政府、供应商、客户、教育研究机构、中介机构等建立的关系，这些关系能够为女性微创业主体提供相关信息和资源。本章主要从创业生态系统各主体间的相互信任与支持程度来衡量女性微创业网络的质量。

在强调去中心化的数字经济时代，女性善于分享、能够桥接不同创业生态系统的沟通优势并不是她们创业成功的保障。女性多重社会角色的特殊性，以及环境中的性别歧视态度，使创业的女性在工作和生活上承受着巨大的压力，导致女性创业者较男性创业者处于劣势地位（聂绍群等，2013），在全球范围内的女性创业率一直维持在较低的水平（袁维汉，2019）。同时，国内市场快速的变化也将会给创业规模较小、创业资源较少的女性微创业者带来新的挑战。因此，女性微创业者通过提高创业网络质量，可以更好地嵌入创业生态系统，获得更有效的社会资源，从而有利于提升创业绩效。

由于创业生态系统具有多样性、网络性和共生性特点，制度环境作为创业生态系统的核心要素，对提高女性创业网络质量与创业绩效发挥重要的作用。首先，各级政府部门有关税率调整、奖励措施、财务支持等方面的政策法规能帮助女性创业者减少制度障碍，促进女性微创业活动的顺利开展。其次，政策制定和执行规章制度，能够促进主体间的交流和互动，有利于女性微创业者与其他利益相关者形成紧密的商业关系，建立分享机制与共生网络，获得与政府部门、行业协会、高校、科研机构、技术中介组织、金融与投资机构等网络节点之间的相互信任。信任有助于提升交易效率并增进合作关系。女性微创业者与网络中成员的信任程度越高，越有利于双方建立良好的声誉和获得帮助与支持，更有利于其从中获益，减少在创业过程中的阻力。

因此，本章提出以下假设。

H6-3：管规制度环境对创业网络质量有正向作用。

H6-4：认知制度环境对创业网络质量有正向作用。

6.1.3 创业网络质量在创业制度环境与女性微创业绩效之间的中介作用

已有研究认为，创业主体需要增强与创业生态系统中各主体间的信任与合作，才能从外部获取所需的资源，提升创业绩效（刘二丽等，2018；袁凌等，2019；罗教讲和张晓楠，2018）。女性微创业者同时面临着"职场性别劣势"和"外部资源稀缺劣势"。一方面，传统的刻板印象会妨碍女性创业活动的顺利进行。较男性而言，创业女性在平衡工作与家庭的关系中面临更大冲突。传统文化对女性"贤妻良母"的价值诉求，造成创业女性的角色冲突（张继宏，

2011)，生育孩子和无偿的家务劳动等因素则是这种角色冲突产生的主要来源（刘志萍，2017）。传统观念强调的仍然是女性的温柔顺从和牺牲奉献，从而变相否定了女性的独立人格和创业能力（王琳和陶镕，2004）。另一方面，时代的巨变可能造成女性在新兴领域的创新活动超越公众的接受程度和认知水平，带来利益相关者的质疑而产生信任危机。在创业过程中，由于信息不对称和道德风险，创业主体与投资者之间存在着"双边信任困境"（何颖珊和刘志铭，2018）。尤其当前女性微创业主要集中在新兴产业，创业生态系统中的其他主体出于对新事物的不确定和不信任，可能理性地选择将资源投入传统行业或维持旧的商业关系。社会公众往往也难以直接判断女性微创业在新兴领域创造的价值，只能依据主观认知和制度规范的一致性来判断其可信度。总体而言，由于女性社交圈子的异质化程度低于男性，缺乏基本的商业网络积累（Lindver et al，2017），所以她们难以获得更充足的外部资源。创业网络质量欠佳是微创业女性面临角色冲突和信任困境的主要原因，而提高创业网络质量可以带来可信性和可靠性。因此，仅有宏观层面的政策支持或制度环境的鼓励并不能直接促进女性微创业绩效的提升，女性微创业活动需要在嵌入制度环境的前提下，提高创业网络质量，获得更多社会信任与支持，才能提高创业绩效。

因此，本章提出以下假设。

H6-5：创业网络质量在管规制度环境对女性微创业绩效的正向作用中起中介作用。

H6-6：创业网络质量在认知制度环境对女性微创业绩效的正向作用中起中介作用。

制度环境对女性微创业的影响机制研究模型如图6.1所示。

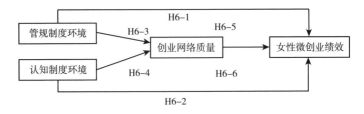

图6.1　制度环境对女性微创业的影响机制研究模型

6.2　数据样本与变量测度

6.2.1　数据样本

本章研究以我国女性微创业个体为调研样本，将调研对象的选取标准界定为：一是通过利用互联网微平台或者网络平台进行的创业活动，包括创办电商小微企业、网络平台创业、微商个体经营和兼职经营活动；二是从事微创业活动3个月以上、年满18周岁的女性。由于微创业主体的分散性和移动性，本章研究主要采用了受访者驱动抽样进行线上和线下的问卷调查与访谈，问卷的发放渠道包括直接发放，邮件发放，微信链接发放，委托微商团队、电商平台公司等机构发放。

2019年1~8月，共发放问卷1500份，回收有效问卷1055份，有效回收率为70%，其中女性样本为698份。样本特征概况如表6.1所示，由统计结果可知，本次调查的698位女性微创业者的平均年龄为29岁，学历大多在大专及以上。创业的平均时间为24个月，创业1年以上的人数约占总人数的2/3。微创业女性承担着不同的社会角色，75%的被调查者是全职创业，兼职创业人员以在职员工为主，学生和家庭主妇也各占6%和7%，部分被调查者同时承担着以上不同的社会角色。在产品经营领域，超过一半的被调查者集中在化妆品、护肤品、服装与箱包等女性消费品行业，目标客户群体的重合性有利于她们同时经营多种产品。大部分被调查者对当前的创业制度环境感到满意。

表 6.1　　　　　　　　　样本特征描述性统计（N = 698）

微创业者特征	特征分布	样本数	百分比（%）
年龄	18~24岁	135	19.34
	25~29岁	224	32.09
	30~35岁	245	35.10
	35岁以上	94	13.47

微创业者特征	特征分布	样本数	百分比（%）
创业时间	3～12 个月	208	29.80
	13～24 个月	237	33.95
	25～36 个月	161	23.07
	36 个月以上	92	13.18
教育水平	初中及以下	8	1.14
	高中与中专	70	10.03
	大专	125	17.91
	本科	467	66.91
	研究生	28	4.01
社会角色	全职创业者	525	75.21
	职员（兼职创业）	162	23.21
	学生（兼职创业）	42	6.02
	家庭主妇（兼职创业）	50	7.16
	退休人员（兼职创业）	3	0.43
	其他	17	2.44
创业制度环境满意度	非常不满意	4	0.57
	不满意	33	4.73
	一般	183	26.22
	满意	352	50.43
	非常满意	126	18.05
经营产品	化妆品、护肤品	433	62.03
	服装与箱包	421	61.17
	食品	185	26.50
	电子产品	84	12.03
	办公及学习用品	78	11.17
	其他	26	3.72

本章研究使用 Harman 单因素检验方法，对所有变量进行探索性因子分析检验共同方法偏差问题，检验结果显示，第一个因子的方差解释度为 36.775%，说明本章研究测量过程中不存在严重的共同方法偏差问题。

6.2.2　变量测量

6.2.2.1　因变量

微创业绩效。借鉴葛宝山和王照锐（2019）采用的指标测量女性微创业绩效，本章研究调查问卷中，"市场份额增长率"和"销售利润率"题项均采用5点李克特量表进行主观评价，1代表"与行业内的平均水平相比，非常低"，5代表"与行业内的平均水平相比，非常高"。

6.2.2.2　自变量

创业制度环境。本章研究参考布塞尼茨等（Busenitz et al，2000）对创业制度环境的研究所采用的量表来对女性微创业制度环境进行度量。女性微创业制度环境分为管规制度环境与认知制度环境。管规制度环境融合了管制性和规范性要素，诸如"政府激励大众创业""政府支持个人小微创业""政府支持再次创业""创业者社会地位""创业者媒体曝光度"等主题项目。认知制度环境主要基于主观认知进行测量，涉及题项如"创业者了解如何合法创业、识别各类创业风险、应对各种创业风险，以及掌握寻找所需市场信息的方法"。各个题项均采用李克特5点量表进行测量，评分方式按照"非常不同意"到"非常同意"的顺序，从1到5分进行评定。

6.2.2.3　中介变量

创业网络质量。借鉴包耐凤和彭正银（2015）等的研究，创业网络质量从创业者与创业生态系统中主要的利益相关者之间的信任与支持程度两个方面测量（包凤耐和彭正银，2015）。这些作为网络节点的主要利益相关者包括政府部门、科研和技术中介等创新机构、金融投资机构等，采用"双方相互信任程度""对创业活动的支持程度"等6个题型测量女性微创业网络质量。采用李克特5点量表测度，1代表"完全不同意"，5代表"完全同意"。

6.3 数据分析结果

6.3.1 信度与效度检验

本章采用 SPSS22.0 对问卷收集的数据进行信度和效度的检验。从表 6.2 中可以看出，管规制度环境、认知制度环境、创业网络质量和女性微创业绩效的 Cronbach's α 的值都大于门槛值（0.7），说明以上量表信度良好。对管规制度环境、认知制度环境、创业网络质量和女性微创业绩效的量表进行 KMO 和 Bartlett 球形检验，其 KMO 值为 0.898，Bartlett Test 球形检验显著（Sig. < 0.005），其值为 4365.68，满足因子分析的可行性条件，说明可以进行探索性分析。然后对其进行探索性因子分析。管规制度环境、认知制度环境、创业网络质量和女性微创业绩效的因子负荷量均大于 0.5。每个题项均落在对应的因子中，说明以上量表具有良好的效度。

表 6.2　　　　　　　　　　　变量的信度与效度检验

变量	测项	因子载荷	Cronbach's α
管规制度环境	政府鼓励大众创业	0.671	0.735
	政府扶持个人小微创业	0.64	
	政府扶持再次创业	0.541	
	创业者社会地位	0.665	
	创业者媒体关注度	0.651	
认知制度环境	合法创业认知	0.711	0.747
	创业风险识别	0.744	
	风险处理识别	0.675	
	市场信息识别	0.65	
创业网络质量	与政府部门信任程度	0.711	0.869
	与创新机构信任程度	0.774	
	与投资机构信任程度	0.745	
	政府部门支持程度	0.724	
	创新机构支持程度	0.659	
	投资机构支持程度	0.737	

变量	测项	因子载荷	Cronbach's α
女性微创业绩效	市场份额增长率	0.817	0.756
	销售利润率	0.827	

6.3.2　描述性统计与相关性分析

本章研究中各变量的相关性分析结果如表6.3所示。表6.3的结果表明，管规制度环境和认知制度环境、创业网络质量与女性微创业绩效呈现出显著的正相关关系；管规制度环境、认知制度环境与创业网络质量呈现出显著的正相关关系。初步证实了本章研究提出的假设。

表6.3　　　　　　　　　　　主要变量间相关性分析

变量	1	2	3	4	5	6	7
1. 微创业绩效	1						
2. 创业者年龄	−0.022	1					
3. 创业时间	0.0753 **	0.3186 ***	1				
4. 教育水平	0.0606	−0.0837 **	−0.0358	1			
5. 管规维度	0.3394 ***	0.0025	0.0797 **	0.0194	1		
6. 认知维度	0.3677 ***	0.0928 **	0.1390 ***	−0.018	0.5162 ***	1	
7. 创业网络质量	0.4113 ***	−0.0029	0.0791 **	0.1239 ***	0.5455 ***	0.4841 ***	1

注：* 表示 $p < 0.10$，** 表示 $p < 0.05$，*** 表示 $p < 0.01$。

大部分从业者都是"80后"或"90后"，他们随着互联网的发展而长大，年龄大多在20～40岁，受过较好的教育，在年龄和教育水平上具有时代留下的烙印和趋同性。所以年龄和教育水平与创业绩效并不相关。但从事微创业的时间越长，积累的客户和知名度越高，因此越有利于创业绩效的提升。

6.3.3　制度环境对女性微创业绩效的影响分析

本章研究采用OLS回归分析方法检验管规制度环境和认知制度环境对女

性微创业绩效的作用，结果如表 6.4 所示。模型 1a 只包含控制变量，结果表明创业时间对女性微创业绩效有促进作用。模型 1b 加入自变量（管规制度环境），结果表明管规制度环境对女性微创业绩效有显著正向作用（β = 1.023，p < 0.01），假设 H6 - 1 得到支持。模型 1c 加入自变量（认知制度环境），结果表明认知制度环境对女性微创业绩效有显著正向作用（β = 0.701，p < 0.01），假设 H6 - 2 得到支持。模型 1d 同时加入管规制度环境和认知制度环境两个变量，结果仍然支持假设 H6 - 1（β = 0.607，p < 0.01）和假设 H6 - 2（β = 0.506，p < 0.01）。

表 6.4　检验管规制度环境和认知制度环境与女性微创业绩效之间的关系

项目	微创业绩效 模型 1a	微创业绩效 模型 1b	微创业绩效 模型 1c	微创业绩效 模型 1d
自变量				
管规制度环境		1.023 *** (9.33)		0.607 *** (4.89)
认知制度环境			0.701 *** (10.37)	0.506 *** (6.52)
控制变量				
年龄	-0.007 (-1.16)	-0.006 (-1.02)	-0.010 * (-1.77)	-0.009 (-1.52)
创业时间	0.005 ** (2.32)	0.003 * (1.67)	0.002 (1.27)	0.002 (1.15)
教育水平	0.052 (1.58)	0.046 (1.49)	0.055 * (1.80)	0.051 * (1.68)
R^2	0.012	0.122	0.144	0.173
Adjusted R^2	0.007	0.117	0.139	0.167
F 值	2.71 **	24.07 ***	29.21 ***	28.92 ***
VIF 最大值	1.12	1.12	1.13	1.31
aic	1811.355	1730.683	1712.742	1691.035
bic	1829.548	1753.424	1735.483	1718.325

注：* 表示 p < 0.10，** 表示 p < 0.05，*** 表示 p < 0.01。

6.3.4 创业网络在制度环境与女性微创业绩效之间的中介效应

根据中介效应检验方法，检验管规制度环境对创业网络质量和女性微创业绩效的作用以及创业网络质量的中介效应，结果如表 6.5 所示。模型 2b 是检验中介变量（创业网络质量）与自变量（管规制度环境）的回归分析，结果显示管规制度环境正向影响创业网络质量（β = 1.150，p < 0.01），支持了假设 H6 - 3。模型 2c 检验中介变量（创业网络质量）与因变量（女性微创业绩效）的回归分析，结果显示创业网络质量对女性微创业绩效有显著的正向影响（β = 0.584，p < 0.01）。模型 2d 是将中介变量（创业网络质量）与自变量（管规制度环境）同时放入对因变量（女性微创业绩效）的回归分析，结果显示，管规制度环境对女性微创业绩效的影响系数由模型 2a 中的 1.023 降为 0.499（p < 0.01），同时创业网络质量对女性微创业绩效仍然具有显著的正向作用（β = 0.455，p < 0.01）。以上结果说明创业网络质量在管规制度环境与女性微创业绩效之间起部分中介作用，假设 H6 - 5 得到支持。

表 6.5　检验创业网络质量在管规制度环境与女性微创业绩效之间的中介效应

项目	微创业绩效 模型 2a	网络质量 模型 2b	微创业绩效 模型 2c	微创业绩效 模型 2d
自变量				
管规制度环境	1.023 *** (9.33)	1.150 *** (17.07)		0.499 *** (3.98)
中介变量				
创业网络质量			0.584 *** (11.60)	0.455 *** (7.68)
控制变量				
年龄	-0.006 (-1.02)	-0.001 (-0.25)	-0.006 (-1.03)	-0.006 (-0.99)
创业时间	0.003 * (1.67)	0.002 (1.28)	0.003 (1.52)	0.003 (1.36)

项目	微创业绩效 模型 2a	网络质量 模型 2b	微创业绩效 模型 2c	微创业绩效 模型 2d
教育水平	0.046 (1.49)	0.069 *** (3.61)	0.008 (0.26)	0.015 (0.49)
R^2	0.122	0.312	0.172	0.191
Adjusted R^2	0.117	0.308	0.168	0.185
F 值	24.07 ***	78.58 ***	36.09 ***	32.65 ***
VIF 最大值	1.12	1.12	1.12	1.45
aic	1730.683	1052.109	1689.405	1675.637
bic	1753.424	1074.850	1712.146	1702.926

注：* 表示 $p < 0.10$，** 表示 $p < 0.05$，*** 表示 $p < 0.01$。

本章研究采用中介效应分析方法检验认知制度环境对创业网络质量和女性微创业绩效的作用以及创业网络质量的中介效应，结果如表6.6所示。模型3b是检验中介变量（创业网络质量）与自变量（认知制度环境）的回归分析，结果显示，认知制度环境正向影响创业网络质量（β = 0.644，$p < 0.01$），支持了假设 H6 – 4。模型3c检验中介变量（创业网络质量）与因变量（女性微创业绩效）的关系，结果显示，创业网络质量对女性微创业绩效有显著的正向影响（β = 0.584，$p < 0.01$）。模型3d将中介变量（创业网络质量）与自变量（认知制度环境）同时放入对因变量（女性微创业绩效）的回归分析，结果显示，认知制度环境对女性微创业绩效的影响系数由模型3a中的0.701降为0.427（$p < 0.01$），同时创业网络质量对女性微创业绩效仍然具有显著的正向作用（β = 0.427，$p < 0.01$）。以上结果说明，创业网络质量在认知制度环境与女性微创业绩效之间起部分中介作用，假设 H6 – 6 得到支持。

表6.6 检验创业网络质量在认知制度环境与女性微创业绩效之间的中介效应

项目	微创业绩效 模型 3a	网络质量 模型 3b	微创业绩效 模型 3c	微创业绩效 模型 3d
自变量				
认知制度环境	0.701 *** (10.37)	0.644 *** (14.66)		0.427 *** (5.73)

续表

项目	微创业绩效 模型3a	网络质量 模型3b	微创业绩效 模型3c	微创业绩效 模型3d
中介变量				
创业网络质量			0.584 *** (11.60)	0.427 *** (7.58)
控制变量				
年龄	−0.010 * (−1.77)	−0.005 (−1.36)	−0.006 (−1.03)	−0.008 (−1.45)
创业时间	0.002 (1.27)	0.001 (0.89)	0.003 (1.52)	0.002 (1.06)
教育水平	0.055 * (1.80)	0.078 *** (3.94)	0.008 (0.26)	0.022 (0.73)
R^2	0.144	0.254	0.172	0.210
Adjusted R^2	0.139	0.250	0.168	0.204
F 值	29.21	59.04	36.09	36.76
VIF 最大值	1.13	1.13	1.12	1.34
aic	1712.742	1108.485	1689.405	1659.064
bic	1735.483	1131.226	1712.146	1686.354

注：* 表示 $p<0.10$，** 表示 $p<0.05$，*** 表示 $p<0.01$。

基于海斯等（Hayes et al，2009）建议的 Bootstrap 方法进行中介效应检验，本章在构造 Sobel 统计量的基础上完成了2000次重复抽样，最终的非标准化中介效应报告如表6.7所示。在从管规制度环境到女性微创业绩效的中介模型中，无论是总效应、直接效应还是间接效应，其对应的 Z 统计量均满足 Z >1.96，实际上已经达到0.1%的显著性水平。同时 Bootstrap 过程在误差校正（Bias-Corrected，BC）和百分位数（Percentile，PC）两种方法下，三种效应95%的置信区间均不包含0，因此总效应、直接效应、间接效应均显著为正，此时部分中介模型成立；相应地，认知制度环境对女性微创业绩效的总效应、直接效应和间接效应的 Z 值均大于1.96（更是达到了0.01%的显著性要求），且三种效应的 BC 和 PC 方法对应的95%置信区间也均不包含0值。因此，认知制度环境对女性微创业绩效的三种效应均显著，认知制度环境部分地通过创业网络质量对女性微创业绩效产生影响，创业网络质量成为部分中介。

表 6.7 中介效应报告

中介 路径	效应	点估计	系数乘积 AB		bootstrpping			
					Bias-Corrected 95% 置信区间		Percentile 95% 置信区间	
			SE	Z 值	下限	上限	下限	上限
管规维度→ 微创业绩效	总效应	1.023	0.121	8.455	0.793	1.268	0.788	1.258
	间接效应	0.524	0.076	6.895	0.389	0.689	0.380	0.681
	直接效应	0.499	0.141	3.539	0.233	0.786	0.229	0.782
认知维度→ 微创业绩效	总效应	0.701	0.069	10.159	0.562	0.834	0.565	0.838
	间接效应	0.275	0.042	6.548	0.200	0.368	0.196	0.363
	直接效应	0.427	0.078	5.474	0.274	0.585	0.275	0.586

注：本表数据通过 Bootstrap 自抽样 2000 次获得，均以非标准化数据呈现。

6.4 研究结论与启示

6.4.1 理论贡献

第一，现有女性创业研究普遍缺乏从宏观视角研究女性微创业这一独特的创业形式，忽视了制度环境、社会网络等社会因素对女性微创业绩效的影响。与以往女性主义理论强调女性在传统领域创业的性别劣势不同，本章研究从中国情境出发，认为女性感性化、乐于分享的性别特征有利于在数字经济时代开展微创业活动。与男性相比，女性利用社会资本的能力较低，外部资源劣势更为突出。因此，本章研究主要强调女性微创业须嵌入制度环境和提高创业网络质量以弥补其主要劣势，丰富了有关女性微创业的相关研究成果。

第二，本章研究从管规制度环境和认知制度环境两个维度分析创业制度环境对女性微创业绩效的影响，深入分析了制度环境对女性微创业绩效的作用机制。与以往研究创业制度环境分为管制、规范和认知三个维度，或分为正式制度与非正式制度两个维度不同，本章研究将创业制度环境分为管规和认知两个维度。因为，本章研究认为，女性微创业行为的产生是嵌入于客观性与主观性的外部环境当中。从效率角度考虑，管制性、规范性要素发起的制度变迁往往更容易发生并被观测到，具有客观性。认知性要素发起的制度变迁不易被直接观测，创业者对创业合法性、风险性和市场信息的认知具有主观性。本章研究通过探索性因子分析验证了这两个维度划分的合理性，为制度环境的评价和测量提供了新的实证依据。

第三，以往女性创业网络的研究侧重在创业生态系统中女性创业网络的构成、关系强度以及二者的性别差异等。本章拓展了对女性创业网络的研究，认为创业者不能只追求网络的数量或结构。在创业生态系统构建起了社会网络之后，必须维护并提升其质量。只有提升女性微创业网络的质量，才能解决女性创业角色冲突和信任困境的问题，才能让制度环境更好地发挥作用。本章研究通过因子分析和回归分析证明，嵌于社会网络中各行为主体之间的信任和支持程度是让创业网络发挥作用的关键，创业网络质量的部分中介作用使制度环境对创业绩效产生显著的正向影响。因此，本章研究引入了创业网络质量的研究视角，深入分析了制度环境和创业网络质量对女性微创业绩效的影响机制，拓展了制度环境和创业绩效之间关系的研究。

6.4.2　实践启示

2018 年《国务院关于推动创新创业高质量发展打造"双创"升级版的意见》提出，"深入推进创新创业巾帼行动，鼓励支持更多女性投身创新创业实践"[①]，标志着我国女性创业进入了中央的顶层设计，是嵌入于国家战略、互联网经济与产业转型框架下的必然选择。本章研究检验了创业制度环境对于创业网络质量及女性微创业绩效的影响机制，对中国情境下女性微创业的发展及政府部门的政策建议有以下启示：首先，女性微创业主体应主动适应制度环境，积极学习各级政府有关创业的政策法规，通过提高自身能力与创业网络质

---

① 中华人民共和国中央人民政府网. 国务院关于推动创新创业高质量发展打造"双创"升级版的意见 ［EB/OL］（2018 – 09 – 26）［2023 – 09 – 06］. https：//www. gov. cn/zhengce/zhengceku/2018 – 09/26/content_5325472. htm.

量获得利益相关者的信任、认可与支持，从而提高微创业绩效。其次，政府相关部门要树立创业生态系统的全局观，充分发挥其引导作用和统筹功能，帮助女性微创业者更好地嵌入制度环境、巩固创业网络、获得更多社会支持。通过制订女性微创业支持计划，创建女性主题众创空间，建立微创业女性与创业生态系统其他主体互动平台等方式帮助提高女性微创业绩效。此外，创业生态系统各行为主体应加强合作，在管制性、规范性制度要素迅速扩散的过程中，创造"大众创业""草根创业""女性创业"的积极氛围，使认知性要素和制度变迁的效果得以稳定，为我国劳动力市场的稳定和经济社会发展提供动力。

6.5　本章小结

本章整合制度环境与创业网络质量对女性微创业绩效的作用，利用收集的698份微创业女性的调查数据，采用 OLS 回归方法和中介效应检验方法对研究假设进行验证。创业制度环境正向影响创业网络质量和女性微创业绩效；管规制度环境和认知制度环境都分别通过创业网络质量的部分中介作用正向影响女性微创业绩效。研究结果说明，女性进行微创业应克服角色冲突与信任危机两方面障碍，重视提高创业网络质量，积极嵌入创业制度环境，以促进创业绩效的提高与创业生态系统的完善。

本章研究存在一些局限。一是样本数量的局限。本章研究的调研对象为女性微创业者，该群体的流动性与相对隐蔽性增加了调研的难度，本章研究的样本有698个，未来可以进一步扩大样本数量。二是本章研究所采用的样本数据都来自基于互联网平台的新零售行业，而现实中微创业涵盖范围更广泛，不仅包含互联网经济的新零售终端，还包括线上培训、移动支付、质检等其他增值服务领域。新兴产业的发展方兴未艾，新的创业就业形态也不断涌现，女性微创业者内部在网络构成与资源获取等方面也可能存在差异，制度环境和创业生态系统的发展也需要与时俱进。因此，未来研究可以进一步扩展样本类型并进行不同微创业类型间的比较。

第7章

完善女性微创业制度环境的对策建议

微创业是利用互联网技术和平台，以小规模、低成本、灵活性强、风险相对较低的方式进行创业。创业者可以在互联网上开展各种业务，如电商、内容创作、在线教育、社交媒体营销等。相对于传统的创业方式，互联网微创业更加注重创业者的个人能力和创新精神，也更加适合一些初创阶段、缺乏资金和资源的创业者。同时，互联网微创业也具有很强的市场拓展能力和成长潜力，可以通过互联网平台的全球化和社交化，实现更广泛的市场覆盖和更快的成长速度。互联网微创业是近年来兴起的一种创业方式，受到越来越多年轻人和女性创业者的青睐。

通过本书的规范性研究与实证研究可知，数字经济背景下的女性微创业在宏观与微观层面均具有重要意义，有助于促进经济增长、推动性别平等、改进创新创业生态系统、改善社会福利与增加社会包容性等。首先，女性微创业的兴起为经济增长提供了新的动力，女性微创业者的增加意味着更多的就业机会和创新活动，促进了经济的多元化和创新能力的提升。其次，数字经济下的女性微创业打破了传统的性别角色刻板印象和社会期望，为女性提供了更多的自主机会。通过微创业，女性能够实现经济独立和自我发展，提高自我认同和社会地位，推动性别平等和女性权益的进一步实现。另外，女性微创业的增加为创新创业生态系统注入了更多的多样性和创造力。女性的不同视角和经验能够带来新的商业模式、产品和服务，丰富市场供给和消费者选择，有助于改进创新创业环境，推动经济的持续创新和竞争力提升。此外，女性微创业的兴起有助于改善社会福利与增加社会包容性，女性能通过微创业获得经济收入和社会资源，有助于改善自身和家庭的生活条件，这对于改善社会福利和提高社会稳定性具有积极作用。因此，鼓励女性自主微创业，改善女性微创业制度环境具有重要意义。

从前文的分析结果来看，近十年来中国整体的创新创业制度环境已得到较大改善，女性微创业在劳动力市场上显示出了强大的发展活力，但同时也存在诸多问题。首先，从城乡女性微创业的实地调研中发现，我国城乡女性微创业还存在显著差异，农村女性由于教育和社会环境等因素的限制，创业意识和创新能力也相对较弱，需要更多的政策和社会支持、更好的制度环境来帮助她们创业。其次，虽然女性微创业发展迅速，但从个体层面仍然面临从业者素质参差不齐、社会网络单一限制创业发展、信任危机与创业风险并存等问题，从制度层面还存在着税收执行难度大、市场监管不规范、劳动关系不明确与劳动保障缺失等问题。因此，需要进一步完善女性微创业制度环境，激发与保护女性的创业精神。

本书研究的调查问卷中有这样一个开放式问题："对于如何更好地支持和鼓励女性自主创业（微商/小微创业/互联网创业），您有什么意见或建议？"从图7.1的词频分析可以看出，大部分女性微创业受访者都建议要加大政策支持和社会各界的扶持力度。此外，她们还希望政府能够出台优惠政策，鼓励女性创业，能够给予更多资金支持和更多机会。实现男女平等和反对性别歧视也是提及比较多的关键词，只有消除女性在创业领域的歧视，实现男女在职场和家庭照料方面的平等，女性才能有更多的时间和精力投身创业活动。从女性自身角度来看，提高自信和获得免费培训是增强女性自我效能和创业能力的关键。可见，从微创业女性的自身角度来看，完善女性创业的制度体系和社会规范、提高女性自主创业的能力都受到了创业主体的重视。

图7.1　支持女性微创业的建议的词频分析

因此，本章在前文研究的基础上，结合当下的社会背景，从完善女性创业的制度体系和社会规范、平衡政府外部监管与平台内部监管"微生态"、完善微创业税收征管制度，以及提升女性微创业绩效等四个方面，提出完善女性微创业制度环境的对策建议。

7.1　完善女性创业的制度体系和社会规范

创业带动就业具有乘数效应，如果创业成功，可以吸纳和创造更多的就业机会。但也要看到，女性微创业的质量和绩效并不高，因为她们缺少足够的经验和资金支持，创业规模小，并且很多女性承担育儿和家庭照料的任务，一定程度上限制了事业的发展。近年来，女性微创业对稳定我国就业市场起到了重要作用①，因此，重视女性创业制度体系和社会规范的完善，从政策体系、社会保障、社会规范等方面完善创业带动就业的政策体系，是优化女性微创业制度环境的关键。

7.1.1　构建创业带动就业的政策体系，完善管制制度环境

管制制度环境是政府或相关机构通过法规、政策、标准和监管措施等手段对市场进行管理和监督的整体环境。2020 年以来，我国就业市场受到多种因素的综合影响，部分行业和企业生产经营尚未恢复到预期水平，就业市场用人需求仍存在一定的不确定性。同时，需要就业的人口总量又在持续增加，仅就高校毕业生来说，2023 年中国高校毕业生总数达到了 1222 万人，比上年 1179 万人增加了 43 万人。② 在经济下行影响下，"稳就业"仍然是关乎国计民生的首要任务。对此，国家发展改革委等 8 部门联合印发《关于深入实施创业带动就业示范行动力促高校毕业生创业就业的通知》（以下简称《通知》），明确要

---

① 人力资源和社会保障部政务微信．划重点！今年就业工作这么干［EB/OL］．（2022 - 02 - 24）［2022 - 04 - 18］．https：//baijiahao. baidu. com/s？id = 1725649188049933048&wfr = spider&for = pc.

② 这一数据由人力资源和社会保障部部长在 2025 年 3 月 9 日的全国人大民生议题记者会上公布。

继续组织实施创业带动就业示范行动，建设国家"双创"示范基地，为高校毕业生、女性、退伍军人等特殊群体提供更多灵活就业机会。在这种情况下，从性别视角构建创业带动就业的政策体系，有助于激活市场主体活力，缓解疫情和经济下行带来的负面影响。从性别视角构建创业带动就业的政策体系，主要涉及对女性群体的金融扶持、创业培训、税收减免、财政援助以及创业服务等方面。现阶段，我国已经实施了许多创新创业政策和女性创业支持项目，然而这些政策的实施和执行尚待进一步完善。在创业政策制定过程中，女性决策者的参与度较低，政策制定者和公众对社会性别的认识不足，缺乏政策的社会性别评估，导致许多创业女性难以充分受益于政策优惠。为实现女性创业的真实需求，创业政策中应融入社会性别视角，在决策者中提高女性比例，加强对社会性别观念的普及和教育，完善创业政策的社会性别评估操作，使创业政策能充分考虑到社会的公平性，使女性在创业时能与男性一样获得同等的机遇，为女性创业者提供帮助和扶持，尤其为微创业女性创造一个公平、公正的创业氛围，充分调动女性市场主体的积极性与激发她们的市场活力。

此外，为了缩小城乡差距，更好地帮扶农村地区女性进行微创业，可以借鉴马郢村的部分经验，通过政府牵头、公益组织助力、高校赋能、企业参与，为农村地区或有意去农村地区创业的女性微创业群体提供专门的创新创业服务。例如，改善农村的基础设施建设，提升通信、交通、电力等基础设施的水平，为农村地区女性微创业提供更好的条件和便利；建立女性微创业指导机构和咨询服务机构，为农村地区女性提供创业咨询、法律咨询、市场调研等方面的支持，帮助她们解决创业过程中的问题和困难；提供金融支持，设立专门的创业基金、创业贷款和担保机制，为农村地区女性提供贷款和融资支持，降低她们创业的资金门槛，解决资金短缺问题；促进合作和联合创业，鼓励农村女性进行合作创业，组建合作社、农民专业合作社等组织形式，共同分享资源、经验和市场，提升创业成功的机会；发挥公益组织、高校、企业的自身优势，通过组织培训、参加创业竞赛、提供咨询和指导等方式，帮助农村女性提升创新创业能力，为农村女性提供社会支持网络，形成政府、公益组织、高校和企业互通互动的创新创业生态系统，构建完善的合作机制和资源共享平台，共同推动农村女性的创新创业发展。另外，针对诸如多孩母亲、女性残障人士、女性失业人员等特殊群体，政府可以额外提供一些免息贷款、税收减免、租金补贴等微创业扶持政策。最后，为了防止女性，尤其是农村地区女性，落入传统的性别歧视陷阱，政府应该创造一个公平的竞争环境，让女性微创业者可以公平地参与市场竞争。

7.1.2　完善惠及女性群体的社会保障制度体系，加强女性劳动保障

由于女性微创业活动大部分基于互联网平台进行，还存在平台用工中劳动关系不明确与劳动保障缺失的问题，为此，为构建良好的女性微创业制度环境，必须进一步完善惠及女性群体的社会保障制度体系，加强女性劳动保障。首先，要制定和完善相关法律法规，明确女性劳动者的权益和保障措施。包括规定女性劳动者的工资、工时、休假、福利待遇等，确保其享有平等的劳动权益。其次，要建立全面的社会保险制度，包括养老、医疗、失业、工伤和生育保险等，确保女性劳动者享有完善的社会保障。同时，要关注非正规就业和自主创业的女性劳动者，探索建立适应其需求的社会保险制度。另外，要落实社会保障运行机制，扩大社会保障的覆盖面，积极落实各项社保补贴，加强社会保障信息化建设，推进社会保险转移接续便捷办理，加强社会保险分性别统计、信息动态监测和管理，加强对劳动关系和劳动保障的监督和执法，严厉打击性别歧视和违法用工行为，保护女性劳动者的合法权益。再次，建立自主创业、灵活就业女性的劳动权益保障机制，健全政府、工会、企业共同参与的劳动关系协商协调机制，督促用人单位规范用工行为，依法与女职工签订劳动合同，促进企业规范化用工，依法与女性员工订立合法的劳动契约，扩大女职工特殊权益保护专项集体协商覆盖面。强化用人单位诚信体系，强化对侵害妇女合法权益的失信惩处。发挥工会、妇联等组织的作用，有效维护女性劳动权益，广泛开展劳动安全和职业健康宣传教育，增强用人单位和女性创业人员的劳动保护和安全生产意识。最后，要进一步完善女性特殊劳动保护措施，重点做好女性生理期、孕期、哺乳期的特殊保护。通过适当途径促使有关部门制定家庭育儿补贴、社保缴纳补贴等措施，加强托育服务的供给，提供高质量、可承担的托育机构和服务，帮助女性劳动者解决育儿与工作的平衡问题，为数字

经济领域的妇女更加充分、公平、高质量就业创业提供保障和支持。

7.1.3 加强规范制度环境建设，营造男女平等的社会氛围

规范制度环境建设指的是通过建立和完善一系列规范、制度和政策，来促进社会的发展和运行，确保各方的权益得到保障，并营造一个公平、公正、透明、可预测的社会环境。首先，虽然我国创业环境随着国家政策、法律的鼓励对女性越来越包容，但家庭和社会对女性的歧视仍然会阻碍女性全身心投入创业工作。因此，政府可以制定和完善法律法规，明确禁止性别歧视和偏见，保障女性平等就业和创业的权利，通过政策引导和示范效应，推动企业和社会各界关注女性创业，提供更多的机会和支持。其次，由于受文化及社会传统思想的制约，女性创业者兼顾工作与生活要比男性付出更多精力，在身体上和精神上都承受更大压力。在家庭分工上，"男主外，女主内"的思想观念使女性承担更多家庭照料的工作。女性创业者同时承担创业、家务、子女教育和照顾老人的责任，面临家庭和工作的矛盾。因此，尊重家务劳动价值，倡导男女共同承担家务，缩小家务劳动时间性别差距，是营造男女平等社会规范的重要举措。再次，为了更好地强化男女平等的社会性别意识和社会规范，打造支持女性创业的社会氛围，需要大众传媒发挥宣传和教育的作用，通过网络媒体、广播、电视、报纸杂志等渠道，加大社会性别平等意识的推广。最后，妇联、工会、非政府组织也需要开展形式多样的社会活动，例如专题讲座、培训交流、知识竞赛等，通过研讨和学习增强决策部门和社会大众的男女平等意识。

7.1.4 加强认知制度环境建设，开展具有针对性的创业教育

认知制度环境建设是指通过改变人们的认知方式和思维模式，以及建立相应的制度和环境，来促进社会的发展和进步。互联网微创业和传统创业一样，都需要具备一定的商业思维和创新能力，要有良好的市场敏感度和风险意识，需要有强烈的创业意愿和决心。因此，需要进一步完善终身职业技能培训制度，加强认知制度环境建设，大力培育知识型、技能型、创业型女性劳动者，

具体举措包括：建立健全职业教育体系，包括高等教育、职业院校和职业培训机构，为女性提供多样化的技能培训和职业发展路径；制定和完善相关政策，为培育知识型、技能型、创业型女性劳动者提供更多的政策支持，包括财政扶持、税收优惠、创业补贴等；加强宣传和推广终身学习理念，鼓励女性劳动者持续学习和提升自身的职业技能，以适应社会和市场的变化；提供灵活多样的培训方式，如在线学习、远程培训、微课程等，方便女性劳动者根据自身情况选择合适的培训方式；鼓励女性劳动者进行跨学科的培训，提升综合能力和创新思维，培养创造性和解决问题的能力；设立行业培训基地，为女性劳动者提供专业化的培训和实践机会，提高其在特定行业的竞争力；加强创业教育，为女性劳动者提供创业知识、技能和资源，鼓励并支持她们创办自己的企业或参与创业项目。此外，政府、教育部门和社会组织需要建立健全科学的组织管理制度，针对女性微创业设计专门的培训计划，有针对性地为女性微创业提供创业教育和辅导，例如，鼓励人力资源和社会保障部、商务部、农业农村部等部门积极与电商平台合作，对女性开展电商培训、网络直播带货等新技能培训。同时，着力健全女性就业创业服务体系，进一步加大招聘服务和创业指导服务活动力度，通过"春风行动""百日千万网络招聘""巾帼行动"等专项服务活动，集中为女性提供精准的创业对接服务。进一步加大帮扶力度，多渠道帮助处于不同创业阶段的女性提高创业绩效，包括创业筹划阶段、创业初期阶段、创业成熟阶段、创业失败阶段，以及再创业阶段，更精准地帮助创业女性解决各个阶段遇到的实际问题，提高女性创业的自信心，帮助她们获得更多社会资源和支持。

7.2　平衡政府外部监管与平台内部监管"微生态"

电商生态系统是指由电子商务核心交易企业、金融服务企业、物流服务企业、政府等组织机构以联盟，或虚拟合作等方式通过互联网平台分享资源，形成的一种生态系统，其成员间信息共享、协同进化，实现自组织和他组织。基于电商生态系统的女性微创业离不开平台经济的健康发展，因此，依法依规加强互联网平台经济监管对于规范互联网平台经济发展、保障市场主体权益具有重要意义。需要从加强政府外部监管、规范互联网平台内部监管，以及平衡两者监管"微生态"的角度来进一步优化整体的创业环境（周辉，2016）。

7.2.1 加强政府对互联网平台的外部监管

以政府为代表的"公权力"主体，始终是网络治理和市场监管的重要主体。面对新的商业模式和线上交易的复杂性，政府传统的监管方式、监管资源、监管能力都面临严峻挑战。目前，移动社交电商在全世界范围内还属于新兴行业，相关法律法规还不完善，女性微创业经营领域也存在虚假广告宣传、诚信缺失、商品质量难以保障等问题，因此，政府相关部门应该依托《电商法》等相关法律法规，敦促平台进行营业执照注册登记和实名制登记认证，以维护更加公平和稳定的市场，保护消费者和经营者的合法利益。同时，监管部门也应加强对互联网平台上市场主体的监管，对于商户存在的违法违约行为进行及时监督与正确引导，加强相关法律法规的宣传，建立起完善的网络经营市场主体信用档案，对有关投诉举报，及时采取"工商介入、平台配合"的方式开展调查、处理，并及时进行披露和通报。政府作为社会主义市场经济中"看得见的手"，需要发挥宏观调控作用，针对平台垄断、互联网平台封禁、数字劳动去劳动关系化等不良行为进行外部监管、控制与协调，引导平台营造一个健康有序的互联网环境和可持续发展的电商生态环境。

7.2.2 规范互联网平台的内部监管

互联网平台在电商生态系统中既是竞争的主体，又是市场秩序的维护者。互联网平台自我监管是指平台经营者对其成员或者其他接受其权威的相关人员进行的约束和规范，主要面向平台内经营者及消费者等平台参与者（叶明和贾海玲，2021）。由于互联网平台掌握着网络治理所需要的专业与技术，相较于政府监管，互联网平台自我监管的专业性、技术性、时效性更强。平衡政府监管与平台责任"微生态"，离不开平台企业自我监管的"内外兼修"。通过政府对平台企业的外部监督来指导平台企业的内部监管，平台内部监管和外部监督相协调。从文化创建、结构调整、风险识别、规则管控等方面加强平台企业的自我监管。例如，在互联网时代，微信带来了巨大的在线业务流量，但也面临着恶意侵权、过度营销、诱导分享、低俗化、恶意欺诈等混乱局面。因此，在我国法治建设的大环境下，必须以强有力的技术手段提高对社会化电商的管理水平，通过搭建顺畅的交流联动机制，达到信息的共享，提高监督的效能，运用动态监控等手段，对各类互联网平台的各类违法活动进行有效的打击。在此基础上，加强平台经营者的社会责任意识，积极推进实名验证等措施，切实保证互联网的安全。

7.2.3　平衡政府外部监管与平台内部监管"微生态"

政府的外部监管与互联网平台的内部监管各有利弊。一方面，政府监管具有强制性和明确性，有助于规范平台经济发展与维护公平有序的市场秩序。但政府监管互联网平台内部市场的成本较高，既包括行政机关的执行成本，又包括监管对象的履行成本等。同时，政府过度干预也可能破坏市场的竞争机制，影响生产率的提高和市场主体的活力。此外，数字技术的快速变革也为政府监管带来了新的挑战，网络安全问题和技术壁垒的迭代不断带来新的监管难题。另一方面，平台自我的内部监管虽然具有专业性和经济性，但平台逐利的本性往往会与公共利益发生冲突，平台自我监管的透明度往往不足，公众难以知晓平台运行的内部规制、程序和相关数据信息，知情权缺失，且有隐私权受到侵犯的风险。因此，在政府和平台两者监管交集的范围内，如何选择最优的监管方式，成为平衡政府外部监管与平台内部监管"微生态"的关键。首先，需要厘清平台自我监管与政府监管之间的边界，设立政府及其监管部门的立法审查机制，加强事前评估，节约监管成本，提高监管效率。其次，健全互联网平台自我监管的程序规范，健全互联网平台信息披露机制，提高平台的透明性和公开性，增加公众参与度，防止平台经济产生负外部性。总之，只有充分发挥政府外部监管与平台内部监管的合作优势，扬长避短，才能保障平台经营者、创业者、消费者和社会公众等多方主体的合法权益，为女性创业活动提供规范、健康的发展环境。

在整个微创业系统的建设完善过程中，最重要的就是互联网平台与政府的合作。通过合作建立互联网营销管理行为监测系统，将微创业经营监管的信息透明化，并及时向工商部门反馈。一经发现有违法行为的微创业者，立即采取阻止交易、勒令整改、注销店铺、公安备案等严厉措施，阻止违法经营行为，与监管部门形成协同监管的联动机制。在平台维护方面，平台需要建立严格的审查机制，对微创业活动设置"门槛"，对其进行信息的严格监管，督促办理营业执照。通过全面追踪消费者购买记录和流程信息的方式，同时保护消费者和商家的利益，促进行业的诚信体系建设。

7.3 完善微创业税收征管制度

微创业主要分为 B2C 和 C2C 两种模式。前者主要基于商业平台，例如微盟、云商城等，后者更多以个人经营者为单位，如微信个人网店、个人代购等。B2C 模式以企业为单位结算，税务流程清晰，能开发票，税收管理比较规范。但 C2C 模式具有交易主体隐蔽性、交易无纸化、虚拟化等特点，税收征管不易。尽管 2019 年的《电子商务法》明确规定，必须对电子商务进行征税，C2C 微商也被纳入了征税范围。但是，法条规定比较简单笼统，且 C2C 微商模式的特殊性，导致执法过程中出现纳税主体难以确定、税基难以明确、税收管辖权难以确定、税务执法部门内部机构设置不健全、税务执法部门税务检查缺位等问题（李芳，2019）。进一步完善税收征管制度主要有三个原因。第一，为了促进行业健康发展。通过税收征管制度可以加大对微商经营活动的监管力度，从而打击假冒伪劣商品等扰乱市场的行为。第二，为了遵循税收公平性原则。微商作为一种销售营利活动，与实体相比，只是交易形式不同而已，因此为了保持对实体经营的公平，应该对其进行征税。第三，为了稳定国家税收收入，维护国家经济秩序。微商市场规模庞大，主动纳税者较少，从而带来大量税收流失。因此，完善微商税收征管制度是进一步完善微创业制度环境的重要内容。

对于如何完善微商税收征管制度，目前我国已经开始了很多有益的探索，主要从明确 C2C 微商的征收对象、强化个人登记制度、构建信息共享平台等方面提出解决方案。

7.3.1 完善税收实体法律法规，加强税务执法体系建设

我国没有专门针对微创业税收的立法，只有涉及电子商务整体税收的法律规定。2017 年国家工商总局出台的《关于推行企业登记全程电子化工作的意见》，规定了企业电子登记流程，税务登记的便利化有助于市场主体主动进行登记和规范经营。2019 年出台的《电子商务法》首次明确规定电子商务应依法纳税，但无法解决纳税地点、缴扣义务人等问题。《个人所得税法》《网络发票管理办法》《个体工商户个人所得税计税办法》等行政法规更详细地解答了执法过程中遇到的新问题。因此，健全税收实体法律法规需要进一步针对微创业的特性确定具体税种，规定纳税地点和扣缴义务人等具体内容。同时，进一步健全税收程序法律制度，从纳税登记、电子凭证、涉税发票、电子税务检查等方面对微商从业者的经营活动进行细化，形成一套网络化、电子化、便捷化的税务征收、检查体系，做到依法治国、依法行政。在加强税务执法体系建设方面，必须建立专门的执法机构，专门负责各种电子商务的税款征纳、检查监督等事务。设立跨机构的合作组织，例如，需要根据工商部门的工商登记完善税务登记，依靠司法部门提供的法律协助解决违法事件，涉及跨境电商、海外代购的微商从业者还需要海关部门的协助，涉及商品质量的问题还需要质量检测等部门的合作等。因此，通过跨机构的电子商务工作组研究和制定微创业相关的税收政策，有利于建立相互沟通、协调、共享的工作机制。

7.3.2 增强微创业经营者的纳税意识，推行"自然人纳税人识别号"制度

增强微创业经营者的纳税意识，首先要普及纳税主体的法律知识，税务机关可以通过制作宣传手册、开展法律知识讲座、扩大大众媒体宣传等方式，向微创业经营者普及相关税法知识。微创业平台也有义务向平台内的经

营者普及法律知识，树立依法纳税、合法经营的责任意识。其次，强化微创业经营者的权利意识，通过权利意识宣传让纳税主体认识到自主创业对国家、社会的益处，树立主人翁意识，提高创业者的主观能动性和激发企业家精神。通过建立纳税者协会等组织对征税主体进行社会监督和帮助，保护纳税者的合法权益。同时，也要提高消费者的税法意识，让消费者养成留存发票的消费习惯，督促微创业经营者依法纳税，形成以微创业经营者为导向，税收机关和微创业平台为监管主体，社会组织、消费者为辅助的多层级监管体系。在具体执行方面，积极推行"自然人纳税人识别号"制度。在我国，很多居民自觉纳税意识并不是很强，一部分人出于自利心理会心存侥幸。因此，为了加强微商经营者自觉纳税意识，可以对其分配"纳税人识别号"，每个经营者拥有自己独一无二的"税号"，将纳税人识别号与微创业经营者的诚信相关联，税务部门根据微创业经营者的纳税情况对其进行星级评级，对于按时、主动、诚信纳税的经营者给予较高的星级评级，并将评级结果展示在微创业经营者个人信息栏中，从而加强大家的纳税意识。当然，一项制度的运行不能单靠一个部门完成，因此也需要工商部门、税务部门以及互联网平台公司相互配合来实现该机制的运行。

7.3.3　针对不同群体制定适当的税收优惠政策

在"大众创新，万众创业"背景下，鼓励自主创业，需要区分机会型创业和生存型创业。在制定税收政策时要考虑低收入人群，给他们提供一定的税收优惠。在疫情的影响下，很多失业者、大学生、全职妈妈等特殊群体从事微创业活动，大部分人都属于生存型创业，也是自主就业的主要方式，有助于缓解经济下行的就业压力。因此，不能给予微创业经营者过重的负担，否则会迫使他们退出劳动力市场，从而增加失业人数，扩大社会压力。同时，对于偷税漏税行为应严惩不贷，从而提高人们的纳税意识。为最大限度地保障纳税人权益，《国家税务总局关于落实支持小型微利企业和个体工商户发展所得税优惠政策有关事项的公告》规定，个体工商户可以在现行优惠政策基础上，再享受减半征收政策。对于小微企业的六税两费，即印花税、房产税、资源税、城镇土地使用税、耕地占用税、城市维护建设税及地方教育附加、教育费附加，可按照50%的税额减征。自主创业的全职女性或者兼职女性都可以根据国家政策规定，注册为个体工商户或小微企业，享受相应的税收优惠政策。除了税收优惠政策，对于女性微创业还应从征税程序和工商行政管理方面给予支持，例如，鼓励女性微创业者进行工商登记，一年内免交个体工商户登记注册费，包括开业登记、变更登记、补换营业执照及营业执照副本的费用，以及减免个体工商户管理费等。切实优化政策兑现流程，确保减税政策落实到位。

7.4 提升女性微创业绩效

对于很多女性微创业者来说，创业过程分为三个阶段：生存型创业、改善型创业和自我实现型创业。不同的阶段既需要外部环境的支持，也需要自身的努力。互联网为女性创业赋予了新的能量与内涵，也对女性的创业能力提出了更高的要求。从第5章、第6章的分析来看，女性微创业绩效受到创业制度环境、创业社会网络和自身创业能力的影响。创业制度的优化主要依靠政府部门、互联网平台与社会组织等外部因素，而女性创业网络质量的提升离不开自身能力的提高。因此，本章主要立足个体层面，从树立正确的创业观念、提升个人价值和自我效能、贯彻终身学习的理念、提高创业能力、拓展社会网络、有效提高社会资本等方面，提出提升女性微创业绩效的对策建议。

7.4.1 树立正确的创业观念，提升个人价值与自我效能

正确的创业观念是指对创业的理解和态度，包括理性思考、长远规划、创新意识、团队合作与风险意识。树立正确的创业观不仅能让女性微创业者的事业更顺利，还能提升个人价值与自我效能。国家对微创业扶持和鼓励的一系列政策表明了主流社会对于女性自主创业的认可（赖德胜和李长安，2009）。因此，女性应树立正确的创业观念，提高自我认知，了解自己的优势、兴趣和目标，明确自己的创业动机和价值观，通过制定和执行具体、可行和有挑战性的

目标，增强自己的信心和动力；通过自我评估和反思，既要看到自己微创业的优势，也要防止可能出现的各种问题，不断总结经验教训，找到改进和提升的方向；通过认真学习和贯彻国家各项方针政策，遵纪守法，不忘初心，把个人价值融入国家和社会的发展大局当中。同时，要认识到创业是一个漫长而充满挑战的过程，面对困难和挫折时要勇于面对挑战，保持积极的心态，相信自己的能力，不断学习和成长，勇敢面对挑战。

7.4.2　贯彻终身学习的理念，提高创业能力

创业能力是指一个人在创业过程中所具备的能力和素质。它是创业者在进行创业活动和应对市场变化时所需要的一系列技能和特质的综合体现。后疫情时代的商业环境充满着各种不确定性，市场竞争越来越激烈，在资源有限的情况下，女性如何洞察和分析外部环境、审视自身优劣势和能力范围，权衡多方利益关系，都需要有足够的创业能力。所以，贯彻终身学习的理念，提升自己的创业能力是提升女性微创业绩效的关键。首先，要保持主动学习的态度，不断更新自己的知识和技能，可以通过参加培训课程、学习在线教育资源、阅读专业书籍和行业报刊等方式，不断提升创业所需的专业知识和技能。其次，寻找有经验的导师或者与自己领域相关的成功女性创业者作为角色模型，向他们请教和学习，通过参加创业者活动、行业交流会等机会，积极与他们建立联系，并向他们请教创业经验和心得。最后，建立一个充满学习氛围的团队，鼓励成员互相学习和分享。可以定期组织团队内部的培训和知识分享会，邀请专业人士或行业专家举行讲座和培训，让团队成员共同成长和提升。

7.4.3　增强法律意识，提高风险管理能力

法律意识是指个人对法律的认识和理解程度，包括对法律法规、法律制度和法律原则的了解，以及对自身权益和义务的认知和保护意识。拥有良好的法律意识可以帮助人们更好地遵守法律、维护自身权益，也能在创业过程中提高

风险管理能力，减少法律风险。对于女性微创业者来说，增强法律意识，首先，要通过参加相关培训、阅读法律书籍或咨询专业人士等方式学习法律知识，了解相关的法律法规，特别是与创业相关的法律，包括劳动法、消费者权益保护法、税法等。其次，在创业过程中遇到法律问题时，要及时寻求专业律师或法律顾问的指导和建议，确保自己的行为符合法律规定。最后，在创业过程中，要注意合规经营，遵守税收规定、劳动法规定、环境保护法规定等商业运营的法律法规，建立适合自己微创业项目的内部制度，包括员工管理、财务管理、合同管理等，尤其在与供应商、客户、合作伙伴等进行合作时，注意合同的签订和履行，或者在合同中约定相应的风险分担和解决方式。同时，对于涉及知识产权的创业项目，要重视知识产权的保护，包括申请专利、商标注册、保护商业秘密等，防止知识产权被侵犯。

7.4.4　拓展社会网络，有效提高社会资本

社会网络是一个人在社会中与他人建立的各种关系和联系。社会网络可以提供信息、资源和支持，对于个人的发展和创业活动有重要的影响。对于社会资本薄弱、社会网络单一的女性微创业者，要提升创业绩效就必须不断拓展社会网络，积累社会资本。首先，要积极主动地与政府、高校、企业、社会组织等机构建立合作关系，寻找相关的创新创业项目、活动和机会，融入创新创业生态网络，与合作伙伴共同开展项目，共享资源和客户，提升社会资本，通过诚信经营和遵守合作伙伴间的互惠规则，建立起信任和良好的合作关系。其次，加入行业协会和商会，参与各类活动和会议，例如创业大赛、行业研讨会、创业者社群等，与其他创业者、专业人士和投资者互动，建立联系和扩大社交圈。最后，利用网络社交平台，如微信、微博、LinkedIn 等，建立个人品牌和专业形象，借助社交媒体的传播力提高知名度和影响力，并积极参与社区和公益活动，树立良好的社会形象。社会资本的有效提升可以为女性微创业者提供更多的资源、信息、信誉和支持，通过建立广泛的社会网络和积极参与社会活动，女性微创业者可以扩大自己的影响力，获得更多的合作机会，进一步提升创业绩效。

7.5 本章小结

　　本章结合前文对中国女性微创业制度环境的评价与分析结果，分别从完善女性微创业的制度体系和社会规范、平衡政府外部监管与平台内部监管"微生态"、完善微创业税收征管制度，以及提升女性微创业绩效等四个方面，提出优化女性微创业制度环境的对策建议，以期为激发和保护女性创业精神、提高女性微创业绩效、实现和扩大就业提供借鉴。

第8章

研究总结与不足

本书基于制度理论和社会资本理论，详细探讨了数字经济新战略背景下，中国女性微创业制度环境的演变、特征以及存在的问题，并通过文献梳理和因子分析建立了女性微创业制度环境综合评价体系；从性别视角对中国女性微创业制度环境进行了评价与分析，进而采用 OLS 回归分析和中介效应检验探索制度环境对女性微创业绩效的影响机制；最后基于研究发现提出改善女性微创业制度环境的对策建议。本书研究的主要结论如下所述。

（1）近十年来中国整体的创新创业制度环境不断改善，但仍需从性别视角进一步完善女性微创业制度环境。随着数字经济的发展，中国创业环境发生了一系列变化，主要体现为创业服务从政府为主发展到市场发力，创业主体从"小众"到"大众"，创业载体从注重"硬条件"到更加注重"软服务"。从城乡女性微创业的实地调研中得出，我国城乡女性微创业还存在显著差异，农村女性由于教育和社会环境等因素的限制，创业意识和创新能力也相对较弱，需要更多的政策和社会支持、更好的制度环境来帮助她们创业。虽然女性微创业发展迅速，但从个体层面仍然面临从业者素质参差不齐、社会网络单一限制创业发展、信任危机与创业风险并存等问题，从制度层面还存在税收监管和执行难度加大、市场监管不规范、劳动关系与劳动保障面临挑战等问题。因此，需要从性别视角对中国创业制度环境进行评价与分析，进一步完善女性微创业制度环境，激发与保护女性的创业精神，提高女性的微创业绩效。

（2）已有文献对于微创业制度环境从管制、规范和认知维度的测量仍然适用于男性，但是，这一测评标准对于女性群组并不适用，必须针对女性微创业群组重新设计有关管制和规范维度的具体测量指标。从社会资本视角重新构建微创业制度环境评价体系，分别对男性和女性微创业者样本进行因子分析，发现两者在指标筛选后所生成的维度产生了差异。男性在五个主维度的分数排名依次为：管制制度环境＞互惠社会资本＞认知制度环境＞制度社会资本＞信义社会资本；女性在四个主维度的分数排名依次为：管制制度环境＞互惠社会资本＞认知制度环境＞信义社会资本。一方面，表明政府部门的管制对两者的微创业环境影响最大；另一方面，也表明女性在社会资本方面相较男性还存在明显不足，因此，需要进一步研究制度环境对女性微创业的影响机制，为优化女性微创业制度环境、提高女性创业绩效提供参考。

（3）女性微创业者通过提高创业网络质量，可以更好地嵌入创业生态系统，获得更有效的社会资源，从而有利于提升创业绩效。通过研究制度环境对女性微创业绩效的影响机制，发现创业制度环境正向影响创业网络质量和女性微创业绩效；管规制度环境和认知制度环境都分别通过创业网络质量的部分中介作用正向影响女性微创业绩效。研究结果说明，女性微创业要克服角色冲突与信任危机两方面障碍，因此在完善创业制度环境的同时，还需要重视提高女性创业网络质量，以促进其创业绩效的提高与创业生态系统的完善。

本书研究为进一步激活市场主体活力、优化女性创业制度环境提供了实证参考，但限于数据获取的可行性以及研究能力的有限，本书研究还存在以下局限和不足之处。

（1）从理论方面来看，本书结合前人的研究，通过因子分析探究了中国微创业制度环境的性别差异，构建了女性微创业绩效影响机制的理论模型，从创业制度环境和创业网络的角度探析了影响女性微创业绩效的关键因素，是对制度理论和社会资本理论在女性微创业领域的延伸和丰富。但是影响女性微创业绩效和发展的因素纷繁复杂，难以穷尽，并且创业制度环境也不是静态不变的。在未来的研究中，应关注更多创业环境中的制度因素和非制度因素，并将女性微创业的自我效能、创业能力等关键变量考虑进来，从多个角度选取关键影响因素，共同检验和保证实证结论的可靠性。

（2）从实证方面来看，由于本书研究对象数据获取存在难度，因此，本书选择了深度访谈和问卷调查的方式获取有限的样本来研究女性微创业制度环境的性别差异，以及进一步探讨女性微创业绩效的影响机制。但由于疫情影响，实地调研活动受到较大限制，样本的选取主要集中在长三角地区。由于无法获得研究对象的总体名单，只能通过受访者驱动抽样的方式用样本估计总体，样本的代表性还有待加强。在未来的研究中，可以扩大调研的范围和样本量，增加对男性微创业者的采样，从微观层面比较男性和女性微创业动机、特性和结果的异同，并比较不同国家或地区的制度环境和创新创业政策，以更好地把握数字时代下微创业的外部环境演变，为优化创新创业环境提供政策参考。

在"大众创业，万众创新"成为我国国家战略的背景下，本书开创性地从制度视角出发，探究数字经济时代我国女性微创业制度环境的演变发展，并引入社会资本构建女性微创业制度环境综合评价体系，分析制度环境对女性微创业的影响机制。基于历史文献、政策文本、访谈资料和调查问卷数据等多种研究资料，结合文本分析、文献计量、综合评价、回归分析等不同的研究方法，从宏观与微观层面回应制度如何影响创业行为这一学界关注的问题。

在实践层面，《中华人民共和国国民经济和社会发展第十四个五年规划和2035 年远景目标纲要》指出，要坚持男女平等基本国策，切实保障妇女群体发展权利和机会，深入实施妇女发展纲要，持续改善妇女发展环境。作为劳动力市场的重要组成部分，女性应平等参与数字经济的建设，并平等地分享数字经济发展带来的红利，在就业、创业领域享受平等待遇，完善权益保障是我国数字经济政策的重要议题之一。本书的研究结果认为，要通过不断完善微创业制度环境支持女性微创业，这不仅有助于在数字经济时代扩大就业，激发市场主体活力，更有助于推动劳动者技能转型，提升就业质量，促进经济转型升级与提高国家综合竞争力。

参考文献

［1］安纳李・萨克森宁（AnnaLee Saxenian）. 区域优势：硅谷与128号公路的文化和竞争［M］. 上海：上海科学技术出版社，2020.

［2］包凤耐，彭正银. 网络能力视角下企业关系资本对知识转移的影响研究［J］. 南开管理评论，2015（3）：97-103.

［3］蔡莉，单标安，刘钊. 创业网络对新企业绩效的影响研究——组织学习的中介作用［J］. 科学学研究，2010，28（10）：1592-1600.

［4］蔡莉，彭秀青，Nambisan S. 创业生态系统研究回顾与展望［J］. 吉林大学社会科学学报，2016，56（1）：5-16.

［5］蔡莉，王玲，杨亚倩. 创业生态系统视角下女性创业研究回顾与展望［J］. 外国经济与管理，2019，41（4）：45-57，125.

［6］陈成梦，黄永春，吴商硕. 制度环境与创业认知组态如何驱动不同模式创业［J］. 科技进步与对策，2022，39（13）：12-20.

［7］陈刚. 管制与创业——来自中国的微观证据［J］. 管理世界，2015（5）：89-99，187-188.

［8］陈寒松，张凯，朱晓红. 制度环境与创新绩效：机会创新性的中介作用［J］. 经济与管理评论，2014，30（3）：69-76.

［9］陈文丽. "互联网+"背景下东莞大学生微创业现状调研［J］. 创新与创业教育，2017，8（2）：92-95.

［10］陈武，陈建安，梁燕，等. 社会网络视角下的创客资本研究［J］. 科技进步与对策，2021，38（7）：1-9.

［11］崔璐，申珊，杨凯瑞. 中国政府现行科技金融政策文本量化研究［J］. 福建论坛，2020（4）：162-171.

［12］崔越．山西省本科院校大学生创业制度环境研究［D］．太原：山西财经大学，2022.

［13］杜晶晶，董兰星，王涛．制度环境与个体认知如何影响创业坚持？——一项模糊集的定性比较分析［J］．宁夏大学学报（人文社会科学版），2023，45（1）：154－166.

［14］杜晶晶，王涛，郝喜玲．数字生态系统中创业机会的形成与发展：基于社会资本理论的探究［J］．心理科学进展，2022，30（6）：1205－1215.

［15］段坤君，李燕凌，张斌．数字乡村建设与新型城市化道路［J］．公共管理学报，2022，19（4）：113－124.

［16］凡勃伦（Veblen，T. B.）．有闲阶级论：关于制度的经济研究（The Theory of the Leisure Class：An Economic Study of Institutions）［M］．北京：商务印书馆，1964.

［17］方然．“社会资本”的中国本土化定量测量研究［M］．北京：社会科学文献出版社，2014.

［18］弗朗西斯·福山．社会资本与公民社会［M］．北京：中国农业出版社，2009.

［19］江树革，费多丽．市场化改革和性别视野下的中国女性创业［J］．辽宁大学学报（哲学社会科学版），2017，45（2）：77－85.

［20］高辉，邹国庆．制度理论与高阶理论整合视角下创业制度环境如何影响企业创新绩效［J］．科技进步与对策，2019，36（2）：69－76.

［21］高凯．基于微商创业的高校电子商务创业模式研究［J］．中国市场，2015（24）：97，102.

［22］葛宝山，王照锐．创业团队行为整合、关系学习与创业绩效——创业团队行为复杂性的调节效应［J］．南方经济，2019（10）：34－46.

［23］葛美云，祝吉芳．欧盟中小企业政策支持女性创业发展的启迪——性别意识应纳入我国中小企业的决策之中［J］．江苏社会科学，2003（1）：59－64.

［24］谷晨，王迎军，崔连广，等．创业制度环境对创业决策的影响机制［J］．科学学研究，2019，37（4）：711－720.

［25］何潇．微创业作为高校大学生创业实践教育的新视角研究［J］．教育现代化：电子版，2016（38）：55－56．

［26］何颖珊，刘志铭．法治环境的改善有助于缓解创业企业的"双边信任困境"吗？——基于中国省级面板数据的研究［J］．华南师范大学学报（社会科学版），2018（2）：143－151．

［27］贺跻，钟坛坛，李瑞．"大众创业、万众创新"政策促进经济增长的经济学分析［J］．商业经济研究，2016（24）：112－113．

［28］黄萃．政策文献量化研究［M］北京：科学出版社，2016．

［29］黄菁雯．C2C 微商税收征管法律问题研究［J］．上海商业，2021（9）：40－41．

［30］霍红梅，戴蓬军．农村女性创业的现状、问题及对策研究——以辽宁省九市调查数据为例［J］．农业经济，2013（4）：71－72．

［31］赖德胜，李长安．创业带动就业的效应分析及政策选择［J］．经济学动态，2009（2）：83－87．

［32］赖德胜，孟大虎，李长安，等．2016 中国劳动力市场发展报告：性别平等化进程中的女性就业［M］．北京：北京师范大学出版社，2017．

［33］李成彦．女性创业者的性别角色认定对创业自我效能的影响［C］．中国心理学会工业心理学分会，2013 年全国工业心理学学术年会，2013．

［34］李芳．C2C 微商税收征管法律问题研究［D］．昆明：云南大学，2019．

［35］李福华．创业型就业与创业教育［J］．软科学，2000，14（1）：60－62．

［36］李钢，蓝石，江雪梅．公共政策内容分析方法：理论与应用［M］．重庆：重庆大学出版社，2007．

［37］李惠斌．社会资本与社会发展引论［J］．马克思主义与现实，2000（2）：35－40．

［38］李加鹏，吴蕊，杨德林．制度与创业研究的融合：历史回顾及未来方向探讨［J］．管理世界，2020，36（5）：19，204－219．

［39］李敏，刘采妮，白争辉．平台经济发展与"保就业和稳就业"：基于就

业弹性与劳动过程的分析［J］. 中国人力资源开发，2020，37（7）：84 - 95.

［40］李娜娜，张宝建. 创业生态系统演化：社会资本的理论诠释与未来展望［J］. 科技进步与对策，2021，38（5）：11 - 18.

［41］李桃，徐刚. 政策工具理论视角下基于创新创业政策内容的文本分析［J］. 沈阳工程学院学报（社会科学版），2018，14（2）：188 - 194.

［42］李维光，徐二明. 制度环境变化与创业企业绩效——基于新三板企业的实证研究［J］. 管理现代化，2020，40（2）：46 - 48.

［43］李晓娣. 政策工具视角下我国养老产业政策量化研究［J］. 情报杂志，2021（4）：147 - 154.

［44］梁海艳. 中国流动人口就业质量及其影响因素研究——基于2016年全国流动人口动态监测调查数据的分析［J］. 人口与发展，2019，25（4）：44 - 52.

［45］廖福崇，张纯. "放管服" 改革何以优化营商环境？——基于政企互动理论的比较分析［J］. 经济社会体制比较，2022（4）：91 - 100.

［46］刘二丽，陈永清，崔毅. 创业企业成长绩效：创业投资家的信任和监控作用［J］. 华南理工大学学报（社会科学版），2008，10（6）：69 - 74.

［47］刘尚矗，程鸣飞，陈子煜，等. 关于微商的税收管理问题研究［J］. 今日财富，2019（3）：119.

［48］刘婷，李瑶. 社会资本对渠道关系绩效影响的实证研究［J］. 科学学与科学技术管理，2013，34（2）：95 - 102.

［49］刘兴国. 基于社会资本视角的创业研究［M］. 北京：经济管理出版社，2012.

［50］刘志萍. 浅谈妇女创业的困境及对策［J］. 长江丛刊，2017（13）：163.

［51］刘志燕. 小微企业女性创业者心理动力与性别认知研究［J］. 山东女子学院学报，2017（3）：37 - 42.

［52］娄成武，张国勇. 基于市场主体主观感知的营商环境评估框架构建——兼评世界银行营商环境评估模式［J］. 当代经济管理，2018，40（6）：60 - 68.

［53］罗教讲，张晓楠. 社会网络对科技创业者创业绩效的影响——基于

苏州工业园区企业的实证分析 [J]. 湖南社会科学，2018 (4)：91 -98.

[54] 罗昆，高郦梅. 电子商务立法视野下的微商传销界定问题研究 [J]. 时代法学，2017，15 (4)：50 -58.

[55] 缪立斌. 基于 GEM 模型的常州市共青团改善青年创业环境研究 [D]. 南京：南京大学，2020.

[56] 穆瑞章，刘玉斌，王泽宇. 女性社会网络关系与创业融资劣势——基于 PSM 方法和众筹数据的经验研究 [J]. 科技进步与对策，2017，34 (8)：80 -85.

[57] 倪嘉成. 制度复杂性视角下市场分割对技术创业的作用机制研究 [D]. 北京：对外经济贸易大学，2020.

[58] 聂绍群，李铁斌，覃美荣. 职业女性工作与家庭的冲突及平衡 [J]. 赣南师范学院学报，2013，34 (2)：75 -77.

[59] 潘燕萍，何孟臻，乔灵灵. 鱼和熊掌不可兼得？角色冲突——增益视角下女性创业者的机会识别过程研究 [J]. 南方经济，2019 (10)：102 -112.

[60] 裴雷，孙建军，周兆韬. 政策文本计算：一种新的政策文本解读方式 [J]. 图书与情报，2016 (6)：47 -55.

[61] 瞿晓理. "大众创业、万众创新" 时代背景下我国创新创业人才政策分析 [J]. 科技管理研究，2016 (17)：41 -47.

[62] 任月峰. 我国不同转型阶段下创业制度环境的比较分析 [D]. 长春：吉林大学，2010.

[63] 茹莉. 微商商业模式解析及其规范化发展 [J]. 河南社会科学，2018，26 (10)：117 -120.

[64] 孙国强，杨帅，张宝建. 中国科技创新能否有效支持科技创业——基于创业生态网络视角的省域考察 [J]. 中国科技论坛，2019 (3)：29 -41，60.

[65] 孙萍，陈诗怡. 基于主成分分析法的营商政务环境评价研究——以辽宁省14市的调查数据为例 [J]. 东北大学学报（社会科学版），2019，21 (1)：51 -56.

[66] 孙萍，陈诗怡. 营商政务环境：概念界定、维度设计与实证测评 [J]. 当代经济管理，2021 (2020 -10)：61 -68.

[67] 谭新雨. 创业制度环境何以激发科技人才创业意愿？——基于 AMO

理论视角 [J]．科学学研究，2023（10）：1-20.

[68] 田莉，朱雨晴．创业情境下绩效反馈对工作家庭冲突的影响——对男性和女性创业者的比较研究 [J]．管理学季刊，2017，2（4）：85-109，160.

[69] 佟新，刘洁．平台经济模式下女性电商从业者的工作与生活 [N]．中国妇女报，2016-08-16.

[70] 王博，朱沆．制度改善速度与机会型创业的关系研究 [J]．管理世界，2020（10）：111-125.

[71] 王高玲．政策工具视角下健康扶贫政策的文本量化研究 [J]．卫生经济研究，2019（12）：3-7.

[72] 王琳，陶镕．妇女解放的当代场景——论《创业史》与女性文化品格的塑造 [J]．西南民族大学学报，2004（2）：161-164.

[73] 王玲玲，赵文红，魏泽龙．创业制度环境、网络关系强度对新企业组织合法性的影响研究 [J]．管理学报，2017，14（9）：1324-1331.

[74] 王明信．我国微商现状和未来发展趋势分析 [J]．现代商业，2017（26）：29-30.

[75] 王庆华．基于 GEM 框架的长三角和珠三角创业环境评价及比较 [J]．商业时代，2012（27）：131-132.

[76] 王旭，邓胜梁．中国女性创业的制度环境与个人特性 [J]．吉林大学社会科学学报，2011，51（5）：132-137.

[77] 王元地，陈禹．区域"双创"能力评价指标体系研究——基于因子分析和聚类分析 [J]．科技进步与对策，2016，33（20）：115-121.

[78] 王震．新冠肺炎疫情冲击下的就业保护与社会保障 [J]．经济纵横，2020（3）：7-15.

[79] 王转弟，马红玉．创业环境、创业精神与农村女性创业绩效 [J]．科学学研究，2020，38（5）：868-876.

[80] 吴炳德，陈士慧，陈凌．制度变迁与女性创业者崛起——来自 LN 家族的案例 [J]．南方经济，2017（3）：23-41.

[81] 吴美宜，黄莎莎，曾李奎．浅谈城镇女性微创业服务体系的构建 [J]．智富时代，2017（6X）：255-256.

[82] 吴晓义. 微创业：概念、作用与扶持机制 [J]. 广东科技，2014 (13)：46 - 48.

[83] 吴一平，王健. 制度环境、政治网络与创业：来自转型国家的证据 [J]. 经济研究，2015，50 (8)：45 - 57.

[84] W. 理查德·斯科特. 制度与组织：思想观念与物质利益 [M]. 北京：中国人民大学出版社，2010.

[85] 夏维力，丁珮琪. 中国省域创新创业环境评价指标体系的构建研究——对全国 31 个省级单位的测评 [J]. 统计与信息论坛，2017，32 (4)：63 - 72.

[86] 项国鹏，宁鹏，罗兴武. 创业生态系统研究述评及动态模型构建 [J]. 科学学与科学技术管理，2016，37 (2)：79 - 87.

[87] 肖成英. 创业政策、创业能力对女性创业绩效的影响研究 [J]. 现代商贸工业，2021，42 (12)：78 - 79.

[88] 肖薇，李成彦，罗瑾琏. 赋能：互联网双重嵌入对女性创业能力的影响 [J]. 科技进步与对策，2019，36 (14)：18 - 24.

[89] 杨隽萍，李瑾. 基于 GEM 模型的创业生态系统现状分析——以浙江省为例 [J]. 浙江理工大学学报（社会科学版），2021，46 (6)：606 - 613.

[90] 杨俊，朱沆，于晓宇. 创业研究前沿：问题、理论与方法 [M]. 北京：机械工业出版社，2022.

[91] 叶明，贾海玲. 双重身份下互联网平台自我监管的困境及对策——从互联网平台封禁事件切入 [J]. 电子政务，2021 (5)：12 - 20.

[92] 于栖梧. 制度环境和结社活动对国际创业水平的影响分析 [D]. 上海：上海交通大学，2013.

[93] 于文超，梁平汉. 不确定性、营商环境与民营企业经营活力 [J]. 中国工业经济，2019 (11)：136 - 154.

[94] 俞华. 我国微商新业态发展现状、趋势与对策 [J]. 中国流通经济，2016 (30)：47 - 56.

[95] 袁保鸿. 如何打造县域优质营商环境——2018 年中国县域营商环境百强榜解析 [J]. 中国工业和信息化，2018 (6)：52 - 60.

[96] 袁凌，刘可，詹晓青. 社会资本对企业创业绩效的影响 [J]. 统计

与决策，2009（5）：180－182.

［97］袁维汉. 互联网使用程度与女性创业概率［D］. 合肥：中国科学技术大学，2019.

［98］约翰·康芒斯（John R. Commons）. 制度经济学（Institutional Economics: Its Place in Political Economy）［M］. 北京：华夏出版社，2013.

［99］曾萍，陈书伟，孙奎立. 企业社会资本与商业模式创新：机制与路径研究［J］. 财经论丛（浙江财经大学学报），2017（2）：85－94.

［100］张纯，祝佳佳. 营商环境建设评估研究综述［J］. 市场周刊，2020（3）：1－3.

［101］张继宏. 女性创业优势、劣势分析与对策［J］. 经济研究导刊，2011（16）：106－108.

［102］张军，余江舟. 基于内容分析法的大学生创业模式构建与能力培养——以微创业为视角［J］. 高等财经教育研究，2016（3）：10－14.

［103］张三保，康璧成，张志学. 中国省份营商环境评价：指标体系与量化分析［J］. 经济管理，2020，42（4）：5－19.

［104］张秀娥，孟乔. 中国创业制度环境分析——基于与创新驱动经济体的比较［J］. 华东经济管理，2018，32（6）：5－11.

［105］张秀娥，王超，李帅. 制度环境、创业自我效能感与创业意愿［J］. 科研管理，2022，43（5）：59－66.

［106］赵峰，陈志芳，武国鑫. 基于政策工具视角的创新创业人才政策分析——以17个城市的相关政策为例［J］. 科学管理研究，2022，40（4）：144－149.

［107］赵荔，苏靖，赵静. "互联网＋"新业态中的女性创业特性分析——基于47位最值得关注创业女性榜单［J］. 企业经济，2017，36（9）：100－1056.

［108］赵向阳，李海，Andreas Rauch. 创业活动的国家差异：文化与国家经济发展水平的交互作用［J］. 管理世界，2012（8）：78－90，188.

［109］赵延东. "社会资本"理论述评［J］. 国外社会科学，1998（3）：18－21.

［110］郑馨，周先波，陈宏辉. 东山再起：怎样的国家制度设计能够促

进失败再创业？——基于 56 个国家 7 年混合数据的证据［J］.管理世界，2019，35（7）：136 – 151，181.

［111］郑馨，周先波，张麟.社会规范与创业——基于 62 个国家创业数据的分析［J］.经济研究，2017（11）：59 – 73.

［112］中国发展研究基金会.中国女性创业：释放增长新机遇［R］.中国发展高层论坛峰会，2015.

［113］中华人民共和国国家发展和改革委员会.国家发展改革委等部门关于深入实施创业带动就业示范行动　力促高校毕业生创业就业的通知［EB/OL］.（2022 – 02 – 11）［2022 – 04 – 18］.

［114］周红云.社会资本：布迪厄、科尔曼和帕特南的比较［J］.经济社会体制比较，2003（4）：46 – 53.

［115］周辉.微商治理：平台责任与政府监管［J］.中国科技论坛，2016（10）：26 – 31.

［116］周佩，姚世斌，章道云.大学生微创业模式的探索与实践［J］.黑龙江畜牧兽医，2017（4）：276 – 277，280.

［117］周晓丹.动态视角下社会资本对创业的影响研究［J］.科技创业月刊，2010（8）：27 – 28，33.

［118］Acs Z J, Autio E, Szerb L. National systems of entrepreneurship: Measurement issues and policy implications［J］. Research Policy, 2014, 43（3）: 476 – 494.

［119］AHL H. Why research on women entrepreneurs needs new directions［J］. Entrepreneurship Theory and Practice, 2006, 30（5）: 595 – 621.

［120］Ahmad Z S, Xavier S R. Entrepreneurial environments and growth: Evidence from Malaysia GEM data［J］. Journal of Chinese Entrepreneurship, 2012, 4（1）: 50 – 69.

［121］Alam M M, Molla R I, Hossain M M. Microentrepreneurship development in Bangladesh: Achievements and shortcomings［M］. Germany: LAP Lambert Academic Publishing, 2010.

［122］Aldrick J, Howe R. Report on the lands of the Ord River catchment,

Northern Territory [M]. Springer Berlin Heidelberg, 1989.

[123] Alsos G A, Isaksen E J, Lunggren E. New venture financing and subsequent business growth in men-and women-led businesses [J]. Entrepreneurship Theory and Practice, 2006, 30 (5): 667–686.

[124] Ameyaw B, Korang A J, Twum T E. Tax policy, SMES compliance, perception and growth relationship in Ghana: An empirical analysis [J]. Journal of Economics, Management and Trade, 2015, 11 (2): 1–11.

[125] Amoako I O, Matlay H. Norms and trust-shaping relationships among foodexporting SMEs in Ghana [J]. Entrepreneurship and Innovation, 2015, 16 (2): 123–134.

[126] Anton G S, Onofrei M. Public policies to support entrepreneurship and SMEs. Empirical evidences from Romania [J]. Transylvanian Review of Administrative Sciences, 2016, 12 (47): 5–19.

[127] Ari S, Agus W, Umi W. Entrepreneurial self-efficacy among elementary students: The role of entrepreneurship education [J]. Heliyon, 2021, 7 (9): 1–7.

[128] Asiedu E M, Shortland S, Nawar Y S, Jackson P J, Baker L. Supporting Ghanaian micro-entrepreneurships: The role of mobile technology [J]. Journal of Entrepreneurship in Emerging Economies, 2019, 11 (3): 306–327.

[129] Audretsch D B, Thurik A R. What's new about the new economy? Sources of growth in the managed and entrepreneurial economies [J]. Industrial and Corporate Change, 2001, 10 (1): 267–315.

[130] Banalieva E R, Cuervo-Cazurra A, Sarathy R. Dynamics of pro-market institutions and firm performance [J]. Journal of International Business Studies, 2018, 49 (7): 858–880.

[131] Bandera C, Thomas E. The role of innovation ecosystems and social capital in startup survival [J]. IEEE Transactions on Engineering Management, 2019 (66) 4: 542–551.

[132] Bank T W. Telling our story: Small and medium enterprises (SMEs)

［R］. International Finance Corporation, World Bank Group, 2011, 5 (1).

［133］Bates T. Social resources generated by group support networks may not be beneficial to Asian immigrant-owned small businesses ［J］. Social Forces, 1994, 72 (3): 671 –689.

［134］Batjargal B, Hitt M A. Institutional polycentrism, entrepreneurs' social networks, and new venture growth ［J］. Acadamy of Management Journal, 2013, 56 (4): 1024 –1049.

［135］Batu M, Seo B. Gender roles and safety of women at home in the COV-ID –19 era: Evidence from 101 countries ［J］. International Review of Applied Economics, 2022 (36): 5 –6, 739 –761.

［136］Baughn C C, Chua B L, Neupert K E. The normative context for women's participation in entrepreneruship: A multicountry study ［J］. Entrepreneurship Theory and Practice, 2010, 30 (5): 687 –708.

［137］Berger E S C, Kuckertz A. Female entrepreneurship in Startup Ecosystems Worldwide ［J］. Journal of Business Research, 2016, 69 (11): 5163 –5168.

［138］Bernhofer B L, Li J. Understanding the entrepreneurial intention of Chinese students ［J］. Journal of Entrepreneurship in Emerging Economies, 2014, 6 (1): 21 –37.

［139］Bolton J E. Report of the committee of enquiry into small firms ［R］. Papers by Command 4811, HMSO, London, 1971.

［140］Bosma N. The Global Entrepreneurship Monitor (GEM) and itsimpact on entrepreneurship research ［R］. Global Entrepreneurship Monitor Working Paper Series, 2012 (21): 43 –248.

［141］Bourdieu P. The forms of capital ［M］. New York: Greenwood Press, 1986.

［142］Brush C G, Bruin A D, Welter F. A gender-aware framework for women's entrepreneurship ［J］. International Journal of Gender and Entrepreneurship, 2009, 1 (1): 8 –24.

［143］Brush C G，Carter N M，Gatewood E J. Growth-oriented women entrepreneurs and their businesses ［M］. Proceedings of the National Academy of Sciences, 2006: 1 - 402.

［144］Bruton G D，Ahlstrom D，Li H L. Institutional theory and entrepreneurship: Where are we now and where do we need to move in the future? ［J］. Entrepreneurship Theory and Practice, 2010, 34 （3）: 421 - 440.

［145］Burt R S. Structural holes: The social structure of competition ［M］. Harvard University Press, 1995.

［146］Busenitz, Lowell W. Country institutional profiles: Unlocking entrepreneurial phenomena ［J］. The Academy of Management Journal, 2000, 43 （5）: 994 - 1003.

［147］Busenitz W L，Gómez C，Spencer W J. Country institutional profiles: Unlocking entrepreneurial phenomena ［J］. The Academy of Management Journal, 2000, 43 （5）: 994 - 1003.

［148］Calderon G，Iacovone L，Juarez L. Opportunity versus necessity: Understanding the heterogeneity of female micro-entrepreneurs ［R］. Policy Research Working Paper, 2016: lhw010.

［149］Cappelli G. Was Putnam wrong? The determinants of social capital in Italy around 1900 ［R］. Version accepted at Rivista di storia economica, a. XXXIII, n. 3, dicembre 2017.

［150］Castano-Martinez M S，Mendez-Picazo M T，Galindo-Martin M A. Policies to promote entrepreneurial activity and economic performance ［J］. Management Decision, 2015, 53 （9）: 2073 - 2087.

［151］Cheraghi M. Innovation by entrepreneurs in China: The increasing prominence of women ［J］. Journal of Knowledge-based Innovation in China, 2013, 5 （3）: 172 - 187.

［152］Chirwa E W. Effects of gender on the performance of micro and small enterprises in malawi ［J］. Development Southern Africa, 2009, 25 （3）: 347 - 362.

［153］Cohen S，Wills T A. Stress, social support, and the buffering hypothesis [J]. Psychological Bulletin, 1985, 98 (2): 310 –357.

[154] Coleman S, Robb A. A comparison of new firm financing by gender: Evidence from the Kauffman firm survey data [J]. Small Business Economics, 2009, 33 (4): 397 –411.

[155] Davidsson P, Wiklund J. Levels of analysis in entrepreneurship research: Current research practice and suggestions for the future [J]. Entrepreneurship Theory and Practice, 2001, 25 (4): 81 –100.

[156] De Bettignies J E, Brander J A. Financing entrepreneurship: Bank finance versus venture capital [J]. Journal of Business Venturing, 2007, 22 (6): 808 –832.

[157] Devi R G. Environment for entrepreneurship development: Key dimensions and research implications [J]. Entrepreneurship: Theory and Practice, 1994, 18 (4): 43 –62.

[158] Djankov S, La Porta R, López-de-Silanes F, Shleifer A. The regulation of entry [J]. The Quarterly Journal of Economics, 2002, 117 (1): 1 –37.

[159] Dutta N, Sobel, R. Does corruption ever help entrepreneurship? [J]. Small Business Economics, 2016, 47 (1): 179 –199.

[160] Edelman L B, Stryker R. A sociological approach to law and the economy [M] //Smelser, N. J., Swedberg, R. (Eds). The handbook of economic sociology. Princeton: Princeton University Press, 2005.

[161] Eesley C. Institutional barriers to growth: Entrepreneurship, human capital and institutional change [J]. Organization Science, 2016, 27 (5): 1290 –1306.

[162] Estrin S, Mickiewicz T M, Stephan U. Entrepreneurship, social capital, and institutions: Social and commercial entrepreneurship across nations [R]. UCL SSEES Economics and Business Working Paper Series, 2013, 37 (3): 479 –504.

[163] Forbes Data: Mastercard Index of Women Entrepreneurs [R]. 2019.

[164] Franck A K. Factors motivating women's informal micro - entrepreneurship: Experiences from Penang, Malaysia [J]. International Journal of Gender and Entrepreneurship, 2013, 4 (1): 65 –78.

［165］Fukuyama F. Trust：The social virtues and the creation of prosperity ［M］. New York：Free Press，1995.

［166］Gallie D，Kostova D，Kuchar P. Employment experience and organisational commitment：An East-West European comparison ［J］. Work Employment & Society，1999，13（4）：621 –641.

［167］Gartner W B. "Who is an entrepreneur?" is the wrong question ［J］. Entrepreneurship Theory and Practice，1988，13（4）：47 –68.

［168］Gentry W M，Hubbard R G. Tax policy and entrepreneurial entry ［J］. The American Economic Review，2000，90（2）：283 –287.

［169］Georgescu M，Herman E. The impact of the family background on students' entrepreneurial intentions：An empirical analysis ［J］. Sustainability，2020，12（11）：1 –18.

［170］Gómez-Haro S，Aragón-Correa A J，Cordón-Pozo E. Differentiating the effects of the institutional environment on corporate entrepreneurship ［J］. Management Decision，2011，49（10）：1677 –1693.

［171］Goldin C D. In Pursuit of equity：Women，men，and the quest for economic citizenship in 20th century America（review）［J］. Journal of Interdisciplinary History，2003，33（3）：499 –501.

［172］Granovetter M S. Economic action and social structure：The problem of embeddedness ［J］. American Journal of Sociology，1985，91（3）：481 –510.

［173］Granovetter M S. The strength of weak ties ［J］. American Journal of Sociology，1973，78（6）：1360 –1380.

［174］Greenwood R，Raynard M，Kodeih F，Micelotta E R，Lounsbury M. Institutional complexity and organizational responses ［J］. Academy of Management Annals，2011，5（1）：317 –371.

［175］Greer S. The social construction of what? ［J］. Journal of the History of the Behavioral Sciences，2001，37（4）：399 –400.

［176］Grootaert C，Bastelaer T V. Understanding and measuring social capital：Amultidisciplinary tool for practitioners ［R］. World Bank Working Paper，

2002.

[177] Grootaert C, Narayan D, Jones V N. Measuring social capital: An integrated questionnaire [R]. Washington, DC: World BankWorking Paper, 2004.

[178] Hall J A, Bernieri F J. Interpersonal sensitivity: Theory and measurement [M]. New York: Psychology Press, 2001.

[179] Harrison R T, Mason C M. Does gender matter? Women business angels and the supply of entrepreneurial finance [J]. Blackwell Publishing Inc, 2007, 31 (3): 445 –472.

[180] Hayes A F, Beyond B K. Statistical mediation analysis in the new millennium [J]. Communication Monographs, 2009, 76 (4): 408 –420.

[181] Hughes K D, Jennings J E, Brush C. Extending women's entrepreneurship research in new directions [J]. Entrepreneurship Theory and Practice, 2012, 36 (3): 429 –442.

[182] Hwang H, Powell W W. Chapter 9: Institutions and entrepreneurship [M] // Audretsch Z J, David B (Ed.). Handbook of Entrepreneurship Research. Springer US, 2005.

[183] Isenberg D. The entrepreneurship ecosystem strategy as a new paradigm for economic policy: Principles for cultivating entrepreneurship [J]. Institute of International and European Affairs, 2011: 1 –13.

[184] Jack W, Suri T. Risk sharing and transactions costs: Evidence from Kenya's mobile money revolution [J]. American Economic Review, 2014, 104 (1): 183 –223.

[185] Julius A N, Charles B. Microfinance intervention in poverty reduction: A study of women farmer-entrepreneurs in rural Ghana [J]. Journal of African Business, 2017, 18 (1): 1 –19.

[186] Kevane M, Wydick B. Microenterprise lending to female entrepreneurs: Sacrificing economic growth for poverty alleviation? [J]. World Development, 2001, 29 (7): 1225 –1236.

[187] Khan E A, Hossain M A, Jahed, M A, Rowe A L. Poor resource cap-

ital of micro-entrepreneurs: The mediating role of entrepreneurial orientation [J]. Management Research Review, 2021, 44 (10): 1366 – 1389.

[188] Klyver K, Nielsen S L, Evald M R. Women's self-employment: An act of institutional (Dis) integration? A multilevel, Cross-country Study [J]. Journal of Business Venturing, 2013, 28 (4): 474 – 488.

[189] Kostova T. Country institutional profiles: Concept and measurement [R]. Academy of Management Best Paper Proceedings, 1997: 180 – 189.

[190] Krueger A B. Independent workers: What role for public policy? [J]. Annals of the American Academy of Political & Social Science, 2018, 675 (1): 8 – 25.

[191] Lan S, Gao X, Wang Q. Public policy environment and entrepreneurial activities: Evidence from China [J]. China and World Economy, 2018, 26 (3): 88 – 108.

[192] Lee L, Yang C L. Key Success factors in female micro entrepreneurship—A study of the catering business [J]. Service Science & Management Research, 2013, 2 (3): 39 – 47.

[193] Lehrer S, Goldin C D. Understanding the gender gap: An economic history of American women [M]. New York: Oxford University Press, 1990.

[194] Lim D S K. Institutional environment and entrepreneurial cognitions: A comparative business systems perspective [J]. Entrepreneurship Theory and Practice, 2010, 34 (3): 491 – 516.

[195] Lindvert M, Patel P C, Wincent J. Struggling with social capital: Pakistani women micro entrepreneurs' challenges in acquiring resources [J]. Entrepreneurship and Regional Development, 2017 (2): 1 – 32.

[196] Lin, N. Building a network theory of social capital [J]. Connections, 1999, 22 (1): 28 – 51.

[197] Lu J, Tao Z. Determinants of entrepreneurial activities in China [J]. Journal of Business Venturing, 2008, 25 (3): 261 – 273.

[198] Luthans F, Stajkovic A D, Ibrayeva E. Environmental and psychological challenges facing entrepreneurial development in transitional economies [J].

Journal of World Business, 2000, 35 (1): 95 – 110.

[199] Manolova T S, Brush C, Edelman L F F. What do women (and men) want? Entrepreneurial expectancies of women and men nascent entrepreneurs [J]. SSRN Electronic Journal, 2007: 1 – 15.

[200] Marinescu C. Institutional quality of the business environment: Some European practices in a comparative analysis [J]. Amfiteatru Economic, 2013, 15 (33): 270 – 287.

[201] Marlow S, Patton D. All credit to men? Entrepreneurship, finance, and gender [J]. Entrepreneurship Theory and Practice, 2010, 29 (6): 717 – 735.

[202] Mason P C, Brown D R. Entrepreneurial ecosystems and growth oriented entrepreneurship [C]. Background paper prepared for the workshop organised by the OECD LEED Programme and the Dutch Ministry of Economic Affairs on Entrepreneurial Ecosystems & Growth Oriented Entrepreneurship, 2014.

[203] Maziriri E T, Nyagadza, B, Chuchu T. Innovation conviction, innovation mindset and innovation creed as precursors for the need for achievement and women's entrepreneurial success in South Africa: Entrepreneurial education as a moderator [J]. European Journal of Innovation Management, 2022: 1 – 24.

[204] McMillan J, Woodruff C. The central role of entrepreneurs in transition economies [J]. Journal of Economic Perspectives, 2002, 16 (3): 153 – 170.

[205] Meyerson E M. Human capital, social capital and compensation: The relative contribution of social contacts to managers' incomes [J]. Research Institute of Industrial Economics, 1993 (37): 383 – 399.

[206] Moore J F. Predators and prey: A new ecology of competition [J]. Harvard Business Review, 1993, 71 (3): 75 – 86.

[207] Mukherjee S, Pathak S. Promotion of women micro entrepreneurship and the role of NPDAs: Case study From India [M] // Cullen, U. A. (Ed.) New Horizons and Global Perspectives in Female Entrepreneurship Research. Emerald Publishing Limited, Bingley, 2023: 141 – 179.

[208] Muniady R A, Mamun A A, Permarupan P Y. Social capital: Cross-industry and cross-state comparison among Malaysian women micro-entrepreneurs [J]. Mediterranean Journal of Social Sciences, 2016, 7 (1): 350 – 360.

[209] Munoz C A, Guerra M E, Mosey S. The potential impact of entrepreneurship education on doctoral students within the non-commercial research environment in Chile [J]. Studies in Higher Education, 2020, 45 (3): 492 – 510.

[210] Noguera M, Alvarez C, Urbano D. Socio-cultural factors and female entrepreneurship [J]. International Entrepreneurship and Management Journal, 2013, 9 (2): 183 – 197.

[211] North D C. Institutions, institutional change, and economic performance [J]. Cambridge University Press, 1990.

[212] North D C. Understanding the process of economic change [M]. Princeton University Press, 2005: 1 – 187.

[213] Nowshin J E. Women in F-commerce: A new platform for economic empowerment during the COVID – 19 pandemic [J]. International Journal of Research and Analytical Reviews, 2020, 7 (4): 739 – 749.

[214] Obeng B A, Robson P, Haugh, H. Strategic entrepreneurship and small firm growth in Ghana [J]. International Small Business Journal: Researching Entrepreneurship, 2014, 32 (5): 501 – 524.

[215] Ogunrinola O I. Social capital and earnings distribution among female micro-entrepreneurs in rural Nigeria [J]. African Journal of Economic & Management Studies, 2011, 2 (1): 94 – 113.

[216] Oksanen T, Kouvonen. Prospective study of workplace social capital and depression: Are vertical and horizontal components equally important? [J]. Journal of Epidemiology & Community Health, 2010, 64 (8): 684 – 689.

[217] Organization for Economic Co-operation and Development (OECD). Entrepreneurship at a Glance [R]. Paris: OECD Publishing, 2013.

[218] Parikh I J, Bharti K A. Reflection of the Indian women in entrepreneurial world [R]. IIMA Working Papers, 2005, 3 (4): 75 – 92.

[219] Patience I O, Rosemary N A. Assessment of the performance of informal women entrepreneurs in Enugu State, Southeast Nigeria [J]. African Journal of Agricultural Research, 2017, 12 (11): 923 – 931.

[220] Peng M W, Heath P S. The growth of the firm in planned economies in transition: Institutions, organizations, and strategic choice [J]. The Academy of Management Review, 1996, 21 (2): 492 – 528.

[221] Pitelis C. Clusters, entrepreneurial ecosystem co-creation, and appropriability: A conceptual framework [J]. Industrial & Corporate Change, 2012, (21) 6: 1359 – 1388.

[222] Poon J, Thai D T, Naybor D. Social capital and female entrepreneurship in rural regions: Evidence from Vietnam [J]. Applied Geography, 2012, 35 (1 – 2): 308 – 315.

[223] Portes A. El neoliberalismo y la sociología del desarrollo: tendencias emergentes y efectos inesperados [J]. Perfiles latinoamericanos: Revista de la Sede Académica de México de la Facultad Latinoamericana de Ciencias Sociales, 1998 (13): 9 – 53.

[224] Portes A. Social capital: Its origins and applications in modern sociology [J]. Annual Review of Sociology, 1998, 24 (1): 1 – 24.

[225] Putnam R D. Bowlingalone: The collapse and revival of American community [M]. New York: Simon & Schuster, 2000.

[226] Putnam R D. Making democracy work: Civic traditions in modern Italy [M]. Princeton: Princeton University Press, 1993.

[227] Renzulli L A, Aldrich R H, Moody, J. Family matters: Gender, networks, and entrepreneurial outcomes [J]. Social Forces, 2000, 79 (2): 523 – 546.

[228] Robb A M, Watson J. Gender differences in firm performance: Evidence from new ventures in the United States [J]. Journal of Business Venturing, 2012, 27 (5): 544 – 558.

[229] Sanger M B. Transforming public policy: Dynamics of policy entrepreneurship and innovation [J]. Journal of Policy Analysis and Management, 1999,

18 (1): 178 – 181.

[230] Schreier J W C, Komives J L C. The entrepreneur and new enterprise formation: A resource guide [R]. Center for Venture Management, 1973.

[231] Scott W. The adolescence of institutional theory [J]. Administrative Science Quarterly, 1987, 32 (4): 493 – 511.

[232] Shane S, Venkataraman S. The promise of entrepreneurship as a field of research [J]. The Academy of Management Review, 2000, 25 (1): 217 – 226.

[233] Shepherd D A, DeTienne R. Prior knowledge, potential financial reward, and opportunity identification [J]. Entrepreneurship Theory and Practice, 2005, 29 (1): 91 – 112.

[234] Sperber S, Linder C. Gender-specifics in start-up strategies and the role of the entrepreneurial ecosystem [J]. Small Business Economics, 2019, 53 (2): 533 – 546.

[235] Spigel B. The relational organization of entrepreneurial ecosystems [J]. Entrepreneurship Theory and Practice, 2017, 41 (1): 49 – 72.

[236] Tajeddini K, Mueller S. Moderating effect of environmental dynamism on the relationship between a firm's entrepreneurial orientation and financial performance [J]. Entrepreneurship Research Journal, 2018, 9 (4): 1 – 13.

[237] Tang G, Chen Y, Jin J. Entrepreneurial orientation and innovation performance: Roles of strategic HRM and technical turbulence [J]. Asia Pacific Journal of Human Resources, 2015, 53 (2): 163 – 184.

[238] Taylor D W, Jones O, Boles K. Building social capital through action learning: An insight into the entrepreneur [J]. Education and Training, 2004, 46 (5): 226 – 235.

[239] Tetteh E K, Frempong G K. Developing the rural economy of Ghana though micro and small enterprises (MSEs): Issues and options [J]. ATDF Journal, 2013, 5 (3): 3 – 12.

[240] Thébaud S. Business as Plan B: Institutional foundations of gender inequality in entrepreneurship across 24 industrialized countries [J]. Administrative

Science Quarterly, 2015, 60 (4): 671 –711.

[241] Uphoff N. Understanding social capital: Learning from the analysis and experience of participation [J]. Social Capital: A Multifaceted Perspective, 2000: 215 –249.

[242] Watson J L. Entrepreneurship: A ecological approach [M]. Boston: Kent Publishing, 1985.

[243] Weber Max. The protestant ethic and the spirit of capitalism [M]. China Social Sciences Publishing House, 1905.

[244] Weber M. Wirtschaft und gesellschaft: Grundriss der verstehenden soziologie [M]. Tübingen: Mohr Siebeck, 1922.

[245] Whyte K M. Continuity and change in urban Chinese family life [J]. The China Journal, 2005 (53): 9 –33.

[246] Whyte K M. The Chinese family and economic development: Obstacle or engine? [J]. Economic Development and Cultural Change, 1996, 45 (1): 1 –30.

[247] Winter S G. An evolutionary theory of economic change [J]. Belknap Press of Harvard University Press, 1982, 4 (4): 315 –317.

[248] Woolcock M, Narayan D. Social capital: Implications for development theory, research and policy [J]. The World Bank Research Observer, 2000, 15 (2): 225 –249.

[249] World Bank Group. Doing business 2020 [R]. Washington DC: World Bank, 2020.

[250] Wu F X, Mao C Y. Business environment and entrepreneurial motivations of urban students [J]. Frontiers in Psychology, 2020, 11: 1 –12.

[251] Wu J B, Hom P W. The norm of reciprocity: Scale development and validation in the chinese context [J]. Management and Organization Review, 2006, 2 (3): 377 –402.

[252] Yang T T, María C T. Set up to fail: Explaining when women-led businesses are more likely to fail [J]. Journal of Management, 2019, 45 (3): 926 –954.

[253] York J G, Lenox M J. Exploring the sociocultural determinants of de no-

vo versus de alio entry in emerging industries [J]. Strategic Management Journal, 2014, 35 (13): 1930 – 1951.

[254] Yousafzai S Y, Saeed S, Muffatto, M. Institutional theory and contextual embeddedness of women's entrepreneurial leadership: Evidence from 92 countries [J]. Journal of Small Business Management, 2015, 53 (3): 587 – 604.

[255] Yunus M. Social business entrepreneurs are the new heroes [J]. Journal of Social Business, 2007, 1 (1): 1 – 6.

[256] Zahra S A, Wright M. Entrepreneurship's next act [J]. Academy of Management Perspectives, 2011, 25 (4): 67 – 83.

[257] Zhu L, Kara O, Zhu X. A comparative study of women entrepreneurship in transitional economies: The case of China and Vietnam [J]. Journal of Entrepreneurship in Emerging Economies, 2019, 11 (1): 66 – 80.

[258] Zimmeman Z. Beyond survival: Achieving new venture growth by building legitimacy [J]. Academy of Management Review, 2002, 27 (3): 414 – 431.

[259] Zimmer C. Entrepreneurship through social networks [M]. Ballinger Publishing Company, 1986.